Georg Denzler (Hrsg.)
Lebensberichte verheirateter Priester

W0041913

SERIE PIPER
Band 964

Zu diesem Buch

15 katholische Priester, die den Kirchendienst entweder freiwillig verließen oder wegen Heirat verlassen mußten, beschreiben hier ihren Lebensweg: ihren Entschluß zum Priestertum
(und damit den Verzicht auf eine Partnerschaft), ihr Leben im
Zölibat und schließlich ihre Entscheidung für eine Heirat, die
meist zum Verlust des Berufes führte. Aus den offenen und
schonungslosen Berichten wird deutlich: Weil der Papst den
Priestern noch immer die Ehe verbietet, werden viele von ihnen zu Heimlichkeit und Lüge gezwungen. Priester, die trotzdem heiraten, werden weithin als »Abtrünnige« betrachtet.

Ein notwendiges Buch, das Authentizität beanspruchen
kann, weil hier Betroffene mit ihrem Namen auftreten.

Georg Denzler, geboren 1930 in Bamberg. Studium der katholischen Theologie in Bamberg und München, 1955 Priesterweihe, 1962 Promotion und 1967 Habilitation im Fach Kirchengeschichte an der Universität München, seit 1971 o. Professor
für Kirchengeschichte an der Universität Bamberg. 1973 Heirat. Im Piper Verlag erschien von ihm: »Die verbotene Lust.
2000 Jahre christliche Sexualmoral« (1988).

Georg Denzler (Hrsg.)

Lebensberichte
verheirateter Priester

Autobiographische Zeugnisse zum Konflikt
zwischen Ehe und Zölibat

Piper
München Zürich

Von Georg Denzler liegt in der Serie Piper
außerdem vor:
Widerstand oder Anpassung? (294)

ISBN 3-492-10964-0
Originalausgabe
Januar 1989
© R. Piper GmbH & Co. KG, München 1989
Umschlag: Federico Luci
Gesamtherstellung: Clausen & Bosse, Leck
Printed in Germany

INHALT

EINLEITUNG

Schriften über die gesetzliche Verpflichtung des katholischen Priesters zur Ehelosigkeit, über das Zölibatsgesetz also, dessen allgemein-rechtliche Gültigkeit in das 12. Jahrhundert zurückreicht, sind zahlreich wie der Sand am Meer. Allerdings blieben die Autoren früherer Zeiten meist anonym oder hinter Pseudonymen versteckt, um schlimme persönliche Folgen zu vermeiden. Heute besteht zu solchem Versteckspiel keine Notwendigkeit mehr.

Ein zölibatärer Priester muß erst dann mit Bestrafung rechnen, wenn er klar zu erkennen gibt, daß er das vor der Weihe gegebene Versprechen der Ehelosigkeit, das aber als vollkommene geschlechtliche Enthaltsamkeit zu verstehen ist, in seinem Leben dadurch ignoriert, daß er mit einer Frau sexuelle Beziehungen unterhält. Rein geistige Freundschaft mit Frauen gilt anscheinend noch nicht als Verstoß gegen dieses Gesetz. Solange sich jedoch ein zölibatsbrüchiger Priester nicht selbst »stellt« oder auf denunziatorischem Weg »gestellt« wird, braucht er heute nichts zu fürchten.

Der Hauptgrund für die Nachlässigkeit kirchlicher Autoritäten in unserer Zeit ist leicht zu erraten. Angesichts eines in vielen Ländern erschreckend großen Mangels an Priestern will man jeden weiteren »Verlust« so lange wie möglich ausschließen. Und die Verluste wären, wollte man gewissenhaft nach dem Rechten sehen, in der Tat dermaßen hoch, daß die heute ohnehin schon auf Sparflamme eingestellte Seelsorgepraxis an vielen Stellen zusammenbrechen müßte. Daran kann keinem Bischof oder Generalvikar gelegen sein. Folglich drückt man offiziell ein Auge zu, und manchmal sogar zwei, um nicht sehen zu müssen, wie wenig zölibatär und enthaltsam es in Priesterkreisen zugeht.

Priester, die in Mißachtung ihres Zölibatsversprechens, das allerdings erst seit 1930 schriftlich abgegeben werden muß, geheiratet haben, hat es zu allen Zeiten gegeben. Ihre Zahl lag jedoch nie so hoch wie heute, da man weltweit 85 000 verheiratete Priester schätzt. Wenn kirchliche Behörden keine genauen

Statistiken vorlegen, vielleicht nicht einmal selbst anfertigen, geschieht dies vornehmlich aus Gründen der Geheimhaltung. Welche Firma möchte schon groß propagieren, daß ihre Führungskräfte in großer Zahl davonlaufen? Bei der katholischen Kirche stehen diesen 85 000 suspendierten Geistlichen insgesamt 420 000 amtierende Welt- und Ordenspriester gegenüber.

Papst und Bischöfe bedauern und beklagen zwar die Tatsache des Priestermangels. Die Hauptursache für das Defizit liegt aber nach ihrer Meinung nicht in der Zölibatsforderung, sondern im Glaubensschwund und in der Opferscheu unserer Zeit. Wissen die Hierarchen wirklich nicht, so muß man fragen, daß mehr als die Hälfte aller Kandidaten für das Priesteramt in erster Linie wegen des Heiratsverbots auf die Ordination zum Priester verzichtet? Wenn man zu diesen potentiellen Priestern die erwähnten 85 000 verheirateten Priester hinzurechnet, wäre das Problem des Priestermangels über Nacht gelöst.

Wie sehr ungezählte Priester unter der mit Ehelosigkeit verbundenen Einsamkeit und Frustration leiden, weiß Gott allein. In einem Gespräch mit dem Philosophen Etienne Gilson gestand Papst *Johannes XXIII.* († 1963), der Gedanke an jene Priester, die unter der Last des zölibatären Lebens stöhnen, bereite ihm fortwährendes Leid. Oft meine er das Weinen von Priestern zu vernehmen, die nach Befreiung von dieser strengen Verpflichtung zur Ehelosigkeit verlangten. Der Papst, einst selbst Lehrer für Kirchengeschichte, kannte die Geschichte des Priesterzölibats gut genug, um feststellen zu können: »Der kirchliche Zölibat ist kein Dogma. Die Heilige Schrift schreibt ihn nicht vor. Es ist also leicht: Wir nehmen einen Federhalter, unterschreiben eine Akte und morgen schon können die Priester, die es wünschen, heiraten.« Indes, selbst der so gütige und verständnisvolle Johannes XXIII. brachte es nicht übers Herz, diesen Federstrich auszuführen. Die Kirche brauche dieses Zeichen der Keuschheit, lautete seine Begründung, damit sie nicht nur die eine und heilige, sondern auch die keusche Kirche genannt werden könne.

Und doch tat Papst Johannes XXIII. in der Zölibatsproblematik einen entscheidenden Schritt, indem er jenen Priestern, die das vor der Weihe gegebene Versprechen nicht mehr erfüllen zu können meinten, die Möglichkeit zur Befreiung (Dispens) vom Zölibatsgesetz einräumte. Allerdings durfte der so Dispensierte sein Priesteramt nicht mehr ausüben. Diese Dispenspraxis bestand unter Papst *Paul VI.* (1963–1978) fort. Erst der jetzige Papst *Johannes Paul II.* (seit 1978) zog einen Schlußstrich unter dieses nach seiner Überzeugung verhängnisvolle Zugeständnis. Nur noch in Ausnahmefällen erhalten Priester heute die Entbindung von der Zölibatsverpflichtung und die Erlaubnis zur kirchlichen Trauung. Johannes Paul II. tritt zwar in aller Öffentlichkeit für die allgemeinen Menschenrechte ein, auf der anderen Seite jedoch verletzt er innerhalb der eigenen Kirche ein primitives Menschenrecht, indem er Priester, die eine kirchliche Ehe schließen möchten, wegen eines rein kirchlichen Gesetzes daran hindert. Ist nicht er zuerst dafür verantwortlich, wenn so viele heiratswillige Priester gezwungenermaßen im Amt verbleiben und nach einer doppelten Moral leben?

Wie ein Bombe wirkte 1966 die Nachricht, der englische Theologieprofessor *Charles Davis*, beim Zweiten Vatikanischen Konzil als Peritus an der Seite des Erzbischofs Heenan von Westminster, sei aus der Kirche ausgetreten und habe geheiratet. In seinem Buch »A Question of Conscience« (1967) gab Davis öffentlich Rechenschaft. Die Nymphenburger Verlagshandlung in München publizierte diesen Gewissensreport 1969 unter dem Titel »Katholizismus heute? Was ich meinen Kritikern zu sagen habe.« Davis versicherte, das allgemeine Problem des priesterlichen Zölibats habe auf seine Fragen und Bedenken keinen Einfluß ausgeübt. Seine Heirat sei erst eine Folge seines Bruches mit der Kirche gewesen. Was das Zölibatsgesetz allgemein betrifft, bezeichnete Davis den gesetzlich verordneten Pflichtzölibat als »einen Fehlgriff innerkirchlicher Politik«, verursacht durch eine falsche Einschätzung der Sexualität und der Ehe.

Ebenfalls 1969 erschien im Walter Verlag zu Olten als Übersetzung aus dem Amerikanischen das Buch »Protest aus Liebe. Ein moderner Priester klagt eine unzeitgemäße Kirche an.« Autor dieses Buches ist der amerikanische Geistliche *James Kavanaugh*, der wie Davis geheiratet hat und scharfe Kritik übt an vielen traditionellen Lehren der Kirche, die er aber, anders als

Davis, nicht zu verlassen denkt. »Ich brauche meine Kirche«, beteuerte Kavanaugh, »denn ohne die Kraft Christi, die sie mir gibt, kann ich nicht leben.«

Der französische Abbé und Theologe *Gerard Bonnet* gab seinem aufschlußreichen Lebensbericht den Titel »Pourquoi je parts.« Die im Münchener Rex-Verlag 1970 erschienene deutsche Ausgabe trägt den Titel »Warum ich gehe. Das Dokument eines Priesters, der sein Amt verläßt und heiratet.« Bonnet verdankte seine neuen theologischen Einsichten, auch seinen Entschluß zur Ehe, einer langjährigen psychoanalytischen Behandlung.

Autobiographische Veröffentlichungen heiratswilliger oder insgeheim verheirateter Priester sind selten. Abgesehen davon, daß ein offenes Bekenntnis für den Autor höchst nachteilige Konsequenzen haben würde, müssen solche Priester schon im Blick auf ihre »Schäflein« darauf bedacht sein, daß ihre skandalöse Lebensführung nicht offenkundig wird. Nur unter der Bedingung, daß die Anonymität gewahrt blieb, wagten es gelegentlich Priester, ihr Doppelleben vor der Öffentlichkeit auszubreiten.

Ungewöhnlich großes Aufsehen erregte *Fritz Leist* (1913–1974), Professor für Philosophie und Religionsgeschichte an der Universität München, mit seinem bei Kindler (München) verlegten Werk »Zum Thema Zölibat. Bekenntnisse von Betroffenen« (1973). Was hier, freilich ohne Namen, an persönlicher Tragik und seelischer Not sichtbar wurde, mußte kirchliche Obrigkeiten ex officio zum Protest veranlassen. Dabei hätte sie eine solche Publikation eher zum Nachdenken über Sinn und Zweck der pflichtmäßigen Ehelosigkeit in unserer Zeit bewegen sollen. Das Zölibatsgesetz bejahen, bemerkte Leist, heißt »einem Zustand zustimmen, der für jeden gesunden Menschen absolut wesensfremd und deshalb menschenunwürdig und unzumutbar ist. Daß gerade Priester, bei denen junge und alte Menschen, Verlobte und Ehepaare in Konfliktsituationen Rat suchen, die die Beichte hören und über Gut und Böse entscheiden sollen, gezwungen sind, in diesem weltfremden Abseits zu leben, ist absurd.« Dieses vernichtende Urteil aus dem Mund eines angesehenen Psychologen mußte in den Ohren von Bischöfen und Priestererziehern überaus schrill klingen.

Im Jahr zuvor schon hatte *Fritz Leist* mit seiner aktuellen Dokumentation »Der sexuelle Notstand und die Kirchen« (1972) den Unmut kirchlicher Behörden hervorgerufen. Wenn auch die meisten Aussagen von Laien stammten, so war doch wenigstens ein kleiner Abschnitt »der verschwiegenen Not unter Priestern« gewidmet. Der Herder Verlag in Freiburg beugte sich schnell kirchlichem Druck, indem er das von der offiziellen Kirche beanstandete Taschenbuch aus dem Handel zog. Wenig später legte das Gütersloher Verlagshaus eine unveränderte Ausgabe vor – Zeichen dafür, daß kirchenoffizielle Eingriffe heute am Ende fruchtlos bleiben und eher noch das Gegenteil bewirken: Propaganda für ein kritisches Buch. Die unseligen Zeiten der Inquisition und des Index der verbotenen Bücher sind gottlob vorüber.

1972 veröffentlichte der Priester und Theologieprofessor *Hubertus Mynarek* sein überaus polemisches Werk »Herren und Knechte der Kirche«. Weil er aber das schockierende Kapitel über den Priesterzölibat, das durch Vorabdrucke in Zeitschriften bekannt geworden war und dem Autor kostspielige Prozesse einbrachte, tilgen mußte, schrieb er einige Jahre später über diese Problematik ein nicht minder skandalträchtiges Buch mit dem Titel »Eros und Klerus. Vom Elend des Zölibats.« Allerdings verzichtete er auf die Angabe von Namen, um nicht wieder vor Gericht erscheinen zu müssen, und auch, um die betroffenen Geistlichen vor »Verfolgung« durch kirchliche Autoritäten zu bewahren.

Zuletzt publizierte *Ursula Goldman-Posch* in ihrem Buch »Unheilige Ehen« (Kindler Verlag, München 1985) erschütternde Gespräche mit Priesterfrauen. Wenn vom Zölibat die Rede ist, denkt man immer nur an die betroffenen Priester-Männer, ganz so, als ob nicht auch ebenso viele Frauen in Mitleidenschaft gezogen seien. Dies hängt wohl mit der bekannten Tatsache zusammen, daß die Frau in der Kirche zu allen Zeiten nur eine untergeordnete Rolle spielen durfte. Heute noch müssen Frauen dafür kämpfen, daß ihnen in der Kirche dieselben Rechte gewährt werden wie den Männern.

Eine unerläßliche Voraussetzung für die Aufnahme der vorliegenden Lebensberichte in dieses Buch war, daß jeder Autor mit seinem Namen für seinen Beitrag einsteht. Soweit nicht aus dem Bericht selbst die Hauptstationen des Berichterstatters hervorgehen, machen die Notizen zur Person, die jedem Beitrag vorangestellt sind, damit bekannt. Die Reihenfolge der Beiträge richtet sich nach dem Alter der Mitarbeiter.

Die Beiträge kamen auf eine Einladung hin zustande, die für manchen Eingeladenen eine gewisse Zumutung bedeuten mochte. Wer freilich seine Absage damit begründete, daß er sich nicht einem »öffentlichen Voyeurismus« aussetzen wolle, muß wohl die Zielsetzung dieses Vorhabens falsch verstanden haben. Das Licht der Öffentlichkeit nicht scheuen heißt noch lange nicht, das Innerste seines Herzens schamlos preiszugeben oder, um es konkret zu sagen, die Türen zum Schlafzimmer allzeit offen zu halten. Was wir als Priester und dann als Ehemänner, beruflich oder auch familiär, getan und erfahren haben, das darf überall bekannt werden. Geheimnisse bleiben trotzdem noch genug.

Einige Vielbeschäftigte machten zeitliche Gründe geltend, die ihnen eine Mitarbeit nicht gestatteten. Ein paar Mitbrüder verspürten keinerlei Interesse an einem solchen Unternehmen, weil die Kirche oder zumindest die »Amtskirche« für sie in weite Ferne entrückt und uninteressant geworden sei, weil die Zölibatsdiskussion auch weiterhin an der Machtposition des Papstes scheitern werde und weil von »Gottesbürokraten und Frauenfeinden« keine Änderung zu erhoffen sei.

Besonderes Verständnis verdienen jene, die im Hinblick auf ihre Kinder, ihre Frau (auch noch nach 40 Jahren!) oder auch Angehörige keinen Bericht schreiben wollten.

Einsichtig ist es ferner, wenn einige wegen ihres neuen Berufes, den sie durch ein offenes Bekenntnis nicht aufs Spiel setzen wollten, absagten. Einer mochte aus Dankbarkeit für die noble Behandlung durch seinen Bischof, der ihm trotz Heirat die missio canonica belassen hatte, nicht als Autor erscheinen. Wenn, als einzige Ausnahme, ein Anonymus zu Wort kommt, soll darin ersichtlich werden, daß es gewichtige Gründe geben kann, die Schweigen statt Schreiben gebieten.

Noch ein Wort zu Zweck und Ziel dieses Sammelbandes. Keiner der 15 Autoren beabsichtigte, seinen Lebensweg, der über die Priesterweihe zur Ehe geführt hat, als exemplarisch für andere Mitbrüder hinzustellen. Andererseits wollen aber alle bekunden, daß ihre persönliche Entscheidung für die Ehe eine Gewissensentscheidung darstellt und als solche auch von anderen respektiert werden sollte. Welche inneren Kämpfe und äußeren Widerwärtigkeiten mit der beruflichen Neuorientierung verbunden sein können, lassen manche »Bekenntnisse« schmerzlich ahnen. Wenn der eine oder andere Priester statt Verständnis und Hilfe mehr Vorwürfe und Verurteilungen erfahren mußte, ist es nicht verwunderlich, daß solche Verletzungen vielleicht nach Jahren noch nicht verheilt sind und deshalb heute noch weh tun. Eines Tages aber müßte die von Christen geforderte Verzeihung und Versöhnung auf beiden Seiten Wirklichkeit werden.

Die 15 Lebensberichte können und wollen nicht repräsentativ sein für die vielen Tausend verheirateten Priester in aller Welt, ja, nicht einmal für die schätzungsweise 6000 verheirateten Priester in der Bundesrepublik Deutschland. Jeder mußte seine eigene Entscheidung treffen und seinen eigenen Weg gehen.

Alle Mitarbeiter dieses Buches hatten die Freiheit, das zu schreiben, was sie wollten. Als Herausgeber verzichtete ich auf einen bestimmten Fragenkatalog, weil sonst weithin nur stereotype Antworten zu erwarten gewesen wären, und ebenso auf wesentliche redaktionelle Eingriffe. Einen Wunsch, ja, eine Bedingung sollte freilich jeder erfüllen: schonungslose Ehrlichkeit, auch und vor allem gegenüber sich selbst. Nur so konnten die einzelnen Berichte zu glaubwürdigen Zeugnissen wirklichen Lebens werden.

Breitbrunn am Ammersee, Juni 1988   *Georg Denzler*

ANONYMUS

Lieber Herr Denzler,
ich schulde Ihnen noch Antwort auf Ihren Brief vom 12. November. Zunächst will ich Ihnen sagen, daß auch wir die Erfahrung, von der Sie sprechen, gemacht haben: daß nämlich klerikale Kreise immer das Gerücht geschürt haben, wir seien schon wieder geschieden – weil die Ehe eines ehemaligen Priesters offenbar von vorneherein problematisch sein muß. In den letzten Jahren haben wir nichts Derartiges mehr gehört. Die Giftmischer in der Gerüchteküche scheinen aufgegeben zu haben. Weil aber diese Tendenz, unsere Ehen »totzusagen«, offenbar weiter fortbesteht, könnte ein Buch wie das von Ihnen geplante schon einen wichtigen Dienst tun.

Ich selbst möchte aber auf keinen Fall an diesem Buch mitarbeiten. Einer der Gründe ist, daß ich nicht einfach aus dem Klerikerstand im allgemeinen und auch nicht aus einem Großverband wie dem Klerus einer Diözese ausgeschieden bin, sondern aus einer kleinen Gemeinschaft, aus einem überschaubaren Ordenskonvent, einer Hausgemeinschaft. Mir war bei meinem Ausscheiden sehr daran gelegen, meinen Mitbrüdern sowenig wie möglich Schwierigkeiten zu bereiten. Wir haben damals in einer »konzertierten Aktion« versucht, einander dadurch zu helfen, daß wir so wenig wie möglich öffentliches Aufsehen erregt haben. Und an diesen damals vereinbarten Stil fühle ich mich auch heute noch gebunden.

Hinzu kommt, daß ich nun schon im zweiten Jahrzehnt, wenn auch nicht von der Kirche angestellt und nicht von der Kirche bezahlt, so doch einen Dienst tun kann, welcher die Kirche bzw. den Kirchen zugute kommt, einen Dienst für die Ökumene an der Basis. Ich denke mir, daß ein solcher öffentlich sichtbarer Dienst in »unbezahlter Loyalität« auch ein Zeugnis dafür ist, was verheiratete ehemalige Priester für die Kirche tun können, ja, was auch viele andere tun könnten, wenn auch die Amtskirche ihnen solche Möglichkeiten böte. Meiner persönlichen Art entspricht dieses kontinuierliche Zeugnis eines ohne jede Bitterkeit getanen Dienstes an der »Sache« der Kirche mehr als ein vielleicht vorerst doch vergebliches Einfordern eines Rechtes auf offizielle Anerkennung eines solchen Dienstes. Damit bestreite ich aber nicht, daß andere Betroffene sich auch auf andere Weise zu diesem Thema zu Wort melden dürften und sollten, weil bei ihnen die Voraussetzungen anders liegen.

Ich wünsche Ihnen, daß Ihr geplantes Buch ein guter Beitrag werden möge zu einem offenen Gespräch über die mögliche Lösung eines immer dringlicher werdenden Problems – weniger zu einem Streitgespräch als zu einem Verständnis weckenden Gespräch, zu einem Gespräch, das ideologische Verhärtung abbaut.

Im übrigen glaube ich aber, daß eine Lösung des Zölibatsproblems nicht aus den Ländern der »alten Kirche« kommen wird, sondern aus den »jungen Kirchen« in der »Dritten Welt«, wo man weniger mit der Aufarbeitung der Vergangenheit befaßt ist, wo aber die Erfordernisse der Gegenwart und der Zukunft so brennend empfunden werden, daß auch die Fragen um die kirchlichen Ämter dort eines Tages auf ganz neue Weise, nämlich radikal von den Bedürfnissen der Gemeinden her, beantwortet werden müssen. Dann wird die Zölibatsfrage nur noch eine Nebenfrage sein. Und das wird dann auch der »Amtskirche« die Möglichkeit geben, ohne Gesichtsverlust neue Wege zu beschreiten.

In dieser Hoffnung grüße ich Sie.

LORENZ SPIES († 1987)

1904 Geburt in Oberwiesenbach, 1926–1927 Noviziat in der Benediktinerabtei St. Ottilien, 1927–1933 Studium der Philosophie und Theologie in St. Ottilien und München, 1933 Priesterweihe durch Bischof Joseph Kumpfmüller in München, 1933–1937 Kaplan in Thierhaupten und Augsburg (St. Ulrich und Afra), 1938–1955 Pfarrer von Emmenhausen und Bronnen, 1955–1977 Pfarrer von Buchloe und Vikar von Emmenhausen und Bronnen, Honsolgen und Lindenberg, 1965 Ernennung zum Päpstlichen Geheimkämmerer (Monsignore). – 1977 Pensionierung und Heirat mit Elisabeth Schreiber; 1978 Laisierung.

Ich verhehle mir nicht, daß es kaum möglich ist, sachlich und neutral zu berichten, wenn es um das Persönlichste geht, und wenn man das über einen Verfügte und Geurteilte als Verwundeter erfährt, der doch anders reagiert als der Gesunde und Abgehärtete. Ich sehe und beurteile heute manches anders als damals, als es geschah; aber ich kann nicht sagen, es sei spurlos an mir vorbeigegangen – das gilt im Schlimmen und im Guten. Manches von dem nun Folgenden habe ich gewiß schon in früheren Briefen geschrieben, aber ich will versuchen, hier chronologisch zu berichten, wobei ich mich verpflichtet fühle, mit Auslassungen zu arbeiten.

Ich stand bereits in meinem 74. Lebensjahr, als ich um meine Pensionierung bat und sie auch erhielt.

Am 31. August 1977 feierte ich nach einer eineinhalbstündigen Abschiedsfeier, gegen die ich mich gewehrt hatte, weil ich ja wußte, was ich alsbald tun wollte, und die ich mir dann doch aufzwingen ließ, den letzten Gottesdienst mit der Pfarrgemeinde, die mir zweiundzwanzig Jahre lang anvertraut war. Noch unter dem Eindruck des an diesem Tag, besonders am Abend, Erlebten, schrieb ich in der Stille und Einsamkeit der Nacht, nicht ohne auch das Kommende zu bedenken, einen Brief an meinen Bischof, aus dem ich auszugsweise zitieren will, da er in etwa doch Aufschluß gibt über meine Auffassung und meine Verfassung.

»Ich gebe zum Ende des heutigen Tages die mir aus der Ordination zukommenden Vollmachten und den von Ihren Vorgängern und auch von Ihnen mir erteilten Auftrag in Ihre Hände zurück, weil es die Ordnung der Kirche, die ich um der Einheit willen respektiere, so verlangt. Diese Ordnung duldet es (heute noch) nicht, daß Priestertum und Ehe – beide vom Herrn der Kirche zur Würde eines Sakramentes erhoben – in *einem* Menschen sich verwirklichen.

Doch ich will heiraten (wie hilflos und angriffseinladend und verletzbar steht das Wort da, so gar nicht fähig, auch nur anzudeuten, was es sagen soll!), ich will in die letzte, wie ich glaube, umfassendste Schule zur Bildung des ganzen Menschen gehen im Glauben, daß ich dort auch etwas empfange, was nirgends sonst zu empfangen ist: die Geborgenheit und das Angenommensein als Hilfe und Verwirklichung zum Frieden, zur Erfüllung des Menschen und zur Vereinigung mit Gott.

Ich kann verstehen, daß Sie meine Einstellung und meine Auffassung ablehnen und daß sie mir mangelnden Glauben und besonders mangelnde Spiritualität vorhalten und erst recht mangelndes Solidaritätsbewußtsein. Sie werden nach den Gründen – den stichhaltigen Gründen für meine Versetzung in den Laienstand fragen.

Der erste Grund, der vor dem Recht gilt, ist die *firmitas in proposito*. Weil ich lange gebraucht habe, bis ich zu ihr gekommen bin, bitte ich auch sehr höflich und deutlich, daß ich von allen Belehrungs- und Bekehrungsversuchen verschont bleibe. Der zweite Grund ist meine Versorgung; ich bin in den Jahren, in denen der Mensch sehr auf Hilfe angewiesen ist. In dem, was ich vorhabe, ist auch meine Versorgung gesichert. Der letzte Grund, den ich nenne, ist die Liebe. Von ihr zu sprechen ist nicht angebracht. Man muß an sie glauben und sie zu praktizieren versuchen.

Was man mir vorwerfen könnte, ist die Auffassung, die ›die Leute‹ von meinem Schritt haben werden: Er wird ihnen ein Ärgernis sein. Ich habe das lange bedacht und bin zu der Auffassung gekommen: Wer die Art und den Umfang meiner Arbeit, meines Dienstes und meines Einsatzes gesehen und erlebt hat, muß glauben, daß ich so, wie ich vierundvierzig Jahre lang – und zwar mit den wachsenden Jahren immer mehr – versucht habe, meinen Dienst als Auftrag Gottes an den Menschen zu erfüllen, wie ich da der Wahrheit diente, d. h. Gott und den Menschen, so muß der Mensch, der mir gerecht werden will, glauben, daß ich auch jetzt die Wahrheit tue und nicht gegen den Willen Gottes handle. Ich darf sagen: Ich habe meinen Dienst so treu tun wollen, wie ich es vermochte, und es ist wahrscheinlich nicht übertrieben, wenn ich das Wort für mich in Anspruch nehme: ›Ich habe mehr gearbeitet als die Anderen‹, ich habe keinen Dienst verweigert, es war mir keine Arbeit zu viel, ich habe auch Aufträge, die mir nicht lagen und die über meine

Kräfte zu gehen schienen, angenommen. Trotzdem weiß ich sehr genau, wie unvollkommen und stümperhaft vieles von meinem und an meinem Tun war, aber ich habe meinen Dienst getan und will nun *meinen* Weg gehen und *mein* Leben führen, und ich will es tun in der Verbundenheit mit Christus.

Ich bitte Sie höflich und herzlich, mir zum ehesten Termin die Erlaubnis zum Eingehen der Ehe zu vermitteln. Ich wiederhole meine Bitte, mich mit allen Belehrungs- und Bekehrungsversuchen zu verschonen, auch mit den Recherchen des bischöflichen Offizialates. Ich weiß und glaube, daß die Kirche in ihrem Innersten eine göttliche Stiftung ist, aber sie ist es auf Zeit. So wird auch manchen ihrer Entscheidungen das Zeitbedingte anhaften.

Es bedarf, wenn Sie menschlich handeln, keiner Suspension: Ich gebe meine Fakultäten(und meine Auszeichnungen, die ich nie begehrt habe) mit diesem Brief und dieser Entscheidung an Sie zurück und weiß dabei, daß ich im Notfall tun muß und tun darf, was Gott und Menschlichkeit verlangen. Dabei könnte ich mir denken, daß Sie mir vertrauen, daß ich nach dem Gewissen handle.

Ich habe Ihnen schon einmal geschrieben, daß ich Ihnen für alles Wohlwollen danke. Ich bin auch jetzt darauf angewiesen. Ich weiß auch, daß ich meinen Weg in die Zukunft nur gehen kann im Vertrauen auf den gnädigen und barmherzigen Gott und mit Hilfe der Liebe. Ich vertraue auch auf Ihre Liebe.

Wie immer grüße ich Sie in Ehrfurcht.«

Der Bischof erhielt meinen Brief am 8. September 1977. Genau eine Woche später gab er mir Antwort, sehr ausführlich und wohlwollend, ohne aber von seiner grundsätzlichen Haltung auch nur einen Fußbreit abzuweichen. Sein Brief wäre es wert, im vollen Wortlaut abgedruckt zu werden; er ist ein Zeugnis seiner Güte und seines hohen Verantwortungsbewußtseins; er bezeugt des Bischofs bedingungslose Treue zur Kirche und ihren Vorschriften einerseits und seinen Willen zu brüderlicher Gesinnung andererseits. Doch diese beiden Verhaltensweisen zu verwirklichen, überschreitet wohl das Vermögen eines jeden Bischofs, der gewillt ist, »Rom« die Treue zu halten. Wer möchte schon von einem Bischof erwarten, daß er allein bei diesem Papst in der Zölibatsfrage etwas erreicht! So blieb auch dem Augsburger Ordinarius nichts anderes übrig, als zu bekennen, »daß die kirchlichen Bestimmungen im Augenblick nicht geändert werden können.« Und warum nicht? Die Antwort ist ganz einfach: Weil der Papst nichts ändern will, obwohl es ohne Schaden geschehen könnte. Es wäre schon etwas gewonnen, wenn man den Pflichtzölibat wenigstens zu einer offenen Frage erklären würde.

Stimmen, die in diese Richtung gingen, hat es schon viele gegeben, und das nicht von Leuten, die etwa sich selbst ein bequemeres Leben verschaffen wollten, sondern die aus Sorge um die Kirche für eine Änderung eintraten. Der große Theologe Karl Rahner sah das Problem in einem größeren und bedeutenderen Zusammenhang: »Wenn die Kirche in Zukunft wirklich noch am Zölibat festhalten will, dann sind damit aber auch implizit sehr tiefgreifende Wandlungen in der Kirche mitgegeben, die vielleicht von der heutigen Amtskirche gar nicht deutlich gesehen und noch weniger eigentlich angestrebt werden, die aber unerbittlich kommen werden, wenn die Kirche nicht gleichzeitig zu einer kleinen Sekte zusammenschrumpfen will.«

Wenn ich mich recht erinnere, habe ich im Exorzismus zur großen Wasserweihe den Satan und seinen Anhang beschworen, »aufzuhören, der Kirche Gottes weiterhin Stricke anzulegen.« Mit Bitterkeit ist zu konstatieren, daß die Kirche sich selbst mannigfache Fesseln anlegt, die den Dienst am Volke Gottes, zu dem sie bestellt ist, wesentlich behindern.

Ich kehre zurück zum Brief des Bischofs, der letzten Endes doch das Ziel hatte, mich zu einer Sinnesänderung zu bewegen. Der Bischof wollte, ehe er den Heiligen Vater um Dispens vom Zölibatsgesetz für mich bat, »unbedingt noch ein persönliches Gespräch« mit mir führen.

Doch ich hatte inzwischen schon Schritte zu unserer standesamtlichen Trauung unternommen, um unser Zusammenleben wenigstens für den zivilen Bereich zu legalisieren. Außer der Entschlossenheit, mich von der Eheschließung durch nichts abbringen zu lassen, bestimmte mich dabei auch der Gedanke, daß die Gewährung der für die kirchliche Eheschließung notwendigen Dispens lange auf sich warten lassen werde. Über unsere zivile Eheschließung, die am 21. Oktober 1977 stattfand, informierte ich den Bischof am 18. November in nicht gerade vornehmer Weise, wenngleich ich bemerkte, daß sein gütiger Brief einen anderen Dank verdient hätte. Ich fügte jedoch hinzu, »unser Leben verlangte diesen Schritt, damit unsere Gemeinschaft vor der Öffentlichkeit legalisiert war.« Es war zwar nicht klug, aber nach meiner Sicht (auch heute noch) verständlich, daß ich weiter schrieb: Nachdem mein Nachfolger der mir so lange Zeit anvertrauten Pfarrgemeinde »unsere standesamtliche Trauung am vergangenen Sonntag ex cathedra verkünden zu müssen glaubte, diese also offiziell bekanntgegeben wurde, darf ich wohl annehmen, daß es für meine Laisierung keiner Examinierung mehr bedarf, sondern daß sie mit der standesamtlichen Trauung hinreichend begründet ist.« Ich bat den Bischof, mir das Erscheinen vor ihm zu ersparen. Er brauche sich gewiß keinen Vorwurf zu machen, seine Pflicht als Bischof nicht erfüllt zu haben.

Am selben Tag, an dem ich meinen Brief schrieb, am 18. November also, gab der Bischof seinen zweiten Brief, den er am 15. November geschrieben hatte – oder hatte schreiben lassen, da der Brief weder seinen Stil noch seinen Geist atmete – zur Post. Der Inhalt des Briefes offenbarte mir auch, daß der Besuch eines Geistlichen am Tag vor unserer standesamtlichen Trauung kein Freundschaftsdienst war, sondern offiziellen Charakter trug. Nach den Worten des Bischofs war es der letzte Versuch, der »bedauerlicherweise fehlgeschlagen« war. Im Schreiben des Bischofs hieß es weiter: »Meine Hoffnung, daß Sie sich doch noch auf Ihr Zölibatsversprechen besinnen werden, ist durch die Tatsache Ihrer zwischenzeitlich erfolgten Ziviltrauung zunichte gemacht worden. Nunmehr bin ich genötigt, über Sie vom heutigen Tag an die Kirchenstrafe der Suspension zu verhängen... Darüber hinaus haben Sie sich durch das Eingehen der Zivilehe ohne weiteres die Exkommunikation zugezogen... Dies bedeutet u. a., daß Sie des Zuganges zu den Sakramenten verlustig gehen.

Sowohl durch Kündigung Ihres Dienstverhältnisses in Ihrem

Schreiben vom 31.8.... als auch durch die zugezogenen Kirchenstrafen haben Sie an sich den Anspruch auf Fortzahlung Ihrer Pension verwirkt. Da die Diözese... als Ihr früherer Arbeitgeber jedoch nach staatlichem Recht verpflichtet ist, Ihre Altersversorgung zu gewährleisten, werden wir für Sie die Nachversicherung bei der Bundesanstalt für Angestellte in Berlin in die Wege leiten. Bis Sie von dort eine Rente, die sich aus dem Einkommen während Ihrer Tätigkeit in der Diözese... errechnet, empfangen, wird von uns Ihre Pension an Sie fortgezahlt.«

Ich verzichte auf die Zitierung anderer Stellen des Briefes. Unnötig zu betonen, daß mich manche Aussagen geärgert, ja, zornig gemacht haben. Wie kann ein Mann des Glaubens (und der Liebe!) schreiben, Exkommunikation besage unter anderem den Verlust des Zugangs zu den Sakramenten! Gibt es, wenn ich den christlichen Glauben habe, wirklich etwas Schlimmeres? Und war es nicht eine ganz fadenscheinige Begründung, wenn der Bischof behauptete, mit meinem Schreiben vom 31. August hätte ich das Dienstverhältnis gekündigt! Und hätte sich die Diözese, falls es dieses staatliche Gesetz nicht gegeben hätte, nicht verpflichtet gesehen, »meine Altersversorgung zu gewährleisten«? Kennt die Kirchenobrigkeit keine Gerechtigkeit, und weiß sie nicht, daß jeder Arbeiter seines Lohnes wert ist?

Ich mußte später noch erfahren, daß mit meiner Heirat alles, was ich einst im Dienst der Seelsorge für die Diözese gearbeitet hatte, nicht nur vergessen schien, sondern wie ausgelöscht war. Besonders deutlich wurde mir das, als ich schwarz auf weiß gedruckt las, daß die Bischöfliche Finanzkammer, der meine Nachversicherung bei der Bundesversicherungsanstalt in Berlin oblag, mein sozialversicherungspflichtiges Einkommen für das gesamte Jahr 1939 – ich stand damals immerhin schon im 7. Dienstjahr und war im dritten Jahr Pfarrer mit eigenem Haushalt – am 16. November 1977 in der unglaublichen Minimalhöhe von 842,12 DM (i. W. achthundertvierzig und zwei Deutsche Mark und 12 Pfennige) meldete, wohl wissend, daß diese Angabe maßgebend sein würde für die Höhe der an mich zu zahlenden Rente. Dagegen wendete ich ein, es sei doch nicht recht möglich, daß ich als Pfarrer im Jahre 1940 rund 710,– DM weniger Gehalt erhalten habe als im Jahre 1935 als Kaplan, und noch unvorstellbarer sei es, daß ich als Pfarrer mit eigenem Haushalt im Jahre 1939 mit monatlich 68,51 DM hätte leben können. Ich bat daher höflich, mir mitzuteilen, auf welcher Grundlage oder nach welchen Gesichtspunkten die beitragspflichtigen Beiträge berechnet worden seien. Die Antwort der Finanzkammer war ebenso dürftig wie hilfreich: Die Nachversicherung sei nach den dort vorhandenen Besoldungsunterlagen durchgeführt worden, andere Unterlagen stünden nicht zur Verfügung. Sollten aber aus Unterlagen, die ich noch besäße, andere Entgelte hervorgehen, sei die kirchliche Aufsichtsbehörde selbstverständlich bereit, ihre Angaben zu korrigieren. So kam es auch. Anhand der Unterlagen, die ich selbst beschaffen konnte, wurden meine Bezüge neu berechnet, was für die Zeit vom 1. 8. 1933 bis 31. 12. 1942 einen Mehrbetrag von rund 10 700,– DM ausmachte. Die Bischöfliche Finanzkammer meldete die neuen Beträge nach Berlin. Daraufhin wurde meine Rente neu berechnet und, nachdem ich gegen den Rentenbescheid vom 7. 12. 1978 Widerspruch eingelegt hatte, ein neuer Rentenbescheid mit Datum vom 10. 7. 1980 ausgestellt.

Wenn ich dies alles heute überdenke, erscheint es mir töricht, daß ich damals nicht sachlicher urteilte, insbesondere, daß ich alle Äußerungen meiner ehemaligen Dienststelle immer nur kritisch betrachtete und stets unguten Geist vermutete, wo sie nach Gesetz und Recht so handeln zu müssen meinte.

Zu dem Gefühl, von der Kirche ungerecht behandelt zu werden, kamen unsachliche Nachrichten und Verurteilungen von Seiten sehr fromm wirkender Leute meiner ehemaligen Pfarrei. Außerdem trug die Überbeanspruchung meiner Kräfte während der Dienstzeit dazu bei, daß sich eine Schwächung meiner Gesundheit einstellte. Und weil ein vierter Herzinfarkt zu befürchten stand, wurde ich ins Krankenhaus eingeliefert.

Meine Frau schrieb in ihrer Angst und Verzweiflung ohne mein Wissen an die Bischöfliche Finanzkammer, worauf aber der Generalvikar ihr mitteilte, das Ordinariat habe Erkundigungen bei den zuständigen Stellen eingeholt. Die Diözese werde aufgrund des bestehenden Sachverhalts »ohne Anerkennung einer Rechtsverpflichtung ... eine monatliche lebenslängliche Aufzahlung leisten, die in etwa den Unterschiedsbetrag zwischen der monatlichen Rente nach der Angestelltenversicherung und den derzeitigen Nettobezügen (der Pension) ausgleicht.« Um später keine Unklarheit aufkommen zu lassen, war eigens vermerkt, daß die Aufzahlung der Diözese nur an mich erfolge: »Sie ist nicht vererblich und nicht abtretbar. Versorgungsansprüche Dritter (insbesondere von Ehegatten oder Kindern) werden ausdrücklich ausgeschlossen.«

Statt nun diese Maßnahmen der Diözese als »Entgegenkommen« anzuerkennen, beschwerte ich mich, »daß die Diözese bei dieser freiwilligen Zahlung die inzwischen eingetretenen Erhöhungen von Pensionen der Geistlichen nicht berücksichtigt.« So faßte es der Generalvikar auf. Was er dann weiter mitteilte, war weitaus schlimmer: »Ihr Ausscheiden aus dem kirchlichen Dienst hat nicht nur in der früheren Pfarrei, sondern in der ganzen Diözese einen erheblichen ideellen Schaden verursacht, den wir bei Abwägung der gesamten Umstände leider berücksichtigen müssen. Wenn Ihnen die Diözese dessen ungeachtet und ohne rechtliche Verpflichtung eine Aufzahlung zu Ihrer Angestelltenrente gewährt und die Anpassung dieser Aufzahlung (sc. nach § 16 des Gesetzes zur Verbesserung der betrieblichen Altersversorgung vom 19. 12. 1974 in BGBl. I, S. 3610) verspricht, dann liegt darin keine Bestrafung (wie ich geschrieben hatte) oder eine Benachteiligung, sondern ein Entgegenkommen, das über die gesetzlichen Verpflichtungen hinausgeht. Man kann nicht die Versorgungsansprüche des Priesterstandes fordern, wenn man dem Priesterstand den Rücken kehrt.« Dieser letzte Satz, dessen Inhalt und Fassung vielleicht gar nicht dem hohen Unterschriftleistenden anzulasten ist, schien mir bar jeder Weisheit und Brüderlichkeit. Er förderte meine kritische Stimmung, die sich fast bis zur Aggression steigerte, in der ich schon zu Beginn des Jahres 1978 dem Offizial am Bischöflichen Konsistorium höchst undiplomatisch geschrieben hatte, als ich ihn um einen Termin zur Einleitung des Laisierungsverfahrens bat: »Den Bischof wünsche ich nicht zu sehen.«

Mein Gesuch um Dispens vom Zölibatsgesetz wurde im Februar 1978 nach Rom gegeben. Das Reskript der Glaubenskongregation trägt als Datum den 2. Juni 1978. Nachdem mir der Bischof den positiven Bescheid mitgeteilt hatte, stand unserer kirchlichen Heirat nichts mehr im Wege. Diese fand am 22. Juli 1978 statt, und zwar *sine quacumque pompa*, in aller Stille, wie es von Rom vorgeschrieben war.

Im römischen Reskript heißt es unter Ziffer 5: Der dispensierte Priester »muß allen Orten, an denen sein priesterlicher Status bekannt ist, fernbleiben.« Dies heißt doch, daß man uns als Leute betrachtet, die etwas zu verbergen haben oder an denen etwas verborgen bleiben soll. In der Tat hat sich eine höhere kirchliche Stelle noch vor Erteilung der Dispens erkundigt, ob zu befürchten sei, daß ich meine kirchliche Trauung der Presse bekanntmachen werde. Mit solchen Maßnahmen und Vorschriften will man Leuten ohne selbständiges Urteil suggerieren, wie schlimm es doch sei, wenn ein Priester laisiert sei und heirate.

Gegen diese falsche Meinung, die ein entsprechendes Verhalten zur Folge hat, gibt es nur ein wirksames Mittel: zeigen, wie ein verheirateter Priester lebt. Dann kommt mancher vielleicht zu einer anderen Ansicht, so daß er sagt: »Ihr Mann ist ja im Herzen Priester geblieben!« Dann versteht er wohl auch nicht mehr, daß ein solcher Priester von dem Dienst, zu dem er geweiht ist, wegen Heirat ausgeschlossen wird. Die Dekretierenden wissen nur theoretisch, was die in Christus geschlossene und gelebte Ehe bedeutet und darstellt. Warum gestattet man nicht wenigstens probeweise, was ein einfacher Mann so sieht: »Die Messe eines verheirateten Priesters wird angekündigt. Und wenn die Gläubigen dann sehen, daß er seine Sache macht wie jeder andere Pfarrer auch, dann werden sie sagen: Warum sollen wir diesen verheirateten Pfarrer nicht annehmen.«

Die Kirchenobrigkeit aber sieht im verheirateten Priester eine Gefährdung des Priestertums. Diese Angst ist sicher übertrieben. Die Gnadengabe des Zölibats ist zwar eine Hilfe zu einem priesterlichen Leben, das sich an Jesus Christus orientiert, aber gewiß nicht von einer solchen Bedeutung, daß diese Hingabe an Jesus dem verheirateten Priester nicht ebenso möglich wäre. Die Vollkommenheit des Priesters hängt gewiß nicht am Zölibat, sondern am Grad des Gottesgeistes, der in ihm lebt und wirkt, und der ihn fähig macht, die Wahrheit zu erkennen, zu bekennen und zu tun. Eine Christustreue, die als Kirchentreue definiert wird, und diese wieder als Gehorsam gegenüber dem Papst und seinen Behörden, dürfte nicht das sein, was Jesus den Menschen bringen wollte und immer noch bringen will, »damit sie das Leben haben und damit sie es in Fülle haben.«

Im Jahre 1982 lud Bischof Stimpfle die verheirateten Priester seiner Diözese zu einer Begegnung ein, um deren Probleme und Fragen zu vernehmen und um seine Sorgen und Freuden mitzuteilen. Kein Zweifel, der Bischof meinte es mit seiner Meditation, die er uns 24 Priestern mit Ehering vortrug, ernst: Wir sind und bleiben Brüder, geeint und besiegelt in Christus durch Taufe, Firmung und Ordination. Wir gehören zusammen als lebendige Glieder der einen Kirche und tragen Verantwortung für die Kirche als Stiftung Christi, auch nach der »Amtsniederlegung«. Volle sechs Stunden – das Mittagessen, das uns der Bischof spendierte, eingeschlossen – waren wir beieinander. Weil aber, trotz gutem Willen auf beiden Seiten, nur ein dürftiges Ergebnis zustande kam, entschloß ich mich zu folgendem Bekenntnis: »Nach allem, was wir gehört haben, bleibt uns verheirateten Priestern nichts anderes, als daß wir uns um ein Leben bemühen, das uns als lebendige Glieder jener Kirche erweist, deren Herr Jesus Christus, deren Leben der Heilige Geist, deren Ziel die Ehre Gottes und deren Gesetz die Liebe ist. Die größte Hilfe dabei ist mir meine liebe Frau.«

Später habe ich erfahren, daß es leichter ist, *alle* Brüder und Freunde zu nennen, als *den einzelnen* wirklich als Bruder zu behandeln. Es dauerte nämlich nach dieser Begegnung noch mehr als drei Jahre, bis der Bischof mich wieder als »Mitbruder«, ja, sogar als »lieber Mitbruder« ansprach. Zumindest für eine Zeit war ich wegen meiner Ehe der fremde Soundso geworden. Ich bin darüber nicht mehr böse, aber doch traurig.

Viel hat dazu beigetragen, daß ich zum Frieden des Herzens und Gottes fand, zum Reichtum und zur Freude des Lebens sowie zur Erfahrung der Gegenwart und Nähe Gottes. Den wesentlichen und bleibenden Anteil daran hat meine liebe Frau, deutlicher: Sie *ist* das alles, denn in ihrer Gegenwart erfahre ich die Gegenwart Gottes, in ihrem Schweigen und in ihrem Reden werde ich aufgetan für Gottes Wort und die Stille in ihm. In ihrer Geduld erkenne ich meine Schwächen, Unvollkommenheiten und Fehler; zugleich empfange ich die Fähigkeit, diese Mängel einzugestehen, und die Bereitschaft, von ihnen frei zu werden. Ich bin gewiß kein Heiliger geworden, aber doch anders und besser.

FRANZ FRANZEN

1914 Geburt in Grebben, 1933–1939 Studium der Philosophie und Theologie in Bonn, Tübingen und Aachen, 1939 Priesterweihe durch Weihebischof Hermann Josef Straeter in Aachen, 1939–1957 Kaplan und Religionslehrer in Mönchengladbach, Würselen-Morsbach, Waldniel, Eschweiler, 1957–1968 Religionslehrer in Düren, 1964 Promotion in Dogmatik an der Universität Münster, 1968–1972 Gymnasiallehrer in Gladbeck und Hückelhoven. – 1968 Laisierung; Heirat mit Elisabeth-Charlotte Schumann.

Veröffentlichungen: Motivmessen 2, Essen 1970; Religionslehre (unbefriedigend), Essen 1970.

1939 Priesterweihe – 1968 Eheschließung. Hinter diesen nüchternen Daten verbirgt sich die schwierigste Daseinsstrecke eines Menschenlebens, meines Lebens, das eines katholischen Priesters.

Seine Aufgabe innerhalb der Gesellschaft gilt nach katholischer Glaubenslehre als Berufung durch Gott und wird mit besonderen Vollmachten und Privilegien versehen. Mit dem von ihm geforderten Verzicht auf Ehe und Familie wird ihm gleichzeitig die Aura der Opferbereitschaft und ganzheitlicher Hingabe angehängt. Fortan ist er alles andere als der schlichte Mitbruder, dessen Aufgabe in der Gemeinde die Leitung und Verkündigung ist. Heute weniger, aber noch während der Hauptphase meiner beruflichen und menschlichen Entwicklung galt deshalb ein Priester nicht als das, was er sein sollte, ein Mittler und Helfer auf schwierigem Glaubensweg, sondern als ein magisch-numinoses Wesen, mit einem speziellen und verborgenen Zugang zu Gott, ein Wesen, an das man seine geheimsten Wünsche und Hoffnungen anhängen konnte wie Devotionalien an die Figuren der Wallfahrtsorte. Daß dies nicht für alle Katholiken in gleicher Weise gilt, versteht sich von selbst.

So konnte es kommen, daß noch zu Zeiten des Vaticanum II in der breiten Kirchenöffentlichkeit ein nicht mehr zölibatär lebender Priester nicht selten als schlimmste Schande der heiligen römisch-katholischen Kirche abgestempelt und verachtet wurde. Wie belastet ich selbst mich einst durch das »Versagen« einiger Mitbrüder fühlte, kann ich heute nur noch mit Trauer und Scham bestätigen. Auch für mich konnte es damals fast nichts Schlimmeres geben als diese »Untreue«, als diesen »himmelschreienden Sündenfall«. Daß ein Priester sich wegen einer Eheschließung, die für ihn ja tabu zu sein hatte, eines Gott und Kirche beleidigenden »Verrates« schuldig machte, stellte nach meiner damaligen Überzeugung eine schlimme Verirrung dar.

Inzwischen haben allgemeine gesellschaftliche Entwicklungen, insbesondere aber neue psychologische und auch theologische Erkenntnisse weithin bewirkt, daß die Ehe eines katholischen Priesters – mittlerweile gibt es etwa 80000 verheiratete Priester der römisch-katholischen Kirche – kaum noch als Sensation angesehen und »verarbeitet« wird.

Erste Anstöße, um altgewohnte Denkbahnen in Frage zu stellen, ergaben sich bei mir aus der Seelsorge selbst. Etwa 30 Jahre lang habe ich nach Kräften versucht, meiner Vorstellung vom Priesterleben gerecht zu werden. Mein Wille, mich ganz als Seelsorger einzusetzen, wurde von der Überzeugung bestimmt, daß Priestersein eine der heiligsten Möglichkeiten christlichen Lebens sei. Die Lebensgemeinschaft mit einer Frau habe ich weder gesucht noch erhofft. Dieser Gedanke kam nicht einmal als utopische Vorstellung in mir; der Zölibat schien sich sozusagen wie von selbst zu erfüllen. Nur unterschwellig empfand ich, daß dieses totale »Opfer« nicht der Weisheit letzter Schluß sein müßte. Erst Nachkriegsbekanntschaften mit den Familien niederländischer Zwangsarbeiter, die ich während des Zweiten Weltkrieges als Seelsorger betreut hatte, erweiterten den Horizont meiner Lebensanschauung. Besonders der ganz natürliche und harmlose Umgang mit den Frauen dieser Männer ließ mich immer mehr daran zweifeln, ob zölibatäres Leben unbedingt gottgewollt sei. Doch die Begegnung mit meiner späteren Frau, einer Lehrerin, führte dann dazu, die Frage nach der Berechtigung und Richtigkeit des über alle Zweifel erhaben scheinenden Zölibats bewußt zu stellen. Wer könnte schon bündig nachweisen, daß der Vatergott Jesu Christi die Ehelosigkeit seiner Priester unbedingt fordert? In »vorausschauendem Gehorsam« befreite ich mich von dieser eingestanzten Vorstellung, deren Auswirkung ich bei Mitbrüdern konkret erlebte, indem ich sah, wieviel Unglück, Leid und menschenunwürdige Lebensumstände sie mit sich brachte.

Diese Entwicklung vollzog sich nicht sprunghaft; es war ein langjähriger und oftmals schmerzlicher Prozeß. Schon als Volksschüler hatte ich den Wunsch, Priester zu werden. Sowohl meine dörfliche Herkunft als auch die von der katholischen Kirche fast unwidersprochen wahrgenommene Autorität in Sachen »Lebensbestimmung« – ewiges Heil oder ewige Verdammnis –, die soziale Exklusivität des Priesterberufes und die mein Gefühlsleben beherrschende Atmosphäre des »Übernatürlichen« erfüllten mich mit dem im Grunde mehr unbewußten Verlangen, in diesen mir als geheimnisvoll erscheinenden Bereich des Jenseits-Göttlichen aufgenommen zu werden.

Zwar lernte ich unmittelbar vor dem Abitur eine junge Sängerin unseres Kirchenchores, bei dem ich gelegentlich als Geigenspieler mitwirkte, kennen und platonisch lieben. Nachdem ich mich aber entschlossen hatte, Theologie zu studieren, fühlte ich mich »unter Zwang von oben« im Gewissen dazu verpflichtet, diese aufkeimende Zuneigung dem total fordernden Gott zu opfern, da die Verpflichtung zur Ehelosigkeit allenthalben wie eine dogmatisch unfehlbare Wahrheit zum Credo der Gesamtkirche zu gehören schien. Darüber, daß der Zölibat nichts weiter als eine bloß kirchenrechtlich begründete Verwaltungs- und Moraldisziplin sei, wurde ich weder von der damaligen Ortsgeistlichkeit noch später von den zuständigen Universitätslehrern ausdrücklich unterrichtet. Im Gegenteil, der Zölibat erschien als eine der höchsten und heiligsten Vorschriften des Gottesreiches. Daß diese Verpflichtung zum Zölibat im Laufe der Kirchengeschichte Krisen mit sich brachte, ja, daß die kirchenrechtliche Vorschrift erst im 12. Jahrhundert erlassen wurde, erfuhr ich mit wachem Bewußtsein erst viel später; denn eine kritische Hinterfragung dieser »Regelung« galt mir damals schon als bedenklich, wenn nicht gar als sündhaft. Dazu kam, daß ich aufgrund meiner für esoterisch gehaltenen Berufung von einer geistig-geistlichen Euphorie getragen wurde, die das Unverheiratetsein um des hehren Zieles willen als Selbstverständlichkeit empfinden ließ.

Über all das hinaus war mein Sexualleben kaum entwickelt. Es war allenfalls – da um so stärker – platonisch und romantisch ausgeprägt. So blieb ich auch vom Theologenkonvikt aus mit meiner »Jugendliebe« in brieflicher Verbindung. Die Schönheit eines Mädchens oder einer Frau empfand ich als bewundernswert und anziehend, doch es erwuchsen mir daraus nie eigentliche »Versuchungen« oder Schwierigkeiten. Immerhin galten mir, dem potentiellen Geistlichen, Mädchen und Frauen als Mitgeschöpfe Gottes und deshalb als wertvolle Mitmenschen, deren spezifische Besonderheit ich mehr ahnte als kannte.

Dies alles sollte sich aber ausdrücklicher ändern, als ich schon mehrere Jahre lang meinen Priesterdienst versah und es, vor allem in der Jugendarbeit, mit dem anderen Geschlecht zu tun bekam. Damals stellte sich gelegentlich ein mehr unbewußtes Bedauern darüber ein, daß das Priestersein mit dem Verzicht auf eheliche Gemeinschaft verbunden sein mußte. Im eigentlichen Sinne darunter gelitten habe ich jedoch nicht. Im Gegenteil, das Aufgehobensein in der Familie, deren Haushaltsgemeinschaft, vor allem die enge Verbindung mit der Mutter (mein Vater war schon früh verstorben), die besonderen Privilegien, die ich als zölibatärer Priester in und durch die Pfarrgemeinde genießen konnte, besonders jedoch die Überzeugung, dem als vermeintlich unfehlbar festgestellten Willen Gottes zu entsprechen – all das schien mir das Fehlen ehelicher Gemeinschaft vollwertig zu ersetzen, zumal ich von sexuellen Trieben und Bedürfnissen nicht sonderlich behelligt wurde.

Die Jahrzehnte meines seelsorgerlichen Wirkens – ich war beinahe 30 Jahre amtierender Priester und Religionslehrer – verliefen fast unangefochten mit der in sich ruhenden Gewißheit, daß ich in der damals so verstandenen »Richtigkeit« der christlichen Glaubenswelt lebte. Erst als nach dem Zweiten Weltkrieg allmählich Kritik an weltlichen, aber auch an kirchlichen Strukturen laut wurde, als insbesondere einige hervorragende katholische Theologen aus dem Zölibat »ausbrachen« und heirateten, als innerhalb meiner Seelsorgsarbeit persönliche Begegnungen mit Frauen erwuchsen, begann ich mehr und mehr, meine zölibatäre Situation neuerlich zu überdenken. Außerdem verblaßte unauffällig die gewohnte, anscheinend für immer vorgegebene Allgemeinsicherheit meiner Glaubenswelt.

Die Lektüre glaubens- und systemkritischer Bücher und Aufsätze veranlaßte mich dazu, das Standard-Gottesbild neu in Frage zu stellen sowie die Struktur der Kirche und ihrer Leitung mit ihrer Authentizität auf ihre »Aseität« hin zu untersuchen, kurzum: Ein bestimmter Teil meines Glaubens mit seinem gewohnten Gottesbild begann zu zerfließen. Dabei gerieten die oft nur zu bequemen Selbstverständlichkeiten religiösen und kirchlichen Eigenverständnisses in Bewegung, und in zunehmendem Maße bedrängten mich ausgeprägte Glaubensschwierigkeiten. Trotz all dieser Belastungen verbot ich mir, deren Auswirkungen einfach zu verdrängen, so daß ich, auch nach Wegfall der Zölibatsverpflichtung, den meine Glaubenswelt und Glaubenskraft herausfordernden Verdunkelungen anheimgegeben blieb.

Den entscheidenden Anstoß, meinen Zölibatsstatus in ein kritisches Licht zu rücken, brachte die meiner Auffassung nach gottgefügte Bekanntschaft mit einer Lehrerin unseres gemeinsamen Schulsystems. Diese Bekanntschaft hatte zunächst den Charakter eines belebenden Zusammentreffens, entwickelte sich aber in kurzer Zeit zu einer existentiellen Begegnung, die als solche in ihrer besonderen Bedeutung voll bejaht und vom Gewissen her bewußt war.

An Heirat wurde allerdings angesichts der bestehenden Koordinaten der Gesamtsituation nicht gedacht. Eine diesbezügliche Möglichkeit konnte damals weder mit meinen Angehörigen, vor allem nicht mit meiner Mutter, die meine Kollegin zwar als solche schätzte, sie aber andererseits als Gefährdung ihres Priestersohnes ablehnte, noch mit Mitbrüdern im damaligen Kontext besprochen werden. So mußte alles im Zwielicht und im Untergrund eines beschämenden Versteckspiels vertuscht und verschleiert werden. Je mehr uns das bewußt wurde, desto mehr ging uns auf, wie menschenunwürdig eine derartige Situation war. Was das für uns als vollverantwortliche Erwachsene bedeutete, ist im einzelnen kaum zu beschreiben. Es sei nur darauf hingewiesen, in welche Gewissensnot meine Mutter bei der damaligen Beichtpraxis geriet und welche Höllenqualen man ihr im Namen Gottes androhte.

Ein so unvorstellbar schrecklicher Vorgang ist nur zu fassen vor dem Hintergrund der fast magisch verstandenen Unantastbarkeit des in einer Enzyklika »heilig« genannten Zölibates. Zwar haben mittlerweile nicht wenige Exegeten, Dogmatiker, Kirchenrechtler und Kirchengeschichtler mit subtilsten Argumenten versucht, die innere und äußere Bedeutsamkeit der Zölibatsvorschrift zu relativieren, doch die derzeitige höhere und höchste Kirchenleitung hält immer noch an den rein iuridischen Vorschriften um des Glaubens willen fest, so daß jedem nüchternen Beobachter der »Szene« immer deutlicher wird: Statt einer originären *Theologie* des Zölibates wird in Wirklichkeit eine von Glaubensmotiven verbrämte *Ideologie* des Eheverzichtes um des Himmelreiches willen vertreten.

Der ganze Disput um die Aufhebung der Zölibatsvorschrift erweckt den Eindruck, als sei diese Anordnung die innerste Mitte katholischer Glaubensaussage. Dabei ist dieses unselige Gesetz schon von seinem Ansatz her in sich unchristlich und dürfte allenfalls in Einheit mit den anderen evangelischen Ratschlägen der freiwilligen totalen Armut und des totalen freiwilligen Gehorsams verstanden und im Namen Gottes empfohlen werden. So aber bleibt dieser Rat falsch begründet, zum Gesetz verfälscht, täuscht eine ganzheitliche Glaubenserfüllung vor und wird somit der Vollständigkeit des christlichen Credo nicht gerecht.

Warum macht die Kirche nicht ernst mit dieser Totalität? Warum sublimiert sie ausgerechnet den Priesterstand unter Berufung auf ein angeblich heiliges Gesetz, das niemals aus dem Munde Jesu von Nazareth hervorgegangen ist? Ehelosigkeit um des Gottesreiches willen ist Charisma, eine außerordentliche Gnade. Es besteht kein stichhaltiges Argument dafür, einem angehenden Priester, der das Charisma der Ehelosigkeit nicht besitzt, die Zölibatsvorschrift aufzuerlegen und das Junktim von Priesterweihe und Charisma zu konstruieren. Wer könnte schon uneingeschränkt von sich behaupten, daß er das Charisma der Ehelosigkeit besitze? All das bleibt im Raum des Unbestimmbaren und Unzugänglichen, des Geheimnisvollen.

Muß die Einzigartigkeit des Christentums auf einem derartigen Gesetzesfanatismus beruhen? Wie nehmen sich daneben alle anderen christlichen Denominationen aus? Müßten sie sich nicht allein deswegen schon aufgeben? Was für ein fragwürdiges Gottes- und Menschenbild steht hinter der Verpflichtung zum Zölibat! Man mag es drehen und wenden, wie man will, letztlich läuft alles auf eine falsch eingeschätzte und im Grunde unbewältigte Sexualität hinaus. Hier muß man sich fragen, warum und in welchem Umfang die Amtskirche sich anmaßen kann, als direkte Stellvertreterin Gottes unvermittelt aufzutreten und sich als absolute Sachwalterin göttlicher Autorität zu verstehen, wenn das Zölibatsgesetz offenbarungstheologisch nicht zwingend und stringent nachzuweisen ist. Die Selbstverständlichkeit, mit der die römisch-katholische Amtskirche, ähnlich wie der Islam, sich direkt auf Gott beruft und sich mit dessen Willen identifiziert, gibt zu denken. Echte Glaubensschwierigkeiten können nicht zuletzt wegen dieses Verhaltens der Amtskirche entstehen. Das genuin christliche, originär offenbarungstheologisch vermittelte Gottesbild läßt eine Zölibatsgesetzgebung nicht zu, auch wenn man noch so viele und subtile Argumente anbietet, um den Zölibat in eine unmittelbare Beziehung zum Gott der Bibel zu bringen.

Ich habe nicht geheiratet in der Annahme, ich hätte mein Charisma verloren oder nie besessen. Ich wollte nach meinem Gewissen handeln. Meine Heirat war also nicht die Folge eines Defekts. Deshalb verstehe ich die keineswegs angestrebte Bekanntschaft mit meiner späteren Frau nicht als existentielles Scheitern, sondern als die vorher nie für möglich gehaltene Mitwirkung am neuen Selbstverständnis der Kirche, das schon im Vorfeld des damals angekündigten und bald zusammengerufenen Zweiten Vatikanischen Konzils vorbereitet und eingeleitet war.

Daß es so kam, erstaunte mich selbst, um so mehr, als ich nach Herkunft und Naturell eher ein scheuer und zu Skrupeln neigender Vertreter starrer Orthodoxie war. Darum erschien meiner Frau – sie trug den kirchlichen Entwicklungsprozeß bewußt mit – und mir der Trauspruch des unserer Eheschließung assistierenden hohen Würdenträgers doch wohl als unbeabsichtigte Bestätigung eines seltsamen kirchlichen Selbstverständnisses. Er lautete: »Ihr geht einen von der Kirche gutge-heißenen und *darum* gottgewollten Weg.« Wie soll man das interpretieren? Sprach daraus nicht die Logik einer Kirchenlei-tung, die sich unvermittelt mit der Absolutheit Gottes identifi-ziert, ja, im Grunde noch Gott selbst ihrer eigenen Autorität unterordnet?

Wie die Amtskirche damals ihre Autorität verstand, zeigt auch die Tatsache, daß ich noch ein halbes Jahr lang nach der von Rom ausgesprochenen »Laisierung« vollen Altar- und Seelsorgsdienst verrichten mußte, nur weil eine entsprechende Vertretung nicht sofort gefunden werden konnte. Dies ver-deutlicht einmal mehr, nach welch utilitaristischen Kriterien sie auch bei ihrem Amtsverständnis vorgeht.

Erst nach der offiziellen Eheschließung kam der »Kirchenap-parat« in Bewegung, indem er meine Frau und mich in ein anderes Bistum zwang. Das brachte für uns beide enorm erschwerende Umstände mit sich. Zwar beließ man mir die Erlaubnis, dort Religionsunterricht zu erteilen, untersagte aber jegliche gottesdienstliche Betätigung. Es blieb also auch dort dabei: Wir erregten angeblich das Scandalum pusillorum, das sogenannte Ärgernis der kleinen Leute. Auch als ich mich durch weitere Studien in die Lage versetzte, andere Fä-cher zu lehren, und damit von der Kirchenleitung endgültig unabhängig wurde, durfte ich nach der nun möglichen Heim-kehr in unser Bistum nicht einmal solche kirchlichen Funktio-nen übernehmen, die inzwischen jedem Laien zugänglich sind.

Seit Jahren wohnen wir im Anblick meiner Heimat- und Primizkirche. Meine Frau und ich genießen dort freundliche Gemeinschaft mit den Nachbarn. Von »Ärgernis« und dessen Auswirkungen verspüren wir nichts. Für unsere Ehe ist ent-scheidend die Bemühung um personale Partnerschaft. Ihr Gelingen besteht darin, daß wir durch Auseinandersetzungen im besten Sinn des Wortes versuchen, uns gegenseitig bis auf den Grund unseres Wesens kennenzulernen. So wurde un-sere Gemeinschaft im Laufe der Zeit immer fester und glück-licher. Maßgebenden Anteil daran hatte meine Frau, die mir dabei half, von der Egozentrik, die nicht wenigen zölibatären

Klerikern eigen ist, mehr und mehr freizuwerden. Dieser Prozeß, so mühsam er bisweilen war, machte unsere Ehe zum Erlebnis personaler Entwicklung. Dazu kommt, daß wir in geistig-religiöser Beziehung eine gemeinsame Linie verfolgen. In diesem Zusammenhang wurde immer mehr zum Hauptanliegen, die Entwicklung der Zölibatsproblematik und deren Auswirkungen nach Möglichkeit positiv zu beeinflussen. Die damit verbundenen Erfahrungen und Begegnungen mit Gleichgesinnten, mit Männern und Frauen von menschlich hervorragender Qualität und charakterlicher Reife sowie der Austausch religionssoziologischer Überlegungen erfüllen uns mit Genugtuung und Freude darüber, daß wir an einem gesellschaftlich und innerkirchlich so bedeutsamen Prozeß der Erneuerung und Befreiung mitwirken können.

Obschon mir die Ausübung priesterlicher Funktionen verboten bleibt, verrichte ich täglich mein Breviergebet, halte Tag für Tag Bibellesung und feiere bei bestimmten Anlässen mit meiner Frau und Familienangehörigen die Eucharistie, wenn wir uns auch im allgemeinen an den öffentlichen Gottesdiensten beteiligen. All das macht einen nicht unbedeutenden Teil der Dankbarkeit und Freude aus, wovon unsere Lebensgemeinschaft getragen wird.

Im Gegensatz zu den Unkenrufen, die über Priesterehen nicht selten zu hören sind, kann ich nur dankbar bestätigen, daß unsere Ehe, die nun schon ganze zwanzig Jahre besteht, eine rundum gute Partnerschaft wurde, an deren Gelingen meine Frau in jeder Beziehung maßgeblichen Anteil hat. Worin dieser im einzelnen besteht, brauche ich hier nicht in aller Breite aufzuzählen. Es soll genügen, ihre Geduld, ihre geistige und moralische Kraft, vor allem aber ihre Menschenkenntnis und ihre Aufgeschlossenheit zu erwähnen. Gerade diese Faktoren bilden mit das tragende Fundament unserer Gemeinschaft.

Aus all diesen Gründen muß man sich immer wieder fragen: Was läßt die Kirchenleitung so sicher vorhersehen, daß die Aufhebung der Zölibatsvorschrift für die Kirche Christi ein katastrophales Unglück bedeuten müsse? Warum läßt sie das

Charisma der Ehelosigkeit nicht in sich selbst schlüssig sein und sich als Initiativenergie des Priesterseins auswirken? Kann man in Rom nur mit dem Bild eines Gottes leben, der die von ihm geschaffene Gattenliebe für sich als unumgängliches Opfer dann wieder einklagt, wenn es um die Berufung zum Priesteramt geht? Die immer wiederkehrende Begründung für den Sinn des Zölibates, er allein schaffe die Möglichkeit des »ungeteilten Dienstes«, ist in ihrer Monotonie kaum noch zu ertragen und läßt sich mit durchschlagenden Argumenten mühelos widerlegen. Wie unfrei, halbherzig und unvollkommen müssen sich bei dieser Begründung die Religionsdiener anderer Konfessionen, nicht zuletzt die mit Rom unierten Kleriker der Ostkirche vorkommen, die eine Zölibatsvorschrift nicht kennen! Natürlich bringt eine Ehe auch Belastung mit sich; sie schenkt aber auch innere Befreiung, das heißt Befreiung zur Wahrheit. Das gilt besonders für die Priesterehe.

Die religiöse Landschaft unseres römisch-katholischen Glaubens erscheint manchmal weithin diffus. Die Begriffe Amts- und Berufsgläubigkeit, Berufs- und Berufungsseelsorge verschwimmen leicht ineinander. Dabei können religiöse Allgemeinphänomene wie Glaube, Gnade und Gebet fast wie Automatismen funktionieren. Die wesentliche Gnadenhaftigkeit von Glaubensinhalt und Glaubensakt wird oft als allzu selbstverständlich hingenommen, so daß Originalität, Kreativität und Spontaneität im religiösen Leben zur gefährlichen Routine verkommen. Solche Beobachtungen brachten uns dazu, diese Vorgänge genauer zu analysieren und dabei mit Sorge festzustellen, welche Gefahren solche Ungereimtheiten für das kirchliche Leben bilden.

Wenn zölibatäre Ideologen und ihr Anhang in der Öffentlichkeit die Priesterehe als absurd und gar als traurigen Irrtum eines bedauernswerten Apostaten zu erklären versuchen, der dem Ganzen schade, kann ich dem nur entgegnen, daß ich das für einen nur zu durchsichtigen Zweckpessimismus halte. Wenn nämlich nicht unumstößlicher, fester Glaube den Bestand der Kirche für gesichert hält, was sonst könnte dann die »Bestandsgarantie« für die einstweilige Vorläuferin des Gottesreiches sein? Wer das Heil der Kirche in rein weltlichen Kategorien und Ersatzmethoden (verheiratetes Diakonat, Laien an die Front! usw.) und im Beobachten fragwürdiger Statistiken sucht, ist im Grunde ungläubig und vertraut der Wirkung des Heiligen Geistes nicht wirklich. Hinsichtlich des Priestertums gilt: Nur ein genuin christliches Gottesbild kann dazu verhelfen, die Umrisse eines genuin christlichen Priesterbildes zu zeichnen.

Das steht auch in Beziehung zur gesamten Behandlung der Glaubensproblematik. Weil die endzeitliche »Gegenprobe« des Glaubens noch nicht geleistet werden konnte, bleibt es unbegreiflich, mit welch unangebrachter Selbstverständlichkeit von vielen Kanzeln verkündet wird, daß man mühelos glauben könne. Wie oft wird das Wort »Wissen« gebraucht, wo es »Glauben« heißen müßte? Auch von daher wäre es empfehlenswert, solche Zusammenhänge in Beziehung zum lautlosen Auszug aus der Kirche zu bringen. Hier spielt auch der Umgang mit exegetischen Fragen eine wichtige Rolle. Es besteht die Gefahr, besonders bei umstrittenen Stellen, daß man, anstatt einer wirklich exakten Bibelexegese zu folgen, einer fürwitzigen Verkürzung aufsitzt. Vielleicht kommt es nicht von ungefähr, daß gerade verheiratete Priester und ihre Familien, die einen neuen »Sitz im Leben« gewonnen haben, auf diese Zusammenhänge stoßen.

Dies alles als »Klagelied« Enttäuschter beiseite zu schieben, hieße, das Urteil der oft in langjähriger Seelsorgearbeit Erfahrenen nicht ins Konzept des Kirchenganzen einzubeziehen; es bedeutete einen fatalen Mangel an Hellhörigkeit und Schaden an der Entwicklung von Kirche und Gesellschaft. Ich kann nur hoffen, daß der Kirchenleitung die Bibelstelle »Das Aussehen des Himmels wißt ihr zu deuten, die Zeichen der Zeit aber versteht ihr nicht?« (Mt 18,3) immer deutlicher ins Blickfeld gerückt und deren Erfüllung zum Heil der Kirche auch in Hinsicht auf die Zölibatsvorschrift verwirklicht wird. Ein Wort Papst Pauls VI. lautet: »Die Kirche hat offen ihre neue Pflicht erkannt, die ihr die Geschichte der menschlichen Entwicklung stellte.«

Trotz aller Enttäuschung über den derzeitigen Stillstand

kirchlicher Evolution gilt für mich auch weiterhin der echt christliche Grundsatz: *Sperare contra spem* (Hoffen gegen alle Hoffnung!).

HUBERT MOHR

1914 Geburt in Altenhundem, 1934 Eintritt in die Gesellschaft des katholischen Apostolats (Pallottiner), 1935–1941 Studium der Philosophie und Theologie in Limburg und Münster, 1940 Priesterweihe durch Bischof Antonius Hilfrich in Limburg, 1941–1944 Sanitäter im Kriegsdienst, 1944 Übertritt zur Roten Armee, Lehrtätigkeit im Nationalkomitee »Freies Deutschland«, 1949 Lehrtätigkeit an der Oberschule in Radebeul, 1949 Exkommunikation, 1950 Dozent am Institut für Lehrerbildung in Radebeul, 1951–1957 Hauptreferent für Geschichte, ab 1956 Leiter der Abteilung Fernstudium des Deutschen Pädagogischen Zentralinstituts in Berlin-Potsdam, 1957–1961 Dozent für mittelalterliche Geschichte an der Pädagogischen Hochschule Potsdam, 1960 Promotion und 1964 Habilitation für Geschichte an der Pädagogischen Hochschule Potsdam, 1961–1979 Professor für Geschichte des Mittelalters an der Pädagogischen Hochschule Potsdam (1965–1972 Prorektor), 1979 Emeritierung. – 1950 Heirat mit Dora Bierke, zwei Töchter: Rita und Vera.

Veröffentlichungen: Das Katholische Apostolat, Berlin 1962; Katholische Orden und deutscher Imperialismus, Berlin 1965; Byzanz und arabisches Kalifat, Berlin 1973, [4]1984; Stellung und Funktion der katholischen Orden und ordensähnlichen Gemeinschaften in der Gegenwart, Güstrow 1984; Restaurative Bewegungen im Katholizismus der Gegenwart, Rostock 1985. – Herausgeber: Einführung in die Heimatgeschichte, Berlin 1959; Einführung in das Studium der Geschichte, Berlin 1966, [4]1986; Beiträge zur Geschichte des wissenschaftlichen Denkens, 12 Bände, Berlin 1962–1981; I. R. Grigulevič: Ketzer – Hexen – Inquisitoren, Berlin 1976, [2]1980; A. J. Gurevič: Das Weltbild des mittelalterlichen Menschen, Dresden 1978, [2]1983; I. R. Grigulevič: Die Päpste des 20. Jahrhunderts, Berlin 1984.

Vorbemerkung: Wenn es zutrifft, daß sich das Altersgedächtnis zunehmend der Vergangenheit zuwendet und längst verblichene Erlebnisse, Gedanken und Gefühle wieder lebendig werden läßt, so besteht doch die Gefahr, daß ein meist verklärender »Herbstsonnenschein« auf diese fällt, so daß sie verfärbt erscheinen. Da ist es der historischen Wahrheit dienlich, auf Geschriebenes zurückzugreifen, auf Tagebuchnotizen und Briefe, die unverfälscht die Gedanken und Stimmungen jener Tage widerspiegeln. Die in Anführungszeichen stehenden Passagen meines Rückblicks sind Auszüge aus Briefen an meine Eltern und Geschwister, die ich kürzlich im Nachlaß meiner Mutter wiederfand. Sie werden mit Datum ausgewiesen. Es handelt sich um Äußerungen aus den Jahren 1937 bis 1949.

»Die Verhältnisse in Deutschland machen dem Heiligen Vater viele Sorgen (›Mit brennender Sorge‹). Er sagt selbst, daß er dem deutschen Volke nahesteht... Er will die Dinge beim rechten Namen nennen (noch sei die Zeit nicht gekommen, da man die rechten Namen für die Dinge nicht mehr weiß). Es sei eine regelrechte Verfolgung der Kirche im Gange, und zwar eine schwere und drückende... Er prangert sodann die Heuchelei an, mit der sie vertuscht werde, und die infame Taktik; er wendet sich gegen die, welche sich immer noch täuschen lassen oder gar meinen, er, der Papst, sei schlecht informiert. Wir werden wohl noch vieles zu erwarten haben..., aber wir stehen in der Hand dessen, der die Welt überwunden hat, und bleiben deshalb stets Sieger. Man sieht ja heute auch auf der Gegenseite ein – wir waren uns lange schon darüber klar –, daß man mit den bisherigen Mitteln und Methoden nichts oder vielmehr das Gegenteil erreicht hat: Die Katholische Kirche steht heute einig, stark und groß da, ein Schauspiel und Beispiel vor aller Welt, wie aus den Sendungen von Radio Vatikan hervorgeht sowie aus den Schreiben der nordamerikanischen und österreichischen Episkopate an die deutschen Bischöfe, in denen sie ihre Verbundenheit und Bewunderung zum Ausdruck bringen. Auch die künftigen Mittel werden ihre Wirkung verfehlen: ›Gott lacht ihrer!‹ Aber der Christ muß leiden, wie auch der Gottmensch litt.« So schrieb ich am 31.12.1937 an meine Eltern und Geschwister. (Im Nachlaß fand ich später eine maschinenschriftliche Abschrift der deutschen Übersetzung der Enzyklika, die meine Eltern wohl vom Pfarrer erhalten hatten.)

Diese Verfolgung, von der ich persönlich nur durch gelegentliche »Besuche« der Gestapo in unserer Theologischen Hochschule zu Limburg betroffen war, tapfer durchzustehen, die Chance wahrzunehmen, durch sie als Kirche und als einzelner Christ reifer und stärker zu werden – das war die Schlußfolgerung, die wir damaligen Theologiestudenten des ersten Studienjahres aus der Situation zogen. Aus heutiger Sicht kommt mir unsere damalige Haltung eng, spiritualistisch und kirchenegoistisch vor. Sie sparte wichtige Teile des gesellschaftlichen Lebens aus; in ihrem Blickfeld standen weder die verfolgten Juden noch die eingekerkerten Demokraten, schon gar nicht die »Linken«. Mir drängt sich da das Bild eines schönen Treibhauses auf. Wir Studenten der »Gesellschaft des katholischen Apostolats« (SAC Pallottiner), die wir zumeist seit unserem 12./13. Lebensjahr im Internat lebten, hatten in jenen Jahren kaum Kontakt zur Außenwelt. Das einzige Praktikum, an das ich mich erinnere, war ein Semesterferien-Einsatz in einer Großstadt, der der Werbung für die ordenseigenen Zeitschriften diente. Freilich konnten wir uns durch Zeitungen und Zeitschriften im Lesezimmer informieren und orientieren, aber infolge der Auswahl doch nur beschränkt. Ausbildung, Erziehung, eine vielseitige Entfaltung nicht nur der wissenschaftlichen, sondern auch praktischen (z. B. Buchbinderei), künstlerischen (Musik, Theater) wie sportlichen Interessen, ebenso die Aktionen und Tagungen der Schönstatt-Bewegung, der wir angehörten, ließen allerdings nie das Gefühl der Enge aufkommen. Meine Freizeit füllte ich mit eigenen Dichtungen aus. Wir lebten in einer »heilen«, abgeschirmten religiösen Welt. Der letzte Brief aus dieser Idylle vom 21.3.1940 – also schon nach Ausbruch des Weltkrieges – enthält folgende charakteristische Stelle: »Ich glaube, daß Gott nur deshalb den Krieg zuläßt als eine schwere Karwoche für viele Völker, damit die Menschen, die in Genuß verstrickt und von Lebenshunger erfüllt sind, das Geheimnis von Leiden, Sterben und Erstehen wieder lernen, nachdem sie der Schule der Liturgie entlaufen waren. In Gottes Hand liegen Krieg und Frieden, das ist gewiß. Und wenn er den Krieg zuläßt, hat er bestimmt kein politisches Ziel im Auge, sondern ein religiöses, eben dieses: die Menschen, auch die Christen... zu lösen von der Versklavung an das Irdische, von der Anhänglichkeit an Hab und Gut, Ehre, Gesundheit, Erfolg usw., die sich bei jedem irgendwie einschleichen kann, und sie vor das Antlitz des Leides und des Todes zu stellen, damit sie wie Maria ihr *Fiat* sprechen und durch das Kreuz und Leid von den Banden des Irdischen sich lösen lassen zur Freiheit und Osterherrlichkeit der Kinder Gottes.«

Im Mai 1941, als Sanitätssoldat eingezogen und auf den östlichen Kriegsschauplatz verschlagen, geriet ich als 27jähriger, der gerade sein Studium abgeschlossen und zum Priester geweiht worden war, zum ersten Mal in Kontakt mit der Wirklichkeit, der Wirklichkeit eines blutigen verbrecherischen Krieges, und war zum ersten Mal auf mich allein gestellt. Nun werden meine Briefe immer realistischer: »Die Leute hier sind zu bedauern: kein Wasser (3 km weit zu holen), kein Licht, kein Brot, nur etwas ungemahlener Weizen, Kartoffeln, Weißkohl und Gurken. Kaufhäuser alle geschlossen. Auf dem Markt, wohin die Händler vom Lande kommen, Wucherpreise« (20. 11. 1941). Und schließlich am 19. 4. 1943: »Wer das Elend des russischen Volkes gesehen hat, der weiß, was ein Mensch aushalten kann, ohne den Mut zu verlieren. Schildern kann man das nicht, wenigstens noch nicht, solange der Abstand so gering ist; darüber muß erst einmal einige Zeit vergehen. Hütten, zerfallene Häuser, Keller zerschossener oder zerbombter Gebäude als Wohnungen; Wurzeln, Kräuter, Schnecken und Sonnenblumenkerne als Nahrung; wenn's hoch kommt, ein Stück Pferdefleisch, das unter Umständen schon lange gelegen hat, von einem liegengebliebenen Kadaver abgeschnitten wurde. Lumpen, Stoffetzen aller Art als Kleidung. Neulich rief man mich zu einem jungen Russen, 22 Jahre, dem beide Füße abgefroren waren (vermutlich Fronteinsatz); ich konnte ihn eine Zeitlang versorgen. In unserem Viertel verschwindet fast täglich ein Haus, werden Frauen und Kinder verwundet oder sterben... Das letzte Wertvolle, das letzte Korn, der letzte Meter Stoff von habgierigen Soldaten genommen. Um Lebensmittel zu kaufen, besser zu tauschen, wandern verzweifelte Mütter 30 bis 60 km mit ihren Habseligkeiten aufs Land, in die Dörfer – und kehren oft mit leeren oder halbleeren Händen zurück, weil ihnen das Ertauschte unterwegs abgenommen wurde (von deutschen Wachposten, die sich, wenn ich um Hilfe geholt werde, von mir nur schwer überreden lassen, darauf zu verzichten oder ›halbe-halbe‹ zu machen), oder überhaupt nicht mehr. Das ist der Karfreitag eines Volkes, des russischen Volkes. Mehr kann keiner ausstehen.« Und acht Tage später: »Es kommt einzig und allein auf den Frieden des Herzens an, den tapferen Gleichmut und die heitere Gelassenheit in allen Lagen des Lebens. Auch das wird eine der Früchte dieses Krieges sein.« Das hört sich heute billig an. Mein Gewissen als Angehöriger der nazistischen Wehrmacht, die solches Leid über viele Völker brachte, suchte ich – als Sanitätsunteroffizier mit relativer Selbständigkeit ausgestattet – durch sanitäre und sonstige Dienste an der Bevölkerung zu beschwichtigen. Aber ich hatte von Anfang an ein klares Ziel vor Augen, das nur verschlüsselt in den Briefen auftauchen konnte (19. 6. 1942: »Vor Ende dieses Einsatzes bietet sich keine Möglichkeit, die Einheit zu wechseln. Später werde ich alles versuchen.«) Dieses Ziel war mir von einem väterlichen Freund, Pater F. Franzen, Rektor unseres Hauses in Olpe, beim Abschied nahegelegt worden: die Front zu wechseln, mich von dem nach kirchlicher Lehre ungerechten Raubkrieg Hitlers zu distanzieren und auf die Seite der Alliierten überzutreten – die einzige Möglichkeit zur Emigration unter den Bedingungen des Krieges.

Dieser Rat schien mir die sinnvollste Form des Widerstandes. Gewiß konnte man sein Gewissen damit beschwichtigen, als Sanitäter an den unmittelbaren Kriegshandlungen keinen Anteil zu haben, ja, die Möglichkeit zu besitzen, auch dem »Feind« zumindest medizinisch zu helfen. Aber das war eben doch nur eine Beschwichtigung, denn die Hauptaufgabe eines Sanitätsdienstgrades war es, die Truppe kampffähig zu erhalten. Eine andere Möglichkeit, von wenigen gewählt, war die Fahneneid- bzw. Kriegsdienstverweigerung; sie hatte den raschen Tod zur Folge. Diesen Weg ging ein älterer Mitbruder, Pater Franz Reinisch, der 1942 unter dem Henkerbeil sein Leben opferte. Das schien mir zwar heldenhaft, aber nicht klug. Ich wollte kämpfen, und zwar gegen den Faschismus, und mich nicht als wehrloses Opfer den Nazis ausliefern. Dazu muß man wissen, daß die Gestapo seit 1941 zum Großangriff auf die Kirche, insbesondere auf die Ordensgemeinschaften, übergegangen war, deren Häuser beschlagnahmte und Mitglieder in die Konzentrationslager brachte. Die Societas Apostolatus Catholici (SAC) war von allen prozentual, d. h. im Verhältnis zur Mitgliederzahl, am meisten betroffen. Der einzige deutsche höhere Ordensobere in Dachau war der Provinzial unserer norddeutschen Provinz. Zwei Mitbrüder fielen unter dem Henkerbeil, vier starben an Hunger oder Mißhandlungen im KZ Dachau oder in Gestapogefängnissen. Von der Gemeinschaft, die bei Ausbruch des Krieges 733 Mitglieder zählte, wurden insgesamt 57 für längere oder kürzere Zeit eingekerkert (ca. 8%), bei den Priestern lag der Prozentsatz noch höher (36 von 404, also 9%). Andere, größere Orden, z. B. die Jesuiten, stellten zwar eine absolut höhere, aber prozentual weitaus geringere Anzahl an Opfern. Mein väterlicher Berater, Rektor in Olpe, war dank günstiger Umstände im katholischen Sauerland nur einen Monat in Haft und wurde dann ausgewiesen. Er hatte sein Haus zum Wahltag ostentativ nicht beflaggt und dies gegenüber dem Kreisleiter mit den Angriffen der SS auf die Kirche offenherzig und mutig begründet; er weigerte sich auch, ein Schwesternhaus zu betreten, an dem die Hakenkreuzflagge flatterte. Seinem Rate folgend, traf ich die erste freie, d. h. nicht milieubedingte (Elternhaus, Internat) Entscheidung meines Lebens.

Vom ersten Tag meines »Wehrdienstes« an begann ich, die russische Sprache zu erlernen, die Kultur des Sowjetvolkes zu studieren, Land und Leute kennenzulernen, um mich auf den Übertritt auf die Seite der »Roten Armee« vorzubereiten. Ich war damals weder Marxist noch Kommunist und mir des weltanschaulichen Gegensatzes wohl bewußt. Die nicht nur von der

Nazipropaganda, sondern auch von einem Großteil der katholischen Presse und der ganzen Erziehung eingeimpften antikommunistischen, speziell antisowjetischen Vorurteile saßen tief. Ich verlor sie allmählich durch enge Kontakte, auch karitativer Art, mit der Bevölkerung der besetzten Gebiete. Ich fühlte mich als »barmherziger Samariter« und begann, den unter die Räuber gefallenen Menschen zu achten und lieben, ohne zu fragen, wes Glaubens er sei. »Gewalt und Haß scheinen die Herrschaft zu haben. Und doch ist es nicht so. Wie die Lüge die ›kürzeren Beine‹, so hat der Haß die kürzeren Arme und die brutale Macht das kürzere Leben.« So schrieb ich am 11. 11. 1941 nach Hause und vermeldete stolz, daß ich »schon eine regelrechte Unterhaltung« in Russisch bestreiten könne, »wenn ich auch noch hie und da ein Wörterbuch zu Hilfe nehmen muß«. Ich lernte intensiv und rasch, las Puschkin, Lermontow und Dostojewski ebenso wie Lenin und Stalin, versuchte mich in Nachdichtungen von Volksliedern ebenso wie von klassischen russischen Gedichten (Balmont, Lermontow, Jessenin, Tjutschew, Blok, Nikitin). Meine Plattensammlung enthielt sogar sowjetische Kampflieder, z. B. das Fliegerlied (»Stets höher, höher und höher strebt der Flug unserer Vögel«). Ich schrieb einen Essay über russische Lyrik und Volksseele und las nebenher Guardini. »Diese Arbeiten sind meine einzige Freude; ich stehe sonst sehr einsam hier und finde weder Entgegenkommen noch Verständnis. Einstweilen nütze ich jede freie Minute aus, meine Sprachkenntnisse zu vervollkommnen, so daß mir die Abfassung schwierigerer Aufsätze und das Erfassen der seelischen Nuancen ermöglicht wird. Diese Arbeit wird mich vor seelischem und moralischem Zusammenbruch bewahren und diese Zeit fruchtbar werden lassen. Alles hat seinen Sinn, und schließlich muß man dem Schicksal für alles Schwere besonders dankbar sein... Die Stimmung der Truppe – ich habe deren mehrere kennengelernt – ist bedeutend gesunken, das Verhältnis zur Führung teilweise gespannt«, schrieb ich unter dem 19. 6. 1942. Und in einem der letzten Briefe von der Truppe am 29. 2. 1944 hieß es: »Wir warten der Dinge, die da kommen. Bereit sein ist alles. Denn alles, was geschieht, bringt uns dem Ziele näher... Dann mag kommen, was will; es ist alles recht, es nährt alles den inneren Frieden; denn denen, die Gott lieben, gereichen alle Dinge zum Besten.«

Die Gelegenheit zur Verwirklichung meines Entschlusses bot sich mir, der ich stets weit hinter der eigentlichen Front eingesetzt war, beim ersten Rückzug meiner Einheit im April 1944. Ich ließ sie ziehen und ging in die entgegengesetzte Richtung. Gegen Abend traf ich auf dem Dorfplatz einer Siedlung auf zwei Angehörige der Roten Armee, einen Starschina und einen Sergeanten, die ich ansprach. Das Medium der Sprache stellte sofort ein Vertrauensverhältnis her. Sie nahmen meinen Wehrpaß an sich und luden mich in ihr Quartier ein; dort gab es zum Abendessen »Blinsen« (Eierkuchen), von der Quartierswirtin, einem alten Mütterchen, gebacken. Ich stellte meine Osterzuteilung an Kaffee, die ich noch bei mir trug, zur Verfügung. So speisten wir zu Abend wie alte Bekannte. Von den zwei Betten, die im Zimmer standen, bot mir der Starschina, ein biederer Wolgarusse, das eine an; ich schlief ruhig, ja befriedigt in den neuen Tag, in das neue Leben hinein. Ich war bei Freunden. Der »unter die Räuber Gefallene« sorgte nun für den »Samariter«. So empfand ich das jedenfalls.

Drei Gründe mögen zu dieser ungewöhnlichen Begegnung beigetragen haben. Ich trug die Uniform eines Sanitätsunteroffiziers mit der Rot-Kreuz-Binde am Arm, kam offensichtlich freiwillig und konnte mich mit gutem Gewissen als Antifaschist ausweisen. Der Sprache nach hätte ich, wie man mir sagte, als russischer Jude (wegen des Zäpfchen-R) gelten können; das erleichterte natürlich die Verständigung. Am nächsten Morgen geleitete mich der Starschina zum Ortskommandanten; dieser stellte sich mit mir an die Ausfallstraße und übergab mich einem Fahrzeug, das zum Luftwaffenstützpunkt fuhr. Überall Verwunderung und Sympathie. Von dort kam ich zu einem Trupp rumänischer Offiziere, mit denen ich schließlich in ein internationales Kriegsgefangenenlager als Endstation gelangte, in dem sich außer Rumänen noch Ungarn, einige Polen und eine kleine Anzahl Deutscher befanden, die jedoch in den nächsten Monaten bald die Mehrheit und später das einzige Kontingent stellten. Ich konnte als »Feldscher« arbeiten, ein deutsches Lagerkomitee gründen, im Rahmen des Nationalkomitees »Freies Deutschland« wirken – für das allerdings erst nach dem 20. Juli bei vielen Bereitschaft vorhanden war . . . , ein kulturelles Leben organisieren (Wandzeitung, Lieder-, Vortrags-, Theater-, Kino-Abende, Zirkel für russische und englische Sprache, für Mathematik, Literatur, Geschichte, Philosophie u. a.) und vielen die Augen öffnen über das Wesen des Faschismus. Schon um glaubwürdig zu bleiben, nahm ich keinerlei Privilegien in Anspruch und beteiligte mich auch an den Feldarbeiten, soweit mir das möglich war. Als Feldscher schuf ich auf Anregung des Lagerarztes auf festen Zigarettenblättchen (wir erhielten regelmäßig Tabakrationen mit Zigarettenblättchen) eine Gesundheitskartei, in der die Ergebnisse der monatlichen Untersuchungen aller Lagerinsassen eingetragen wurden, die ein hervorragender Kapitänsarzt, der Georgier Hugaschaschwili, vornahm, der auch des Nachts in der Küche auftauchte, um die »Küchenbullen« zu kontrollieren, tagsüber beliebige Brotträger nach dem Empfang der Tagesration aufgriff und zur Gewichtskontrolle an die Ausgabestelle zurückführte, Meerrettich-Kolonnen zusammenstellte, um die Vitaminversorgung zu verbessern, und Kranken in ihrer Sprache tröstende Worte sagen konnte, wobei sein Münchener Jargon und seine Münchener Lokalkenntnisse verrieten, daß er vermutlich dort studiert hatte.

Ich will damit nicht das Schwere jener Zeit verniedlichen: die Unannehmlichkeiten eines Lagerlebens, die kriegsbedingte Einseitigkeit und landschaftsbedingte Ungewohnheit der Verpflegung, die Trennung von der Heimat, die Ungewißheit der Zukunft. Aber eines muß gesagt werden: Es ging gerecht zu. Während des ersten Jahres, im letzten Kriegsjahr, hatten die Lagerinsassen mehr zu essen als die Bevölkerung der Nachbarschaft, die gelegentlich zum Brot- und Tabaktausch ans Lager kam. Ein weiterer »Engel« des Lagers war die medizinische Schwester Vera, deren Namen eine meiner Töchter trägt. Zwar hatte ich mit ihr nur gelegentlich dienstlich zu tun, doch nach Meinung aller erfüllte sie ihre Aufgabe mit gleichbleibender Freundlichkeit und mit einem gütigen Herzen. Der feinfühlige Politoffizier, Leutnant Sawin, dessen Aufgabe es war, die Tätigkeit des Lagerkomitees anzuleiten, unterstützte mich nach Kräften, bisweilen auch gegen den Lagerleiter, einen bärbeißigen Kapitän, der bei Ungarn wie Deutschen zu Weihnachten 1944 die Christbäumchen entfernen ließ. Offensichtlich hatte er zuvor den Film gesehen, in dem ein deutscher Offizier gezeigt wurde, der in Rußland bei der Weihnachtsfeier unter brennendem Lichterbaum nebenher ganz gelassen den Erschießungsbefehl für einen Gefangenen erteilt, und brachte deshalb den Christbaum in Zusammenhang mit dem Faschismus. Ich schrieb eine kleine Abhandlung über Volkskultur, zeitübergreifendes Brauchtum, Feinfühligkeit u. a. und übergab diese meinem Partner, der sie dankbar entgegennahm, weiterleitete und mir nach einiger Zeit voller Genugtuung mitteilte, der Lagerkommandant habe eine Rüge erhalten. Auf meiner ersten Rot-Kreuz-Karte vom 15. 12. 1945 (auf der ich in Kleinstschrift 24 Zeilen zu je 12 bis 15 Worten unterbrachte) berichtete ich an Eltern und Geschwister: »Als ich im Oktober 43 von Euch Abschied nahm, habe ich Euch ja gesagt, daß ich, wenn Ihr nichts mehr von mir hört und die Nachricht ›Vermißt‹ kommt, in russischer Gefangenschaft bin und Ihr Euch keine Sorgen zu machen braucht. Ich habe nicht umsonst des Nachts an Egons (meines Bruders, H. M.) Apparat gesessen und die Nachrichten des Senders »Freies Deutschland« abgehört. Und ich habe nicht umsonst so gründlich Russisch gelernt seit Beginn des Krieges. Ich wußte, was kommen mußte, und habe darum den Rückzug auf der Krim nicht mitgemacht, sondern bin dort geblieben, bei den ›Russen‹, und die haben mich gut aufgenommen... Es geht uns in jeder Beziehung gut. Die meisten können in ihrem Beruf arbeiten. Wir haben genug zu essen, haben warme Räume, die Betreuung ist tadellos: Wir haben Gottesdienst, haben eine Lagerbibliothek, haben Radio und Musikkapelle, haben Theater, Kino, literarische Nachmittage, Vorträge usw. Der Ausgang des Krieges hat uns recht gegeben. Wir haben jedenfalls – auch unter Einsatz unseres Lebens... – mehr für Deutschland getan als die, die jener Verbrecherbande bis zum Zusammenbruch gefolgt sind. Und wir tun auch heute noch viel für Deutschland, indem wir das Vertrauen zu dem Volke wiederherstellen, das wir im Krieg so schwer geschädigt haben. Und wir hoffen, wenn wir nach Hause zurückkehren, ein neues Deutschland vorzufinden.«

Die Bildungsarbeit, die auf der Antifaschisten-Schule, der ich in den Jahren 1947 bis 1949 als zavuč (Leiter des Lehrkörpers) vorstand, geleistet wurde, bewegte sich streng im Rahmen des Potsdamer Abkommens; sie hielt sich fern von jeder marxistischen oder sozialistischen »Indoktrination«, von der gewisse Leute später in der Zeit des »kalten Krieges« geschrieben haben. Die Schule sollte und wollte keine Sozialisten heranbilden, sondern Antifaschisten, Demokraten. Im Lehrkörper gab es keinen Angehörigen der KPD, nicht einmal der SPD. Die in der Sowjetunion herrschende Philosophie, ihr Gesellschafts- und Staatsaufbau, die Geschichte der KPdSU wurden zwar auch vorgetragen und mit den Entstellungen durch die antikommunistische Propaganda des Faschismus konfrontiert, aber nie als verbindliche Wahrheit deklariert. Dieses Recht der Selbstverteidigung gegen die grotesken Beschuldigungen durch die Faschisten (»Untermenschentum« u. ä.) und die buchstäblichen Verteufelungen seitens mancher Christen mußte jeder sachlich und vernünftig denkende und fühlende Mensch den Sowjets und ihren Freunden zugestehen. »Die Antifa-Aktivs (d. h. die von den Gefangenen selbst gewählten Betreuungsorgane) setzen sich aus Angehörigen aller Parteien zusammen; die Kommunisten sind dort genau so wie hier in der Minderheit. Das offene Bekennen zu irgendeiner Partei gibt es nicht. Die allgemeine politische Linie, wie sie von den Russen geduldet und von den deutschen Antifaschisten in den Lagern propagiert wird, stützt sich auf die Beschlüsse der Potsdamer Konferenz...« (Es folgt eine kurze Aufzählung von neun Punkten.) Dies schrieb ein vor mir zurückgekehrter Antifa-Schüler am 15. 4. 1948 an meine Schwester, der er Grüße übermittelte und die sich dann bei ihm brieflich über mich erkundigte. In seinem Schreiben heißt es weiter: »Liebes Frl. Mohr, diese Punkte enthalten all das, was der deutsche Kriegsgefangene zu hören bekommt. Eine andere Art von Beeinflussung gibt es nicht. ... Nun zur Religion: Da die katholische Kirche während der Hitlerherrschaft in Opposition stand, und da in den KZ Geistliche, Demokraten und Kommunisten gemeinsam litten und starben, stand die römisch-katholische Kirche auf antifaschistischem Boden. Deswegen kam es 1945 zur Zusammenarbeit aller Antifaschisten nicht nur in Deutschland, sondern auch in den Lagern drüben in Rußland. Es herrscht größtmögliche Toleranz. Ich war in sechs Lagern. Noch nie habe ich gehört, daß über die Kirche oder über die katholische Haltung öffentlich gehetzt worden wäre. Dagegen habe ich erlebt, wie manche Messe gefeiert wurde.« Das Positive, das der Briefschreiber über mich mitteilte, will ich hier übergehen. Er bestätigte: »Über religiöse Fragen hat Hubert nie gesprochen; er sprach immer nur über aktuelle deutsche Fragen... Das harte Schicksal des deutschen Volkes beschäftigt ihn sehr, und er sieht den Ausweg aus dem Elend in einer echten Demokratisierung. Nur so können wir wieder als gleichberechtigte Partner ›im Konzert der Völker‹ mitspielen.« Die Zurückhaltung der sowjetischen Offiziere war bemerkenswert. Der einzige Konfliktstoff mit meinem Politoffizier war das Wort »Sozialismus«, das ich auf einer Losung in Zusammenhang mit dem Wort »Frieden« gebracht hatte. Er sah darin eine indirekte Werbung für den Sozialismus, die er vermieden wissen wollte, und gab erst nach, als ich ihm diese Zusammenstellung außenpolitisch, im Sinne der Friedenspolitik der Sowjetunion, erläuterte.

Neben meinen philosophischen, soziologischen und historischen Studien war es gerade die einer »Indoktrination« geradezu entgegengesetzte Haltung der sowjetischen Freunde, die mich für den Sozialismus allmählich einnahm. In diesen Jahren vollzog sich ein stiller, mir selbst fast unmerklicher bzw. selbstverständlicher Umwandlungsprozeß, in dem bisherige Ideen und Haltungen nicht gänzlich verworfen, aber – um mit Karl Marx zu sprechen – »vom Kopf auf die Füße« gestellt wurden. Es war eine Hinwendung zur Geschichte, der ich mich im Lager wie auch auf der Schule vornehmlich widmete, eine Hinwendung zum Gestaltwandel im Wandel der Zeiten, zu den »Geschichte machenden« Menschen, den Werktätigen. Anknüpfungspunkte aus meinen früheren philosophischen Studien waren u. a. die Coincidentia oppositorum des von Johannes Eriugena, Raimundus Lullus, Hugo von St. Victor und vor

54

allem von Meister Eckhart beeinflußten Nikolaus von Kues sowie dessen religionsphilosophische Überlegungen. Aus meinen theologischen Studien war es die »Theologie des Kreuzes«, das Gesetz von »Stirb und Werde« für alle Religionen und Kirchen. Doch darauf kann hier nicht näher eingegangen werden. Das »neue Deutschland«, das ich bei meiner Rückkehr vorfand, war ein geteiltes Deutschland, das sich im »kalten Krieg« befand und politisch bald zu zwei Staaten kristallisierte.

An jenem 3. Mai 1949, meinem 35. Geburtstag, fünf Jahre nach meinem Übertritt auf die Seite der Alliierten, fällte ich die zweite folgenschwere Entscheidung meines Lebens: Ich entschied mich für den Verbleib in der sowjetischen Besatzungszone, um am Aufbau eines besseren Deutschlands mitzuwirken. Damit waren vier Folgeentscheidungen verbunden, die im gleichen Jahr getroffen wurden: der Eintritt in die Sozialistische Einheitspartei Deutschlands, die Entscheidung für die Volksbildung und das Bildungswesen bzw. den Lehrberuf, für den ich einige Voraussetzungen mitbrachte, die Trennung von meiner »Gesellschaft des katholischen Apostolats« und – sozusagen als Schlußpunkt – die Entscheidung für die Ehe.

Die dritte Folgeentscheidung wurde mir von meiner Gesellschaft aufgezwungen. Sie trennte sich von dem »Apostaten«. In einem ersten Schreiben des damals amtierenden Vizeprovinzials vom 29. Juni 1949, das eine Antwort auf meine am 21. Mai abgesandte Anfrage, was zu tun sei, darstellte, hieß es: »In diesem Schreiben muß sich die Antwort vor allem auf das Notwendige und Rechtliche erstrecken. Eine mehr persönliche Antwort gebe ich Ihnen, sobald ich Zeit dafür finde.« (Offensichtlich fand sich diese Zeit nicht, denn die »persönliche Antwort« traf nie ein.) »Sie müssen sich darüber klar sein..., daß Sie gemäß Kan. 1325, § 2 des kirchlichen Gesetzbuches als Apostat vom christlichen Glauben zu gelten haben... Nach Kan. 2314, § 1 sind Sie 1.) ohne weiteres der Exkommunikation verfallen und 2.) entsprechend Kan. 2314, § 1, Nr. 3 auf Grund Ihres öffentlichen Einsatzes (ich war zu dieser Zeit Geschichtslehrer, H. M.) ohne weiteres infamiert.«

Ein zweiter Brief vom 6. 8. 1949, der wiederum eine Antwort auf mein Schreiben vom 10. Juli darstellte, in dem ich meinen

Standpunkt, als Marxist am Aufbau des Sozialismus mitzuwirken, bekräftigt hatte, wurde mir in 25 Zeilen der Beschluß der Ratssitzung über meine Entlassung aus der Gesellschaft mitgeteilt. »Eine weitere Korrespondenz« habe »wenig Zweck«. So machte man »kurzen Prozeß«. Zwei Briefe – zwei Antworten – kein Gespräch. Der Abschied wurde leicht gemacht. Das war die Zeit des »kalten Krieges«, die nur ein Schwarz-Weiß-Denken und -Handeln kannte. Am 1. 7. 1949 hatte bekanntlich der Notar der Obersten Kongregation des »Heiligen Offiziums« das von Pius XII. persönlich gebilligte Antikommunismus-Dekret unterschrieben, nach dem nicht nur die Mitgliedschaft in einer kommunistischen Partei verboten war, sondern auch jegliche Begünstigung (»in irgendeiner Weise«), selbst das Lesen von Büchern, Zeitschriften, Zeitungen und Flugblättern, die die Lehre oder die Tätigkeit (!) der Kommunisten verteidigen. In den kirchenamtlichen Weisungen des Erzbischöflichen Ordinariats Köln wurden diese Verbote auf deutsche Verhältnisse, auch in der »Sowjetzone«, angewandt und nicht nur auf die SED, sondern auch auf den FDGB, die FDJ und sogar die Volkssolidarität ausgedehnt, und zwar nicht nur auf die Mitgliedschaft, sondern auch auf die »moralische Unterstützung« durch Teilnahme an Versammlungen, Aufmärschen, Veranstaltungen. Und selbstverständlich war »für den Katholiken das gesamte Schrifttum des Kommunismus verboten«. Zum kommunistischen Schrifttum gehörten nahezu alle Zeitungen und auch die gesellschaftswissenschaftlichen Lehrbücher der DDR. In Geschichte waren es – bis zum Erscheinen eigener Bücher – Übersetzungen sowjetischer Schulbücher, die selbstredend auf dem historischen Materialismus basierten.

Heute, da es christliche Historiker, Befreiungstheologen und »Christen für den Sozialismus« gibt, die unbefangen, souverän und vorurteilsfrei Karl Marx lesen und sich in ihren Analysen auch des Marxismus bedienen, ohne exkommuniziert zu werden, nimmt sich die Konfrontation der 40er und 50er Jahre antiquiert aus. Die Gemeinsamkeiten zwischen Christen und Marxisten sind heute vielfältiger und größer als das Trennende. Sie berühren alle Bereiche des Lebens und reichen hinein in die Moral und Weltanschauung, auch wenn hier ein Rest von Unvereinbarem bleibt. Gemeinsam ist beiden die Philosophie des Friedens und das Eintreten für ihn. Dabei bin ich mir durchaus bewußt, daß es gegenwärtig noch »weitblickende« Kirchenfürsten gibt, wie Bischof Hengsbach, der 1977 voraussah: »Die sogenannte Theologie der Befreiung führt ins Nichts. In ihrer Konsequenz liegt der Kommunismus«, oder Erzbischof Lefebvre, der sogar mit der den Befreiungstheologen ein wenig entgegenkommenden 2. Instruktion der Glaubenskongregation zum Thema Befreiungstheologie (»Über die christliche Freiheit und Befreiung«) »früher oder später die Gründung des Kommunismus in Südamerika« gegeben sieht. So ist auch heute noch der Kommunismus der »Teufel«, der von einigen, heute allerdings fast Außenseitern, an die Wand gemalt wird. Vielen, besonders den Jüngeren, ist jedoch nicht oder nicht mehr bewußt, wie allgemein diese, wie ich meine, »Grundtorheit« unseres Jahrhunderts damals verbreitet war.

Die vierte Entscheidung schließlich lag etwas später: der Entschluß, eine Familie zu gründen. Ich verlobte mich im Oktober 1949 und heiratete Ende August des folgenden Jahres. Auch das war in erster Linie eine politische Entscheidung. Ich war bis dahin kein grundsätzlicher Gegner des Zölibats, an dem ich die Funktion schätzte, völlig frei zu sein für bestimmte Aufgaben. Aber meine Aufgabe war nun die eines Volkserziehers, der als Familienvater besser wirken kann als ein Single. Mit 36 Jahren war ich reif genug, eine dauerhafte Bindung einzugehen. Ich suchte und fand und habe es nie bereut. Frau, Kinder und Enkelkinder füllen neben vielen Schülern und Freunden heute noch die »private« Sphäre meines Lebens aus. Und meine anfängliche Befürchtung, die Sorge für eine Familie könnte die Produktivität wissenschaftlicher Arbeit mindern, erwies sich als nicht zutreffend. Im Gegenteil, ich erfuhr, daß die volle und allseitige Entfaltung der Persönlichkeit, das Ziel jeder Bildung und Erziehung, in einer intakten Familie am sichersten gewährleistet ist.

Ungefähr die Hälfte meines bisherigen Lebens verlief im Rahmen des Zölibats, und zwar problemlos. Dazu trugen wesentlich die äußeren Umstände bei: Internat, Kriegsdienst und Lagerleben. Alle drei Phasen, erfüllt von dringenden Aufgaben, boten keine Gelegenheit zur Heirat, ja, sie ließen nicht einmal den Gedanken an Beziehungen zum anderen Geschlecht aufkommen. Es war einfach nicht vorhanden. Dies habe ich ebensowenig bereut – im Gegenteil, es war mir nützlich –, wie ich die zweite Hälfte, die Zeit der Ehe, nie bereut habe.

Das gegenwärtige Ziel ist sozusagen ein End-Ziel. Die Vorbereitung darauf bereitet die gleiche Freude wie die Vorbereitung auf das Leben, auf den Beruf. Diese Aufgabe zu meistern, fällt dem Nicht-Zölibatär inmitten seiner Familienangehörigen, nicht nur im Kreise der Freunde und Schüler, allerdings leichter als dem Zölibatär, dem in der letzten Stunde vielleicht seine Mitbrüder zur Seite stehen.

GONSALV KONRAD MAINBERGER

1924 Geburt in St. Gallen, 1943–1945 Studium der Philosophie in Fribourg, 1945–1947 Studium der Theologie in Chur, 1947 Eintritt in den Dominikanerorden, 1948–1952 Studium der Theologie in Fribourg, 1952 Priesterweihe durch Bischof J. Meile in St. Gallen, 1954–1957 Studium der Philosophie und Promotion in Fribourg, 1958–1960 Forschungsauftrag und Dozent für Philosophie an der Hochschule der Dominikaner im ehem. Belgisch Kongo (Zaire), 1961–1967 Dozent für Philosophie an der Hochschule der Dominikaner in La Sarte (Belgien), seit 1971 Lehrer für Philosophie an der Kantonsschule Zug, 1975 Austritt aus dem Dominikanerorden und Laisierung, seit 1982 Lehraufträge an verschiedenen Universitäten (Bern, Basel, Zürich, Fribourg). – 1977 Heirat mit Elisabeth Ruh.

Veröffentlichungen: Die Seinsstufung als Methode und Metaphysik. Zum Gottesbeweis bei Platon und Aristoteles, Fribourg 1959; Widerspruch und Zuversicht, Olten 1967; Das Unterscheidend-Christliche, Luzern 1968; Jesus starb umsonst. Sätze, die wir noch glauben können, Freiburg/Basel/Wien 1969; Gott lebt und stirbt mit dem Menschen, Freiburg/Basel/Wien 1971; (mit A. Stadelmann) Auszug aus dem Getto. Impulse einer Pfarrei für die 70er Jahre, München 1972; Rhetorica I. Reden mit Vernunft. Aristoteles. Cicero. Augustinus, Stuttgart 1987; Rhetorica II. Spiegelungen des Geistes. Sprachfiguren bei Vico und Lévi-Strauss, Stuttgart 1988.

Der lange Abschied vom Endgültigen

Zunächst ein paar Daten aus meinem ›kirchlichen‹ Lebenslauf:
Ich wurde streng katholisch erzogen. Mein Vater war sozial en-
gagiert, hatte als Kirchenpfleger um 1935 maßgeblich zu einem
sogenannten modernen Kirchenbau beigetragen. Er war, zusammen mit Architekt Johannes Scheier aus St. Gallen, ein
ganz früher Förderer des Kunstmalers Ferdinand Gehr. Diese
Malerfigur verkörperte in ihrem Schaffen für mich die damals
gültige *ästhetische* Seite des Katholizismus. Noch in den fünfziger Jahren waren die damaligen Theologen klar in zwei Lager
geteilt: pro Gehr – contra Gehr. Das war ebenso untrüglich
Kennmarke wie ehemals ›Les Anciens‹ und ›Les Modernes‹. –
Mein Entschluß zum Priestertum war ein psychosozialer: Ich
konnte meinen (überlegenen) Kameraden am neutralen Gymnasium, Kantonsschule St. Gallen, mit meinem (von mir als he-
roisch eingeschätzten) Entscheid zeigen, daß ich zu etwas imstande war, was sie mit Sicherheit nicht fertigbrachten – eben
Priester werden (gerade das konnte mein Mitschüler K. F., inzwischen Alt-Bundesrat, bekanntlich nicht).

Vom Drama zur Normalität

In den fünfziger Jahren liefen in unseren Kinos zwei französische Filme: *Le Défroqué* (Der Abtrünnige) und *Dieu a besoin
des hommes* (Gott braucht Menschen). Pierre Fresnay spielte,
in den Hauptrollen, den Abtrünnigen und den Säufer-Priester.
Die beiden Streifen waren damals, vorab im katholischen Milieu, eine Sensation. Sie brachten ein ungewöhnliches, tabube-
setztes Thema in seiner eher herkömmlichen Bedeutung für
einige Jahre nochmals ins Bewußtsein damaliger Kinobesu-
cher. Die filmische Dramatik freilich vollzog auch einige signi-
fikante Akzentverschiebungen. Der Abtrünnige wie der Trin-
ker werden von der ihnen anvertrauten Gemeinde gebraucht,

damit diese überhaupt gläubig und Gott unter ihr gegenwärtig sein kann. Die Filme brachten keine skandalumwitterte Figur – von der Statur etwa eines Abälard (mit Heloise) – zur Darstellung. Ein Priestertypus wurde vorgestellt, den die Menschen lieben und den Gott braucht. Ein Gott kam zum Vorschein, der mit seinen Dienern untrennbar verkettet ist. Auf die Leinwand projiziert und in die Geschichte verstrickt, wurde ein Gott erzählt, der auf Menschen angewiesen ist. Die Menschen ihrerseits erlebten einen Gott im Drama eines zerrütteten Lebens. Sie konnten zu ihrem Gott überhaupt erst dadurch kommen, daß sie sich mit seinem heilig-unheiligen Diener identifizierten. So erhielt ›der Abtrünnige‹ jene Zuschüsse und jene Besetzungen, die teils herkömmlich waren, teils zu den herkömmlichen Erfahrungen und Erwartungen völlig quer lagen. Die Hauptfigur entwickelte sich zum Subjekt, das der Würde der Sazerdotik offensichtlich nicht genügte. Im Gegenzug dazu wurde am gleichen Subjekt die Aura des Tragöden, des Helden also, der unentrinnbar scheitern mußte, demonstriert. Eine zwiespältige Gestalt. In beiden Filmen war sie, nach heutigem Empfinden, eher übersetzt. Der reinigende Effekt war beinahe ungebührlich deutlich heraufbeschworen worden. Die Figur wurde zwischen eigenem schuldhaften Wollen und Handeln einerseits und dem unentrinnbaren Zwang, Priester Gottes bleiben zu müssen, andererseits förmlich zerrieben.

Dieses Szenario hat sich inzwischen gründlich gewandelt. Soweit ersichtlich, sind jene Zeiten vorbei, da ein Reisender am Bahnhof Milano-Centrale von einem Kenner der Situation auf folgendes aufmerksam gemacht wird: »Die meisten Gepäckträger hier sind ehemalige Priester.« Die bürgerliche Gesellschaft hat die sehr zahlreichen, vom Amte entbundenen Geistlichen nunmehr absorbiert. Sie garantiert ihnen – falls sie sie beanspruchen – die volle Anonymität, die sie schützt und ihnen alles erlaubt. Im Gegenzug dazu ›verzichten‹ die so spurlos Absorbierten auf Titel und Würden. Wie der Film deutlich gezeigt hatte, wurde ihnen beides im katholischen Milieu einst rückhaltlos zuteil.

Heute ist jeder Hauch von Tragik weg. Mit der priesterlichen Laufbahn waren (und sind) aber unzertrennliche Erinnerungen verbunden. Sie sind noch immer lebendig. Aber sie gelten jetzt höchstens als mehr oder weniger goutierte, amüsante oder peinliche Reminiszenzen aus klerikal-humorigem Stande. Was einst identifikatorische und sinnspendende Strategie war, das hat gerade noch anekdotischen Stellenwert. Die Prärogativen waren früher selbstverständlich oder wurden zugunsten der Amtsträger abrupt geltend gemacht. Wer sie heute beansprucht, dem werden sie vom Arbeitgeber oder von den Arbeitskollegen mit verständnisloser Passivität quittiert. Die Dinge gehen ihren gewohnten, festgefügten Lauf: Rücktritt vom Amt, Heirat (wenn möglich oder nötig), Kinder, Anstellung, mehr oder weniger gesicherte Altersrente...

Wie eine Krankheit hat die derzeitige Gesellschaft die Transzendenz ausgeschwitzt. ›Das Volk‹ verstand ohnehin nie etwas davon, oder aber es erlebte Transzendenz echter, als ihre offiziellen Nutznießer sie je zu erleben vorgaben. Und da Sazerdotik ohne Transzendenz überflüssig ist, sind auch die Priester ihrer innergesellschaftlichen Funktion ledig geworden bzw. verlustig gegangen. Um so rücksichtsloser werden sie für die Folklore vorab privater Religiositäten in Anspruch genommen. Viele Amtsträger machen dabei ahnungslos mit. Ob aber wirklich alles ausgestanden ist, worüber die Kunde geht, es sei ausgestanden? Ist alles nur mehr eine Frage von gelungener Steuerung? Sind die Ziele und Werte unangetastet die gleichen geblieben? Braucht es weder Vermittler noch Deuter?

Sazerdotium und Magisterium

Wie geht es den ›Ehemaligen‹? (Ein völlig unbrauchbarer Titel übrigens. Er weckt oft nur falsche Hoffnungen, hält die schmerzlichen Erinnerungen auf kleinem Feuer und deckt von der realen Lebenssituation ›Ehemaliger‹ beinahe nichts mehr ab. Ein leeres Etikett, und verfänglich obendrein. Es setzt höchstens den latenten Klerikalismus fort.)

Am besten dran sind die Therapeuten. Dann folgen die Lehrer. Der Entscheid, Therapeut oder Lehrer zu werden, stellt eine recht naheliegende Berufswahl dar für jene, die nach dem

Rücktritt vom Priesteramt überhaupt haben wählen können. Die Therapeuten bleiben berufshalber am Ball, genauer: im Bannkreis des Wortes. Die Rede und das mit ihr gebotene Schweigen samt den im einen wie im anderen verborgenen Wünschen sind bevorzugte Medien der Therapie (im Sinne der antiken Logoslehre wie im Sinne der Psychoanalyse). Es waren (und sind noch immer) die elementaren Heilmittel der Sazerdotik. Auf ihnen beruht die Sakramentalität wie der Wein auf der Traube, das Brot auf dem Getreidekorn. Gott braucht noch immer Menschen. Die Menschen brauchen noch immer andere Menschen, die sie vor ihnen selbst oder vor anderen Menschen schützen. Der Augenschein läßt keinen Zweifel daran aufkommen, daß das Modell uneingeschränkt funktioniert. Dieses Modell hat den Namen (wenn nicht gar das Patent) »Sorge um die Seele«. Die Seelsorge ist jene Voraussetzung, ohne welche weder der heilige Bezirk noch die profane, die kosmische, die umweltliche Sphäre besorgt werden können. Sie ist freilich strikt daran gebunden, daß sie stilgerecht durchgeführt wird. Das rituelle Setting ist überall dort unverzichtbar, wo Seelen bzw. Menschen ›besorgt‹ werden müssen. Es schützt vor unberechenbaren Risiken. »Sorge um die Seele«: so lautet das Losungswort im Gründungsdokument aller Seelsorge und aller Erkenntnis des Menschen durch den Menschen, heiße sie nun *cura animarum* oder trage sie den Namen des Existentials ›Sorge‹. Das Losungswort steht in Platons *Apologie des Sokrates* (30 a7-b 2). Es ist Lebensprogramm eines armen, aber findigen Suchers.

Die Lehrer haben es am zweitbesten. Folglich fehlt ihnen etwas, um im ersten Wohlergehensrang zu figurieren. Es fehlt ihnen (oft) die Distanz zu ihrer eigenen Biographie. Von Berufs wegen sollten sie die Trennung von Person und Sache vollzogen haben. Es liegt aber für Außenstehende der Irrtum, für den Lehrenden selbst die Versuchung nahe, zu meinen, vom Priester zum Lehrer gäbe es eine direkte Verbindung, vom Sazerdotium zum Magisterium gäbe es nichts als fließende, also transporterleichternde Übergänge. Das ist, wie die Erfahrung lehrt, falsch. Denn das Selbstverständnis des Lehrenden kommt nie zustande ohne das, was die Leute unter einem Lehrer verstehen. Es ist institutionell und folglich historisch vermittelt. Dieses Selbst- und Fremdverständnis des Lehrers ist radikal verschieden vom Bilde, das man sich in der Regel vom Priester noch immer zu machen beliebt. Diese Behauptung bedarf der Probe. Sie besteht darin, daß man die Erwartungen, die je in Lehrer und in Priester gesetzt werden, vergleicht. Priester als Lehrer – Lehrer als Priester: Dieser Topos setzt sie einander gleich. Das Verbindende ist eine bestimmte Auffassung von Wahrheit. Sie besagt, Wahrheit sei gegeben, Irrtum selbstverschuldet, wenn nicht gar eine Frucht der Verblendung (meistens durch Konkupiszenz). Zwar müsse die Wahrheit unentwegt gesucht werden. Aber die Suche müsse, eben dank Wahrheit, ihr absehbares Ende finden. Das sei möglich dank Kanon, Autorität und Präsenz der Ewigen Wahrheit hienieden. Sie sei verkörpert gegenwärtig und durch Sazerdotik garantiert. Das Priestertum, so verstanden, ist das Prinzip für gewährleistete Zusicherung, für die angeblich immer schon gefundene Wahrheit.

Der aus seinem Amte entlassene Priester, mag er gewollt oder durch Umstände gezwungen Lehrer geworden sein, wird der Versuchung kaum entgehen können, sein Amt als Lehrender über die sazerdotale Wahrnehmung und kraft dieses Instrumentariums auszuüben. Die Sazerdotik ist auch dann wirksam, wenn sie nur noch als kaum wahrnehmbares Residuum präsent ist. Entweder wird der Lehrende wie aus dem Hinterhalt heraus Lehrer sein; oder er wird, wenn es nicht mehr anders geht, seine latente priesterliche Befugnis als Beweismittel dafür einzusetzen versuchen, daß Wahrheit letztlich erzwungen werden kann. Im Lehreralltag werden sich unweigerlich Widrigkeiten, die die Vernunft kränken, einstellen. Unstimmigkeiten, die ans Lebendige greifen, werden zum Erfahrungsrepertoire gehören. Eben dann bietet sich die angeblich alles umgreifende Wahrheit als Heilmittel und Trost an. Wie immer in solchen und ähnlichen Situationen kommt die Vernunft unter Beweislast, ja in Beweisnotstand. Es wird darum gehen, sich selbst, als Wissenden, und die zu lehrende Sache glaubhaft zu machen und den allgegenwärtigen Hörer bzw. Lernenden zu überzeugen. Wer kommt denn schon um diesen, angeblich minderkarätigen

Vernunftgebrauch herum? Sicherlich keiner von denen, die es mit den lückenhaften Vernunftprofilen von Lernenden zu tun haben; und keiner, der nicht nur Gewißheiten zu vermitteln hat, sondern auch noch andere Meinungen zu respektieren lehrt; vor allem jene nicht, die das Andersseinkönnen ihrer Schüler möglich machen möchten. Wer jedoch ›Lehrer der Wahrheit‹ war und es sazerdotal bleibt, hat so seine Gewohnheiten. Er ist es gewohnt, die Etappen der argumentierenden Vernunft durchzubrennen, die *soft evidence* des vermutenden Denkens zu mißachten, die Arbeit des kommunikativen, topisch orientierten Lesens von Zeichen zu scheuen. Er stellt entweder zu früh oder zu spät auf Evidenz ab. Zu früh, wenn er der Langsamkeit des Denkens zugunsten der ›Wahrheit‹ entrinnen will. Zu spät, wenn er sagt: Sie kommt nie, alles bleibt ohnehin beim alten. Der Tisch der Wahrheit – so verstanden, also mißverstanden – ist dann schon immer gedeckt (genau so wie der Tisch der Kleriker immer schon gedeckt war und es vermutlich noch immer ist). Aber auf dem Grunde des Bechers, der von den Lehrer-Priestern angeboten wird und aus dem Durstige, und das heißt Lernende, trinken, wartet kein Gott, ganz entgegen den wortreichen Versprechungen. Wohl aber treibt dort jener Götze sein Unwesen, den diejenigen produzieren, die statt überzeugen zu dürfen alles tun, um zu blenden und zu verführen.

»Sorge um die Seele«

Cura animarum, le souci des âmes, die Sorge um die Seelen. So lautete (und lautet noch immer) die oberste Devise jenes Bettelordens, der auf das Apostolat hin entworfen, gegründet und rechtskräftig gestiftet wurde: der Predigerorden. Ganz von ferne klingt in seiner Devise noch deren stoisches Original nach: Kümmere dich um dich selbst! Es tönt freilich wie eine außersphärische Melodie. Historisch betrachtet ist das stoische Ideal im großen Klangkörper des Bettelordens untergegangen. Orchestriert wurde dieser Klangkörper von einer höchst rationalisierten, disziplinierten und dennoch auf keine gemeinsame Tonart einspielbaren Satzung. (Diese übergreifende, totalisierte Einheit brachte erst die Societas Jesu zuwege, deren Satzung ja auch erst die wahre *militia Christi* ermöglicht hat.) Wie immer – die Devise und in ihr die Zielrichtung des Ordens war da. Sie legitimierte alles, sie holte die immer neuen Abweichungen stets wieder ein, sie hielt, als einigendes Band, den Orden zusammen. Sie war (und ist) vom einzelnen jederzeit abrufbar. Sie war (und ist) in jeder Situation zitierfähig. Und vor allem macht sie die vielen, bunten und unverwechselbaren Individuen – am Beispiel der Ordens›heiligen‹ exemplifiziert: hier ein Giordano Bruno, ein Campanella, eine Katharina von Siena, dort ein Savonarola, ein Vinzenz Ferrer (ein Bluthund Gottes) und ein Lacordaire – konsensfähig und im Orden identifizierbar. Der Orden ist, sofern er sich selbst als ahistorische Größe versteht, Beweismittel für die Standesheiligkeit aller seiner Mitglieder. Die Formel *cura animarum* war (und ist wohl) der unbefragte, nicht zur Disposition stehende Ausgangs- und Zielpunkt aller ordensmännischen Argumentation. Alles durch Argumentieren zustandegekommene Handeln im Predigerorden hat seine letzte Legitimation in der *Veritas*. Sie schmückt, als Emblem, das Gesamtgebäude des Ordens. Es ist eine Wahrheit, die lange erwogen und meditiert sein muß und die es den andern zu vermitteln gilt.

Sogar die heiligen Gelübde, Gehorsam, Keuschheit und Armut, konnten der Devise *cura animarum* unterstellt werden. Zwar wagte niemand, theoretisch an diese unantastbaren Relikte aus der Feudalzeit zu rühren. (Mit dem theologisch angelegten Versuch, die drei Gelübde zu transformieren, scheiterte die Zürcher Dominikanergruppe in den Nachkonzilsjahren kläglich.) Gelübde schützen, wie nichts sonst, die Ordensleute nach außen. Sie schützen deren ›öffentliche‹ Übertretungen, Untreuen und Verstöße in Sachen Tugend davor, von Unbefugten eingeklagt zu werden. Eben deshalb galt es, die Gelübde ihrerseits zu schützen. Das war (und ist immer noch) nichts als kluge Überlebensstrategie. Die Prämie winkte, wie sie stets winkt – für gelungene Anpassung. Worin sie bestand, wird gleich zu erörtern sein.

Gelübde sind Stilmittel. Sie machen das Leben unter lauter

Männern (oder Frauen) überhaupt erst erträglich. Das monosexuelle Leben ist nur stilisiert lebbar. Verfällt der Stil, zerfällt das Leben. Nicht umsonst lautet der unwiderlegbare Satz über die Orden so: *Aut sint quod sunt aut non sint* (Entweder bleiben sie, was sie sind, oder sie mögen verschwinden).

Nun waren (und sind) aber gerade diese Stil- und Heilmittel der Gelübde gegen Perversion nicht gefeit. Wie sagte doch mein unvergeßlicher Magister einmal in einer geistlichen Konferenz während des Noviziates 1947/48 zu uns ahnungslosen frommen Jünglingen: »et à la fin, c'est l'obéissance qui gâte tout« (und schlußendlich ist es dann der Gehorsam, der alles verdirbt). Für alle, die ihn kannten, war jener Obere auf weiten Strecken seines psychischen Haushaltes zwangsgestört, ja geradezu grotesk unkontrolliert-kontrolliert. Zugleich war er ein im tiefsten Wesen heiligmäßiger Ordensmann. Eben eine »âme d'apôtre«, wie er sie sich uns allen wünschte und als absolutes Ideal vorstellte. In der Odenwaldschule, bei Geheeb (den er verstohlen verehrte), hatte dieser zum Katholizismus konvertierte, ehemals dem Sozialismus verschriebene Protestant aus dem Pays d'en Haut (das er versteckt liebte) eine vorbehaltlose erzieherische Präzision erfahren dürfen. Er brauchte sie, um die abgründige Normalität, ja Banalität des angeblich vollkommensten Standes, eben des Ordensstandes, mit einem Schlag, mit eben jenem lapidaren Satz, aufzudecken. Gäbe es religiöse ›Fragmente der Vorsokratiker‹, der Satz gehörte in die Sammlung.

Es ist mir ein Rätsel, unter welchem Stern der Novizenmeister gestanden haben mag, als er diesen Satz sagte. Aber als er ihn aussprach, war er selbst bereits ein Fossil. Er lehrte und lebte die strengste aller damals bekannten Ordensobservanzen. Er hatte sie in Saint-Maximin (Provence) gelernt. Sie leitete sich direkt vom jansenistisch angehauchten Franzosen und Fanatiker Lacordaire her ab: Geissel gegen das Fleisch, Schlafentzug gegen die rebellischen niederen Seelenkräfte, gegenseitiges brüderliches Sich-Anspucken (das freilich mußten wir nicht mehr üben) bei Verstößen gegen die Konstitutionen und die brüderliche Liebe.

Die Sexualität unterstand voll dem Gelübde der Keuschheit

und, mehr noch, des Gehorsams. Alles, was jene betraf, fiel unter das Verdikt. Ausrottbar war sie nicht. Deshalb mußten die mit Sexualität unter- und oberirdisch verbundenen Kräfte kanalisiert, mußten die sich an ihr entzündenden Vorstellungen umgeleitet werden. Es geschah dies (und geschieht noch immer) auf dem denkbar einfachsten Weg. Nämlich auf dem Weg über die Verschiebung. Sie fand (unbewußt?) auf unterschiedlichen Ebenen statt. Sie wurde nach verschiedenen Richtungen hin getätigt. Da war zentral das Streben nach Lustbefriedigung. Ihm wurden die ihm eigentümlichen Objekte entzogen. Um jedoch keine psychischen Wracks zu hinterlassen, wurden ihm stets neue Objekte zugeführt. Ziel war (und ist) es, das Objekt ›Fleisch‹ so zu beseitigen, daß es zur Nebensächlichkeit herabsank. Erst so wurde, mit Erfolg übrigens, eine freie Stelle für etwas anderes geschaffen. In die Lücke trat nun, höchst subtil, nicht etwa der (von allen) erwartete ›Geist‹ oder ein wie immer geartetes rein geistiges Leben, sondern ein weiterhin unersättliches Streben trat auf den Plan. Diesmal war es ein Streben nach den fleischlosen Genüssen. Es war nichts anderes als Lust – diesmal jedoch Lust an der inzwischen (beinahe) überwundenen Lust, genauer: Es war die Lust am Überwindenkönnen und Überwundenwerden von Lust. (In jedem Lehrbuch über Mystik sind dies die Anfangsgründe des asketischen Weges. Noch besser steht es in Thomas' Traktat *Von den Leidenschaften*, Summa theologiae, I.II. Qu. 26. u. f.).

Im Garten ›übernatürlicher‹ Freuden und Lüste gedieh diese Lust zweiter Stufe ganz vorzüglich. Wer auch nur einen Schimmer vom Katholizismus verstanden hat, der weiß, daß er ein Garten ästhetischer Genüsse, kontrollierter Exuberanzen und gekonnter Ekstasen ist. Dies alles zusammen bildete (und bildet noch immer) schließlich die entscheidende Triebfeder der Mehrzahl der ordensinternen Lebensvollzüge. Es waren zugleich die unschätzbaren Prämien gelungener Lebensanpassung im Modus der Gelübde. Monoton waren die Lebensvollzüge weiß Gott nicht – was immer sich die armen Laien, vorab auch die protestantischen Brüder, unter ›Ordensleben‹ vorstellen mögen. Ein Orden ist zwar so etwas wie ein höherer Kindergarten. Aber die Kinder sind Männer, und der Garten ist Paradies und Hölle in einem. Die Lebensvollzüge – noch einmal – waren (und sind) von Format. Sie verliehen ein kaum konkurrenzierbares Ansehen. Sie festigten auch den wankelmütigsten Charakter. Sie brachten jeden – so er nur wollte und rasch begriff! – auf die sichere Bahn einer fulminanten Karriere. Sie bedrohten zugleich, und zwar in unverhofftem, ja nachweislich verheerendem Maße. Auf etwa dreißig Mitglieder in einer Zeitspanne von zwölf Jahren drei Suizide. Das schmälert die objektive Größe des sazerdotalen Großgerätes, des Ordens, nicht. Was sind schon individuelle Zusammenbrüche gegen das (noch einmal: ahistorisch zu verstehende) Weltformat eines Ordens? Was sind sie gegenüber einem der gründlichsten Studiengänge, was gegen den materiell gesicherten Lebensabend (längst vor der Altersrente erfunden)? Allem vorweg: Was sind sie gegen die brüderliche Grundstimmung? Kein Ordensmitglied erarbeitet sich seinen sozialen Rang. Dieser fällt ihm von Amtes wegen zu, und er ist am heißen Atem der Ketzer- und Heiligengeschichte erhärtet und erprobt. Der Ordensmann – eh und je ein minderer Bruder. Gleichwohl steht er, dank seiner von ihm gekonnt, weil geübt, eingenommenen Demutsgebärde überall an erster Stelle. Mindestens immer dann, wenn es drauf ankommt.

Metaphysik als Grundlegung

Der Abschied dauerte lange. Er sollte definitiv sein. Das war das Schwierigste daran. Denn diesem noch ausstehenden endgültigen Bruch, 1975 vollzogen, war ein zwar weit abgelegenes, aber um so tiefer verborgenes Definitivum voraufgegangen. Es war selbst grenzenlos und hatte seine Wirkungen von 1947 bis 1970 (von da an begann es sich von mir zurückzuziehen) getan. Es machte aus allem, was ich inzwischen als die Güter dieser Welt zu schätzen wieder lernen mußte, ein Provisorium: ein grotesk anmutendes irreversibel Vorläufiges. Erst das Dort würde dann ja endgültig sein.

Der Grund und Boden zu dieser Überzeugung war früh gelegt worden. Er war so gründlich, wie nur die Vernunft selbst allem anderen Grund sein kann. Gelehrt und verbindlich, – vor jeder sakramentalen Weihe unter Eid bekräftigt – wurde er mir als die (damalige) Schulmetaphysik der Kausalität und der Relationen. Theologisch aufgehöht war es der Traktat *De hominis beatitudine*, in drei Bänden als voluminöser Thomas-Kommentar vorgelegt von einem in spätbarockem Geiste in Fribourg von 1923 bis 1945 lehrenden Spanier, P. Ramirez. Entscheidend waren die allerersten Vorlesungen in den Jahren 1943–1945, gehalten von P. Anton Rohner, Rheintaler und profunder Kenner der Philosophie Kants. Der Philosoph Rohner war auch imstande gewesen, unversehens einen Kollegen aus der theologischen Zunft zu vertreten. Mit einem leeren Mäppchen am Katheder stehend, trug er den damaligen Theologen, zu denen ich noch nicht zählte, den Traktat *Über den dreifaltigen Gott* lateinisch vor. Der gleiche Mann lehrte mich, was es heißt, die Mittel vom Ziel zu unterscheiden und dabei die Kette der Ziele nicht unendlich sich fortsetzen zu lassen. Das ›Letzte Ziel‹ – an einem unbenannten, unbekannten Himmelsort festgemacht. Die Mittel fesseln, so lernten wir – die Ziele hingegen machen uns frei. Aber niemand ist wiederum so frei, die Zielbindungen willkürlich zu lösen oder aufzukündigen.

Etappen des Zerfalls

Diese Verankerung der Ziele ›im Himmel‹ hat sich in meinem Bewußtsein nie gelockert. Die Kette freilich, sie ist langsam aber sicher zerfallen. Zwei Kettenglieder, die in Stücke brachen, sollen in ihrem Zerfall hier nicht unerwähnt bleiben.

Zürich 1972. Der Ordensgeneral ist auf kanonischer Visite. Die Pfürtner-Affäre war eben auf dem Höhepunkt. Über die Zürcher Dominikanerniederlassung mußte dem Visitator etliches zu Ohren gekommen sein. Der amtierende Prior in Zürich (ich selbst) war umstritten, in Lehre und Praxis. Pointe der Unterredung: »Wir sind über Sie besser informiert als Sie über sich selbst.« Darauf folgte ein Gespräch zwischen dem General und der vor ihm versammelten Kommunität, in gebührend höflich-brüderlichem Ton. Auf Mittag ist eine Eucharistiefeier im üblichen Rahmen des Hauses vorgesehen: keine liturgischen

Gewänder, keine goldenen Gefäße, Brot, sorgfältig vorbereitete Gebete. Alles in allem eine für die Gruppe (8 Mann und eine Köchin) mögliche und sie tragende Feier. Der spanische Ordensmagister wird zum Tisch des Herrn geladen, dem er vorstehen soll. (Da er ›informiert‹ ist, weiß er, was kommt und was er macht.) Er refüsiert. Und begründet seine Weigerung, of course! In Lateinamerika, bei einem gefangenen Mitbruder (der an den Spätfolgen der Folterungen dann gestorben ist), also im Gefängnis, sähe er sehr wohl, daß es keine Gewänder, weder Kelch noch Patene brauche. Aber hier, in dieser Stadt, in der feinen Villa am Zürichberg (den er nicht kannte . . .), da sei es ein Affront gegen das Heiligste, eben das Altarssakrament, und gegen das Prinzip Sazerdotium. Es folgt ein stundenlanger Disput um Sinn und Würde der Eucharistie. Es war fast so, wie es damals zwischen dem Dominikaner Eck und Luther in Marburg zu und her gegangen sein mag. Nur waren wir keine ›Protestanten‹, und die ganze Runde stand unter kirchlicher Jurisdiktion. Gegen den Ordensgeneral hat die Gruppe damals ›verloren‹. »Sie dürfen nicht einfach machen, was Sie wollen«, lautete der Befehl abschließend. Antwort: »Wir machen, was wir können.« Mein Sazerdotium ist beim abschließenden Mittagessen, das wir mit einem guten Wein zelebrierten, zerfallen.

Ein wichtiges Glied der Kette, um das Bild wieder aufzunehmen, war zerbrochen. Noch hielt ein Ziel den Rest zusammen: die *cura animarum*. Freilich, meine Seelsorgetätigkeit hatte sich bereits seit längerer Zeit, markant ab 1964, nach außerhalb des Ordens verlegt. Mein Ort pastoraler und theologischer Tätigkeit war nicht mehr der Garten der umgeleiteten Lüste. Es war ein ganz gewöhnlicher Weinberg des Herrn, wie man damals so schön sagte, nämlich die Pfarrei Maihof in Luzern. Aus ihr war ein seelsorgerlicher Topos ersten Ranges geworden. Mein Abschied von diesem Ort erfolgte nach 20 Jahren intensiver theoretisch-theologischer Mitarbeit ›automatisch‹: 1985 demissionierte Pfarrer Adolf Stadelmann altershalber. Sofort wurde der Abbau dieses Ortes eingeleitet und vollzogen. Mit dem Abschied vom Maihof hat sich die Einweltlichung für mich wie von selbst ergeben. Der Abschied von der im Katholizismus unverzichtbaren Sakralisierung mußte endgültig vollzogen werden.

Die Gelübde sind korrumpierbar, die *cura animarum* ist es von ihrem Wesen her nicht. Ein Parallelsatz zum oben zitierten Satz meines Novizenmeisters ist kaum denkbar: »Und schließlich verdirbt die Seelsorge alles...« Aber ›Seelsorge‹ ist mir seit meinem Austritt (und subtilerweise bereits vorher) verwehrt worden. Nie mehr habe ich auch nur einen Rappen für unseren Lebensunterhalt in kirchlichen Institutionen verdienen können. Ich habe an allen evangelisch-reformierten Fakultäten der Deutschschweiz gelehrt und tue es in Bern immer noch regelmäßig. Nie habe ich den Fuß über die Schwelle einer höheren katholischen theologischen Lehranstalt setzen dürfen. Ich hegte zum Beispiel den naiven Wunsch, als ehemaliger Alumne (wie wir hießen) des Priesterseminars Chur dort zu den jetzigen Seminaristen über die Ästhetik der Askese zu sprechen. Wer immer mich eingeladen hätte, er wäre als Einladender in Schwierigkeiten gekommen. Dasselbe beim Fernsehen. Es genügte ein Zwei-Minuten-Auftritt aus Anlaß des 25. Jahrestages der Konzilseröffnung, und schon sah sich ein Ordinariat bemüßigt, offiziell Protest einzulegen. Nach meinem Kurzauftritt hatte ein Bischof im Rahmen derselben Sendung 45 Minuten lang Zeit, alles wieder zurechtzurücken...

Nach Art der Zeloten ist nicht wenig Akribie und Bosheit darauf verwendet worden, jene Art von Seelsorge, wie sie Pfarrer Stadelmann theoretisch konzipiert und dann verwirklicht hatte, zu bodigen, zu verhindern und ihr den offiziellen Rückhalt zu verweigern. Der Pfarrer war, samt seiner Pfarrei, völlig ins kirchliche Abseits gedrängt worden. (Der Ausgewogenheit halber sei hinzugefügt: Die Pfarrei Maihof wollte selbst auch nicht unbedingt eine Pfarrei sein wie die anderen – nie aber verstand sie sich als außerkirchlich.) Seelsorger als Weltpriester sind nicht Leute im sogenannten Stand der Vollkommenheit. Sie haben nicht feierlich gelobt, jedes Maß an Aberkennung, das ihnen zuteil wird, als Angriffswerkzeug und Mittel der Vervollkommnung gegen sich selbst zu kehren; sie haben nicht gelobt, auch die tiefsten Demütigungen von kirchenobrigkeitlicher Seite als gottgewollt zu verinnerlichen; nicht gelobt, jene Kränkungen, die ihre Ursache in amtlich geschützter Borniertheit und geheuchelter Brüderlichkeit haben, als Segnungen des gütigen Vatergottes und seines Stellvertreters auf Erden, eben des Oberen, zu empfangen. Da dies nicht der Fall ist, dürfen ›gewöhnliche Seelsorger‹, eben darin ebenbürtige Amtsbrüder der Bischöfe, darauf zählen, daß man sie wenigstens fair behandle. Daß man anerkenne, was sie geleistet, sie belohne, wofür sie loyal dienten (zumal die Meritokratie innerhalb der Kirche nicht ganz unbekannt sein dürfte). Sie dürfen erwarten, daß für sie Vorteile und Nachteile des geistlichen Standes und Amtes nicht unzumutbar auseinanderklaffen.

Diese menschenrechtlichen Grundregeln sind immer auch Topoi des Überlebens und der *ars bene vivendi*. Sie sind dem Maihof, vor allem aber dem Pfarrer dieser Gemeinde gegenüber nicht nur nicht eingehalten, sondern aufs gröblichste verletzt worden. In mir selbst aber ist die Bindung zu einer Gemeinde von Glaubenden (zu dem, was wir, zugegebenermaßen nicht ganz unbescheiden, *auch* Kirche zu nennen uns herausgenommen haben) über all die Jahre einer von »außen« nach »innen« betriebenen Isolierung hinweg – genauer seit 1970 – zerfallen.

Braucht es noch Deuter?

Sind das nun Reminiszenzen, oder sind es heilende Andenken? Ist es Erinnerung als »Erlösung der Vergangenheit«? Oder gar memoriales Tun, so wie man es, einmalig in der katholischen Kirche, gelernt und als Tüchtigkeit (integral zur *virtus religionis* gehörend) praktiziert hat? Wenn ja, für wen dann aber das alles? Vielleicht für jene, die am Priestertum leiden. Dann an die Adresse jener, denen es, umgekehrt, wegen verkehrt verstandener und praktizierter Sazerdotik entweder schlecht oder aber allzu gut geht. Jeder Katholik hat seine priesterliche Schuldigkeit abzutragen, inclusive jene Frauen, die zu ›ihren‹ Priestern stehen (müssen). Das Priesteramt ist eine imponierende Erfindung. Noch überzeugender vielleicht lassen sich die mit ihm verbundenen Schätze der Überlieferung rechtfertigen. Denn gäbe es sie nicht, würde sich jedes weitere Wort über Sazerdotium erübrigen. Nun sind aber die Gesalbten und die Mittler, die großen Könner und die Wissenden ein unentbehrliches Stück unserer Zivilisation. *Les clercs* sind Mächtige, so oder so.

Es findet zur Zeit in unserer Gesellschaft eine bedeutende Rollenumverteilung statt, und wir sind Zeuge davon. Die einstmals imposante Phalanx der Streiter Gottes und der *militia Christi* weicht zurück. Sie ist zahlenmäßig dezimiert. Sie kämpft, teils heiter-gelassen, teils exotisch anmutend, verbissen aus negativem Enthusiasmus heraus auf quasi verlorenem Posten. Gegen Windmühlen allemal. Die einstmaligen Gegenspieler der Diener des Altars, die Diener der ›Krone‹, sie sind derzeit auf den unentbehrlichen und sicheren Posten. Sie machen Politik, sie tragen die Insignien staatlicher und ›geistiger‹ Macht. Wohlweislich haben sie sich all dessen entledigt, was darauf schließen ließe, sie seien mit etwas anderem beschäftigt als mit Geld und mit etwas anderem im Bunde als mit dem Haushalt, dem Markt, der Finanz und der Verantwortung für das (Stimm)volk. Es braucht jedoch nur wenig Vertrautheit mit der politischen Szene und ist inzwischen auch dem hintersten Erdenbewohner klar geworden, wie der Hase läuft. Wer verkündet, er wolle nichts anderes als das Wohl des Menschen fördern, wer behauptet, er habe schon immer und besser als die Hungernden selbst gewußt, was ihr Elend und ihr Glück, ihr Wohl und Weh, ihr Fortkommen und ihr Friede wirklich sei, der macht sich gerade in den Augen der tatsächlich Betroffenen und Erfahrenen unglaubwürdig. Die Würde des Menschen ist immer wieder aufs neue herzustellen. Es braucht dazu entweder eine tiefgreifende Wandlung jener, die als demokratisch bestellte Mittler zwischen den Menschen und ihrem ersehnten Glück stehen und walten. Oder aber es braucht die unversehrte und an keinem Himmel befestigte Kette von Akten der Freiheit und der Uneigennützigkeit all jener, die das Risiko der vermutbaren Zukunft und der zeichendeutenden Vernünftigkeit auf sich nehmen. Die Menschheit scheint dazu berufen zu sein, ihr eigener Wahr-Sager zu werden. Das Wahrsagen der Besonnenen, Männer und Frauen, jedoch ist ihr Vermuten. Eben dies lag einst in der Macht des Sazerdotiums.

Die Rollen sind jetzt anders verteilt. Der Verlust des sozialen

Status, der mit dem Ordensaustritt einherging, sowie der Rollenverlust, der sich schon vorher abgezeichnet hatte, waren mir lange nicht klar vor Augen. Sie saßen aber als Stachel im Fleische, schmerzten als Kränkung in der Seele. Als Gefühl permanenter Entbehrung hinderten sie mich daran, mich gebührend zu sozialisieren. Sie trieben in mir zugleich jenes Mitgefühl hervor, das Jean-Jacques Rousseau *la pitié* nennt und das er zur Grundvoraussetzung des humanisierten Zusammenlebens unter Menschen erklärte. Das Ordensleben hat etwas von dieser Fundierung der Humanität auf der Schwäche an sich. Aber weil es sich noch immer ahistorisch versteht, wendet es noch immer seine Stärke an, um der Welt zu beweisen, wessen der Mensch um eines allmächtigen Gottes willen fähig ist. Für die Probleme einer auf die eigene Zukunft verwiesenen Menschheit ist der Stand der Vollkommenheit blind. Es gilt, vorbildlos das zu tun, was niemand tut, wenn man es nicht selber tut. Eben dies habe ich, oft in negativer Anschauung, vom Ordensleben gelernt. Das jetzige Leben zu zweit ist kein Überbleibsel ehemaliger Ideale. Es ist der Versuch, mit den Überresten der Biographie, der Lebensdauer und des Zukunftsglaubens am sozialen Gewebe der begleitenden und mitdenkenden Freunde weiterzuwirken.

HANS JOACHIM TÜRK

1926 Geburt in Neisse, 1944–1949 Studium der Philosophie und Theologie an der Universität Breslau und an der Hochschule der Jesuiten in Frankfurt-St. Georgen, 1950 Priesterweihe durch Bischof Wilhelm Kempf in Limburg, 1950–1955 Kaplan in Frankfurt, Schloßborn und Wiesbaden, zugleich Studium der Philosophie, Pädagogik und Altphilologie an der Universität Frankfurt, 1954–1961 Mitglied des Oratoriums des Hl. Philipp Neri in Frankfurt, 1955–1970 Studienrat am Heinrich-von-Gagern-Gymnasium in Frankfurt, 1962 Promotion in Theologie an der Universität Mainz, 1963–1964 Wissenschaftlicher Assistent am Lehrstuhl für Fundamentaltheologie an der Universität Mainz, 1970–1973 Lehrauftrag für Fundamental- und Moraltheologie an der Erziehungswissenschaftlichen Hochschule Rheinland-Pfalz in Koblenz und Dozent für Pädagogik an der Schule der Bundeswehr für Innere Führung in Koblenz, seit 1973 Professor für Philosophie und Sozialethik an der Georg-Simon-Ohm Fachhochschule für Nürnberg – 1968 Laisierung, 1969 Heirat mit Birgit Rohr, zwei Kinder: Ariadne und Christian.

Veröffentlichungen: Was sagt das Konzil über nichtchristliche Religionen, Mission, Toleranz? Mainz 1967; Orientierungen. Theologische Reden von Gott, Welt und christlicher Existenz, Düsseldorf 1970; Spuren Gottes im Alltag, Düsseldorf 1974; Wandlungen sozialer Hilfe, Düsseldorf 1976; (mit E. Trutwin) Philosophische Anthropologie, Düsseldorf 1978; (mit E. Menne) Erkenntnistheorie, Düsseldorf 1981; (mit E. Trutwin) Laßt uns den Menschen machen, Düsseldorf 1983. – Herausgeber: Glaube – Unglaube, Mainz 1971; Autorität, Mainz 1973; Zwischen Ordnung und Veränderung, Düsseldorf 1973.

Kirche:
Hort der Freiheit – institutionalisierte Unfreiheit

Meine schlesische Heimatstadt, in der ich geboren wurde, zur Schule ging, während des Zweiten Weltkrieges einer kirchlichen Jugendgruppe angehörte, liegt heute in der Volksrepublik Polen. In dem kirchlichen Gebäude (früher ein katholisches Krankenhaus und Pfarrhaus mit Gemeindesälen) neben meiner ehemaligen Pfarrkirche werden heute die Studenten eines bischöflichen Priesterseminars unterrichtet. Eingeladen zu Gastvorlesungen an verschiedenen polnischen Hochschulen, machte ich vor kurzem auch von dem reizvollen Angebot Gebrauch, Vorlesungen in denselben Räumen halten zu dürfen, in denen ich als Jugendlicher von einem Kaplan und mit Gleichgesinnten entscheidende Prägungen für mein Leben erhalten hatte: offene Kritik am Unrechtssystem des Nationalsozialismus, Begegnung mit dem Jesus Christus des Neuen Testaments, Gespräche über Leben und Tod angesichts der nahen Katastrophe, erlebte kirchliche Gemeinschaft in der kleinen Gruppe. Ich erzählte den jungen polnischen Studenten, daß ich hier die Kirche als Raum von Wahrheit, Freiheit und Brüderlichkeit erfahren hatte, und dies als Kontrast zur alles erdrückenden öffentlichen Lüge, Bosheit und Unterdrückung – eine Erfahrung, die in analoger Weise die katholischen Polen über zweihundert Jahre lang bis heute mit ihrer Kirche gemacht haben und immer noch machen dürfen. Weil ich in den Jahren, die zugleich für das Schicksal der Welt wie für mein ganz persönliches so dramatisch und entscheidend waren, die Kirche als Ort von Freiheit und Wahrheit erleben konnte, fühlte ich mich auch in den Jahren nach dem Krieg dieser Kirche verbunden, ja verpflichtet; ich wollte mich nicht mit Zweitrangigem, wie mir es erschien, sondern nur mit dem für die Welt ebenso wie für mich »allein Notwendigen« beschäftigen – und so studierte ich Philosophie und Theologie und trat in den kirchlichen Dienst. Die Priesterweihe war in der Zeit, da noch keine Laientheologen vorgesehen waren, der logische Endpunkt meiner Lebensorientierung inmitten der Wirren der Kriegs- und Nachkriegszeit. Die vom Elternhaus und der Jugendgruppe mitgebrachten Erfahrungen, was christlicher Glaube und kirchliche Gemeinschaft dem einzelnen und für die Gesellschaft bedeuten, gerade dann, wenn alles drunter und drüber geht, wurden im Theologiestudium bald überschattet, aber nicht ausgelöscht. Nach einem Semester an der Universität, wo ich deren beste Traditionen geistiger Freiheit und kritischer Auseinandersetzung an faszinierenden Lehrern und Fragestellungen kennengelernt hatte, mußte ich um der kirchlichen Ordnung willen in das Seminar der Jesuitenhochschule St. Georgen in Frankfurt am Main eintreten. Auch hier wirkten einige überzeugende akademische Lehrer, auch hier wurden relevante Fragen erörtert, auch hier arbeitete man sich an der Wahrheit ab. Aber vorherrschend und niederdrückend blieben die offizielle Konformität des Denkens und Verhaltens, das Mißtrauen gegen die Freiheit des einzelnen, die spirituelle Normierung. Kleinkarierte Mentalität von Spiritualen und Exerzitienmeistern wollte uns in tradierte und vorgeschriebene Schablonen der Gewissensbildung, des Betens, der Moral pressen. Ohnmächtig wehrte ich mich dagegen, versuchte, fromme Veranstaltungen, verpflichtende Gewissensrechenschaften, dümmliche Vorträge zu umgehen. In einer so an- und aufregenden Stadt wie Frankfurt durften wir kein Theater oder Kino besuchen, nicht an der Universität schnuppern, nie alleine, sondern immer nur zu dreien in die City oder Umgebung ausgehen. Einige Male kehrte ich von solch verbotenen kulturellen Abenteuern nachts über die Mauer heim. Einmal wurde ich erwischt und fast entlassen. Abends nach zehn, immer mitten in der geistig wachesten Tageszeit, mußte das Licht im Zimmer gelöscht sein. (Zur Kontrolle gab es über der Tür Oberlichter, die nicht verhängt werden durften.) Die Feier der Goldenen Hochzeit meiner Großeltern durfte ich nicht besuchen, um mich beizeiten von Ehe und Familie zu lösen. Auch für die langweiligste Vorlesung bestand Anwesenheitspflicht, der ich mit dem Schreiben von Briefen genügte. Wegen meiner nicht ganz zu verhehlenden Aufmüpfigkeit wurde ich aus dem Erholungsprogramm ausgeschlossen, durch das wir schlecht ernährten Studenten in der Schweiz wieder auf die Beine kommen sollten. So behandelte man Menschen, die bereits von den Nazis verfolgt, von Bomben- und Granatsplittern getroffen, dem Tod ins Auge und den Menschen ins Herz gesehen hatten, im Kriegsgefangenenlager fast verreckt waren! Aus der Kirchengeschichte wußten wir, wie unendlich der Kontrast von empirischer Realität und geglaubter Wirklichkeit der Kirche immer war, und so schluckten auch die kritischen und empfindsamen Theologiestudenten alle diese enttäuschenden Äußerlichkeiten. In der unmittelbaren Vorbereitung auf die Priesterweihe im diözesanen Seminar Limburg fehlte die in St. Georgen immerhin noch vorhandene geistige Dimension. Jetzt wurden wir nur noch abgerichtet aufs kirchliche Funktionieren. Gehorsam und Legalität herrschten unumschränkt. Aber mein Glaube und meine Hoffnung auf die befreiende Wahrheit des christlichen Glaubens, den die Kirche und der Priester in ihr der Welt anzubieten hat, waren immer noch unerschüttert. Nur müde wurde diese Überzeugung im kirchlichen Dienst bald nach der Weihe. Spannend der Religionsunterricht und die Jugendarbeit, reizvoll die Predigt. Aber tagtäglich der Ärger mit dem reaktionären Pfarrherrn und seiner Haushälterin, mit Denunzianten und kirchlichen Behörden, dazu die abergläubischen Erwartungen vieler Gemeindemitglieder an Sakramentenspendung und Liturgie, die routinemäßigen Kasualien, die trostlose und für Priester und Gläubige immer gleiche Beichtpraxis, die schematische Ritualisierung der Liturgie. Nach zwei Jahren Stadt- und Landseelsorge bei 50,– DM Monatsgehalt und ohne Urlaub – dieser mußte für Jugendlager verwendet werden – war ich müde. Von dem, was mich seit der Kindheit bewegt hatte, was ich leidenschaftlich studiert habe und auch schon in etwa im Leben bewähren konnte, vermochte ich kaum etwas im priesterlichen Alltag weiterzugeben. Und immer fühlte ich mich kontrolliert, unterdrückt, mit Mißtrauen betrachtet. Schlimmer als in einem totalitären Staat, denn die Kontrolle reichte bis in das eigene Gewissen, das einerseits die Kirche anerkannte, andererseits sich wehrte gegen manche Zumutungen. Und der innerkirchliche disziplinäre Zugriff funktionierte damals noch. Viele Jahre litt ich unter Alpträumen: Ein kirchlicher Vorgesetzter hat mich beobachtet, ertappt, zur Rede gestellt.

Ein Ausweg: Zweitstudium und außerkirchliches Milieu

Ich suchte auszuweichen: Schon nach den Hochschulexamina hatte ich die Bitte geäußert, weiter studieren zu können, die wissenschaftliche Laufbahn einschlagen zu dürfen, um mich ganz und gar den Wahrheits- und Sinnfragen widmen zu können. Ich wurde abschlägig beschieden; man brauchte damals Seelsorgepriester. Jetzt stellte ich offiziell den gleichen Antrag, zusätzlich durch die bedrückenden Erfahrungen im kirchlichen System dazu veranlaßt (ohne diese zu benennen). Wiederum Ablehnung und Einschärfung des Gehorsams. Ich versuchte einen Kompromiß: nicht Promotion und Habilitation als Studienziel, sondern Staatsexamen als Religionslehrer an Gymnasien. Meine guten Erfahrungen und Erfolge im Umgang mit Schülern und Jugendlichen ermutigten mich dazu. Unter der Auflage, daß ich die Studien für ein zweites und drittes Fach neben der vollen Kaplanstätigkeit auf mich nehmen müsse, genehmigte der Bischof selbst, an den ich jetzt zum ersten Male mit diesem Anliegen gelangt war, diese Bitte und suchte mir einen verständnisvollen Pfarrer in Frankfurt. Dies war auch das erste Mal, daß ich seit Beginn des Theologiestudiums von einem kirchlichen Amtsträger wohlwollend und einfühlend behandelt wurde. Auch in der Folge war das Verhalten des Bischofs Dr. Wilhelm Kempf von Fairness, Sachlichkeit und Menschlichkeit bestimmt – eine Ausnahmeerscheinung unter katholischen Hierarchen. Eine harte Phase, in der ich Seelsorge, Gottesdienst, Jugendarbeit und Studium an der Universität (Latein, Philosophie, Theologie, Geschichte) verbinden mußte, stand mir bevor, aber das Ziel beflügelte mich. Nach dem Staatsexamen und der Referendarzeit erlebte ich glückliche Jahre als Studienrat für Religion, Latein, Sozialkunde und Philosophie. Nebenbei, als Staatsbeamter nicht mehr abhängig von der Kirche, konnte ich an der Universität Mainz in Theologie promoviert werden. Ich übernahm als Fachleiter an drei Studienseminarien die Referendarausbildung im Fach Katholische Religionslehre, arbeitete in der Weiterbildung der Religionslehrer mit, im Fernsehen und im Hörfunk. Dazwischen unterzog ich mich der Skilehrerausbildung und konnte meine alpinistischen und sportlichen Fertigkeiten in den Ferien und in der Schulzeit für meine Schüler einbringen. Die spirituelle und pädagogische Betreuung der Deutschen Pfadfinderschaft St. Georg am Ort und im Bistum füllte den letzten Rest von verfügbarer Zeit aus. Die Amtskirche, die kirchliche Ordnung, der Seelsorgebetrieb in den Pfarreien waren weit weg aus meinem Bewußtsein, sie interessierten mich nicht mehr. Geistige und pädagogische Themen, Fragen und Probleme nahmen mich ganz und gar gefangen. Nach einem frustrierenden Zwischenspiel als jüngstes Mitglied einer Priestergemeinschaft (»Oratorium«), zu der nicht zuletzt der Bischof mir geraten hatte, stellte ich mich auch häuslich und wirtschaftlich auf eigene Füße und lebte wie fast jeder normale Mensch als Wohnungsinhaber und Haushaltsvorstand abseits jeden kirchlichen Milieus. Nachdem ich noch im Oratorium paternalistische Entmündigung hatte ertragen müssen, fühlte ich mich endlich befreit. Die Kirche, einmal als Befreiung erlebt, hatte mir jahrelang keine Luft zum Atmen gelassen. Den Glauben an ihre Aufgabe hatte sie mir noch nicht rauben können, aber ich konnte ihre Realität im kirchlichen und priesterlichen Dienst geistig und psychisch nicht länger ertragen. Ich atmete allmählich auf und sah um mich und in mich. Trotz tiefer Befriedigung in den beruflichen Tätigkeiten blieb aber immer noch etwas unverarbeitet und ungelöst. Der Zölibat begann zum Problem zu werden.

Das verdrängte Problem des Zölibats

Die Ehe meiner Eltern wurde geschieden, als ich 7 Jahre alt war. Von der Mutter wurde ich zusammen mit meiner Schwester allein erzogen, unter gelegentlicher Assistenz einer Tante. Nietzsches Antifeminismus wird gerne tiefenpsychologisch aus der familiären Konstellation seiner Kindheit erklärt: ohne Vater, umgeben von lauter Frauen. Vielleicht läßt sich auch mein langandauerndes Desinteresse am weiblichen Geschlecht, gelegentlich zur Animosität sich steigernd, ähnlich verstehen. vor allem aber erschien mir in den letzten Jahren der Naziherrschaft, des Krieges und der Aufbaujahre »die Zeit kurz« (1 Kor 7,29), »denn die Gestalt dieser Welt vergeht« (7,31). Es gab unter diesen Zeitläufen Wichtigeres zu tun, als sich zu verlieben und zu heiraten. Die Suche nach dem, was geistig und gesellschaftlich unter extremen Umständen trägt, der Versuch, das Gefundene weiterzuvermitteln, nahmen alle verfügbaren seelischen Energien in Anspruch. Und die vielen persönlichen Begegnungen, Verpflichtungen, Beziehungen und Erlebnisse füllten über Jahre zusammen mit einem Übermaß an Arbeit die seelischen Tiefen aus. Als sich meine berufliche Lage gefestigt hatte und ich inzwischen im außerkirchlichen Milieu beheimatet war, spürte ich jetzt doch, daß wesentliche Bedürfnisse nur oberflächlich, eher mit gehäufter und beschleunigter Quantität als mit der nötigen Qualität gestillt worden waren. Einsamkeit begann sich bemerkbar zu machen in aller Betriebsamkeit, ich spürte allmählich die Bedeutung des anderen Geschlechts in körperlicher, seelischer und sozialer Hinsicht, nachdem ich die Blickverengung innerkirchlicher Mentalität im säkularen Milieu verloren hatte. Schlicht gesagt, es meldete sich ohne erkennbaren konkreten Anlaß das, was mir bisher fehlte, ohne daß ich bis dahin dieses Fehlen überhaupt hätte konstatieren können. Biographische Gegebenheiten, Zeitumstände und das innerkirchliche Milieu mitsamt der Priesterausbildung hatten zusammen bewirkt, daß mir bei aller Bildung und auch einer gehörigen Lebenserfahrung ein wesentlicher Teil des Menschseins nicht ins Bewußtsein getreten war.

Das Unbehagen an der Unfreiheit im kirchlichen Dienst, die Freude über die gewonnene Freiheit in beruflicher und privater Hinsicht, die latente Sehnsucht nach Liebe – es fehlte nur noch der auslösende Funke, um dieses brisante Gemisch zur Explosion zu bringen. Die Gelegenheit ließ nicht mehr lange auf sich warten. Viele Wochen im Jahr verbrachte ich als Skilehrer; hatte beim (harmlosen) Apres-Ski mit sichtlichem Vergnügen das Tanzen erlernt und war bestens vorbereitet, als mir eine

Skischülerin, eine Studentin vor dem Examen, schwer verunglückte, die mein Mitgefühl, meine Bewunderung durch die Art und Weise gewann, wie sie die Schmerzen, den schwierigen Abtransport von der Skihütte ins Tal und in die Klinik und alles Weitere bestand. Die pflichtmäßigen Krankenbesuche öffneten den Blick immer mehr für diesen so anderen Menschen in seiner Individualität und zugleich in seiner Weiblichkeit. Das war der Anfang vom Ende meiner kirchlichen Laufbahn. Es stand zwar noch eine Habilitation an einer theologischen Fakultät an, aber die Lebenszeit drängte. An priesterliche Tätigkeiten band mich nicht mehr viel: Lehren, unterrichten, predigen und Gespräche führen – das war mein Feld. Alles andere war mir eher lästig geworden. Außer für Religion hatte ich noch für drei andere Fächer mir die Lehrbefugnis erworben. Beruflich stand ich also fest auf einem zweiten Bein. Die Laisierung war gerade von Rom aus für Fälle wie den meinen möglich geworden, und es schien sogar, daß der von mir gerne erteilte Religionsunterricht fortgeführt werden könnte. Bevor ich dem Bischof meinen festen Entschluß eröffnete, mußte zwischen meiner künftigen Frau und mir noch geklärt werden, ob wir vielleicht auch ohne Eheschließung nur befreundet bleiben könnten oder ob wir den vielbegangenen Weg einer heimlichen Ehe unter Wahrung des zölibatären Scheins (meine »Frau« als »Hausdame« oder »Haushälterin« oder schlicht als »Freundin«) einschlagen könnten oder sollten. Nach einigem Zögern konnten wir uns von solchen illusionistischen Selbsttäuschungen, die allemal zu ungunsten des weiblichen Partners ausgegangen wären, und von solchen Unredlichkeiten lösen. Nach mehreren Gesprächen mit dem Bischof von Limburg, die in guter Atmosphäre verliefen, ließ sich dieser von der Notwendigkeit meines Schrittes überzeugen und versprach mir, den Antrag auf Laisierung selbst in Rom vorzubringen. Zur Sicherung der Diagnose empfahl er mir nur noch den Besuch eines bedeutenden und kritischen Psychotherapeuten. Dieser stellte nichts Absonderliches fest und hielt meine Einschätzungen, Gefühle und Bedürfnisse für situationsgemäß und rechtens. Der Bischof erhielt von Rom eine Mahnung, daß das Laisierungsverfahren nicht durch eine persönliche Intervention anlaufen könne, und wurde auf den bürokratischen Weg verwiesen. Nun war in den ersten Jahren der Rahmen von Rom und den Bischöfen noch nicht so engmaschig gestrickt wie später, so daß ich mit einem Minimum von aktenkundigen Befragungen und Unterschriften auskam, auch unter Umgehung der kirchlichen Amtspersonen, zu denen ich schon von früher her kein Zutrauen hatte. In wenigen Zeilen erhielt ich 1968 auf dem Dienstwege das römische Reskript, das mir mitteilte, daß ich aller priesterlichen Rechte und Pflichten nunmehr ledig sei – mehr nicht. Mehr wollte ich auch nicht. Wir konnten nun kirchlich getraut werden, und der Stadtpfarrer von Frankfurt stellte uns die historische Wahlkapelle des Frankfurter Doms in brüderlicher Weise zur Verfügung.

Probleme nach der Laisierung

Das Problem, aus theologischen Gründen auf die Laisierung zu verzichten, stellte sich uns nicht in der Weise, wie es von anderen gesehen wird. Mir lag ja nichts am *character indelebilis* des Priesters, fast nichts am üblichen priesterlichen Amt und Dienst. Überhaupt waren mir viele dogmatischen Begriffe und Distinktionen und schon gar kirchenrechtliche Konstruktionen obsolet und uninteressant geworden. Wir betrachteten ganz pragmatisch unseren Fall: Ich wollte einer lästigen Bindung und Einschränkung entkommen, betrachtete den Weg zur Priesterweihe als einen Irrtum, beide wollten wir aber im Kern dem christlichen Glauben und auch der Kirche weiter zugehören, wenn auch nur noch in particller Identifikation, wir wollten unsere katholischen Angehörigen nicht betrüben, ich wollte die Menschen nicht enttäuschen, denen ich mit meiner Verkündigung gedient hatte – die Kirche bot den Ausweg des Laisierungsverfahrens, der Bischof und seine Mitarbeiter legten mir nichts Ungebührliches auf. Warum sollten wir von diesem Angebot keinen Gebrauch machen? Die theologischen und kanonistischen Begründungen mögen sein, wie sie wollen. Wie so oft im Leben holt die Theorie nicht die Lebensnotwendigkeiten ein.

Ob ich in allen meinen religionspädagogischen Funktionen an den angestammten Orten verbleiben könnte, war bislang weder positiv noch negativ vorentschieden worden. Der Bischof wollte die Reaktionen abwarten. Er fragte mich, ob ich freiwillig auf meine Tätigkeit als Fachleiter für katholische Religionslehre an den Studienseminarien verzichten wolle. Ich sah keinen Grund dafür, wies darauf hin, daß ich vom Staat in dieses Amt eingewiesen sei und daß der Bischof gegebenenfalls beim Kultusministerium meine Abberufung verlangen müsse. Daraufhin verzichtete der Bischof auf dieses Ansinnen, zumal sich eine breite Front von Priestern, Religionslehrern und Eltern gebildet hatte, die sich für mein Verbleiben einsetzten. So erhielt ich vom Bischof eine Erklärung, in der er mir schriftlich zusicherte, daß ich die Missio canonica für meine bisherige Lehr- und Ausbildungstätigkeit behalten und an meinen bisherigen Wirkungsorten verbleiben dürfe. Zugleich dankte er mir für die Loyalität, mit der ich meine Laisierung betrieben habe. Journalistische Angebote zur Vermarktung meiner »Affäre«, die auch in der seriösen Presse berichtet wurde, hatte ich ausgeschlagen. Es ist sonderbar: Nie vorher habe ich eine so anständige Behandlung seitens der kirchlichen Obrigkeit erfahren wie bei der Laisierung, nie so viel Solidarität von Mitbrüdern und Kollegen, so viel Echo von Jugendlichen und Eltern wie im Zusammenhang mit Laisierung und Eheschließung, wenn auch einige Leute meinen Schritt bedauerten. Nur wenige ablehnende oder verurteilende Stimmen sind mir zu Gehör oder Gesicht gekommen. Der faire Bischof Wilhelm aber mußte sich von seinen Amtsbrüdern viel Kritik gefallen lassen. Mein Fall war singulär in der kirchlichen Landschaft und paßte nicht in die Strategie Roms und der Deutschen Bischofskonferenz gegenüber den aus dem Amt geschiedenen Priestern.

Vermutlich hätte ich meine gewohnten Tätigkeiten mit kirchlichem Plazet bis zur Pensionierung weiter ausüben können, wenn ich mir nicht einen alten Wunsch hätte erfüllen wollen, nämlich mehr wissenschaftlich zu arbeiten. Im Frieden mit allen Mitarbeitern und Institutionen verließ ich meinen Wirkungskreis und übernahm Forschungs- und Lehrtätigkeiten in verschiedenen Instituten, darunter auch mehrere Jahre einen Lehrauftrag für Fundamental- und Moraltheologie an der Erziehungswissenschaftlichen Hochschule Rheinland-Pfalz, allerdings mit der kirchlichen Maßgabe, daß dieser Lehrauftrag nicht in eine Professur umgewandelt werden durfte. Schließlich nahm ich eine Berufung zu einer Professur für Philosophie und Sozialethik an der Georg-Simon-Ohm-Fachhochschule Nürnberg an, die mir sowohl Zeit zum Erarbeiten von Veröffentlichungen als auch pädagogische Befriedigung ermöglichte, wenn mir auch eine Position an einer Universität lieber gewesen wäre.

Familienleben und Kirche

In bald zwanzig Jahren Ehe habe ich noch keinen Augenblick meine Absage an den Zölibat bedauert. Neugierig und überrascht lernte ich Aspekte des Menschenlebens kennen und schätzen, die mir vorher verborgen geblieben waren. Am meisten veränderte nicht einmal die gelebte Sexualität das eigene Wesen, sondern die Notwendigkeit, sich im Alltag dauernd auf die Anforderungen der Partnerschaft und der Kinder einzulassen. Für das Reich Gottes und ewige Wahrheiten sich einzusetzen, ist vergleichsweise leicht gegenüber den Erfordernissen eines Familienlebens, in dem beide Partner mehr oder weniger für alles gleichermaßen verantwortlich sind, nicht zuletzt durch die Berufstätigkeit meiner Frau, die nur von den Jahren der vorschulischen Kindheit unserer beiden Sprößlinge unterbrochen worden war. Die Sorge um eine erkrankte Frau oder um schreiende Kinder und um tausenderlei kleinen und großen Kram bringt eine Umorientierung der zölibatären Lebensweise mit sich, die von Freunden und Bekannten mit einem gewissen Erstaunen konstatiert wird. Immerhin haben die Jahre des Zölibats es nicht fertiggebracht, die Fähigkeit zu Ehe und Familie anzugreifen. Die Beglückungen und die Beschwernisse der familiären Existenz scheinen verschüttete und nicht entwickelte Fähigkeiten auch noch in vorgerücktem Alter zum Vorschein bringen zu können. Die Jahre der Vorbereitung auf das Priestertum und die Priesterjahre sind zur Bedeutungslosigkeit geschrumpft, fast als wären sie nie gewesen. Nicht einmal Zorn oder Bitterkeit können sie entfachen, sie sind gleichgültig geworden. Diese Zeiten werden nicht verdrängt, nicht verschwiegen, aber sie wecken keine Gefühle irgendwelcher Art. Als unsere Tochter zum ersten Male erfuhr, daß ich Priester gewesen sei, kommentierte sie nur lakonisch: Was Du schon alles an verschiedenen Berufen ausgeübt hast!

Wir haben mit unseren Kindern regelmäßig gebetet, wir lesen gemeinsam die Bibel, wir sprechen über Gott und Jesus, wir besuchen sogar (meistens) den Sonntagsgottesdienst, aber keinem Familienmitglied scheint die konkrete Kirche noch etwas Sonderliches zu bedeuten. Ich bin ständiger Gastreferent in kirchlichen Institutionen, da und dort arbeite ich als »freier Mitarbeiter« im kirchlichen Rahmen. Aber noch keine einzige Gemeinde hat an unserer Familie Interesse gezeigt, wollte oder konnte uns integrieren, obwohl wir dazu bereit gewesen wären. Ob wir zu intellektuell sind? Ob das Odium des »abgefallenen Priesters« immer noch wirkt? Ob wir zwischen den Stühlen links-progressiver und rechts-reaktionärer Katholiken sitzen?

In den ersten Jahren hatten meine Frau und ich noch in Solidaritätsgruppen mitgearbeitet, eine Arbeitsgemeinschaft »Priester ohne Amt« mitbegründet und viel unternommen, besonders um Kollegen, die in weniger günstigen beruflichen Situationen standen, helfen zu können, um auf der Synode der deutschen Bistümer in Würzburg die Thematik zur Sprache bringen zu können. Aber es waren eigentlich nicht unsere eigenen Anliegen.

Die erfahrbare Kirche hatte sich längst bei uns verabschiedet, und wir sind darüber ebensowenig traurig, wie unseren Kindern etwas zu fehlen scheint. Wir leben aus dem Gespräch, aus dem Umgang mit der Natur und der Kunst, aus dem Körpergefühl beim Wandern und Bergsteigen, Skilaufen und Tennisspielen, aus dem Musikhören und Musikmachen, aus der Literatur, dem Theater und der Oper – und wohl auch aus dem christlichen Glauben, soweit man das von sich selbst behaupten darf. Aber Kirche kommt in unserer Ehe und in unserer Familie nur noch am Rande vor, und Priestertum überhaupt nicht. Ob das ein Gewinn oder ein Verlust ist? Unsere Kinder stellen sich nicht einmal diese Frage mehr. An wem das wohl liegen mag? Zwar haben unsere Kinder – anders als ich einst – die

Kirche nie als Befreiung erlebt, aber sie haben sie glücklicherweise auch nie, wie ich, als innerlich und äußerlich unterdrükkende Instanz erfahren. Wir hoffen aber, daß wir alle an uns eine Menschlichkeit erfahren haben, an der es in der Kirche gefehlt hat und immer noch zu fehlen scheint.

SIGISBERT KRAFT

1927 Geburt in Bingen, 1946–1951 Studium der Philosophie und Theologie in Würzburg, später in Heidelberg und Bern, 1951 Priesterweihe durch Bischof Julius Döpfner in Würzburg, 1951–1954 Kaplan in Kitzingen, 1954–1961 Religionslehrer in Aschaffenburg, 1961 Wechsel in das Katholische Bistum der Alt-Katholiken in Deutschland, 1961–1963 Pfarrer in Mannheim, 1963–1985 Pfarrer in Karlsruhe (seit 1976 Dekan), seit 1970 Dozent für Pastoraltheologie und Liturgiewissenschaft in Bonn, 1976 Promotion im Fach Liturgiewissenschaft an der Universität Bern, 1985 Wahl zum Bischofskoadjutor, 1985 Bischofsweihe in Karlsruhe, seit 1986 Bischof des Katholischen Bistums der Alt-Katholiken in Deutschland (Sitz in Bonn), Copräsident der Internationalen altkatholisch-anglikanischen Theologenkonferenz. – 1961 Heirat mit Erentrud Sprenzel, vier Kinder: Wolfgang, Johanna, Dorothea und Irmgard.

Veröffentlichungen: Der deutsche Gemeindegesang in der Alt-Katholischen Kirche, Buxheim 1957; Die heilige Feier, Bern 1961; Grundkurs Liturgie, Freiburg 1984.

Erfahrungen mit der Priesterehe

1. Martinstag 1968. Der römisch-katholische Nachbarpfarrer hatte seinen alt-katholischen Kollegen gebeten, beim Wortgottesdienst der Kinder nach dem Martinszug die Ansprache zu halten. Unsere größeren Kinder besuchten den Kindergarten dieser Pfarrei, da unsere Gemeinde keinen solchen unterhalten konnte. Auch unsere damals zweijährige jüngste Tochter war beim Martinszug dabei – nach dem Gottesdienst auf dem Arm einer Nachbarin. Meine Frau versuchte indessen, die drei anderen einzufangen. Eine ältere Dame, die mich nicht kannte, aber mich bei der Predigt gesehen hatte, fragte: »Wem gehört denn die Kleine?« Ich stand dabei und antwortete: »Mir.« Darauf diese Frau: »Gelt, schön wär's, Herr Pfarrer!« Sie hatte die Möglichkeit, daß ich eine zutreffende Antwort gebe, ebensowenig in Betracht gezogen wie jene Teilnehmerin bei der Lima-Liturgie in der Woche des Aachener Katholikentages 1986, die mich ansprach, weshalb ich denn zwei Ringe trüge. »Der an der rechten Hand ist der Bischofsring, und der an der linken mein Ehering.« Die Antwort: »Ein besserer Witz fällt Ihnen wohl nicht ein, Herr Bischof?«

Bei meiner Bischofsweihe am ersten Oktobersonntag 1985 ging ich, nachdem ich mit den Konsekratoren den Friedensgruß gewechselt hatte, auf meine Frau und auf die Kinder zu, um sie zu umarmen und zu küssen. Da fingen die mehr als 2000 Anwesenden, darunter auch viele römisch-katholische Gottesdienstbesucher, zu klatschen an...

2. Was hierzulande als Ausnahme scheint, ist in der anglikanischen Kirchengemeinschaft längst selbstverständlich: Priester und Bischöfe, deren Amtsverständnis völlig »katholisch« ist, haben die Freiheit zu heiraten. Erst kürzlich veröffentlichte die »Church Times« das Bild eines – spät heiratenden – Bischofs mit Soutane und Bischofskreuz, seine weißgekleidete Braut am Arm.

Die Tatsache, daß die meisten evangelischen Pfarrer verheiratet sind, wird von Katholiken gefühlsmäßig oft nicht als Präzedenzfall anerkannt, weil die im Binnenraum ihrer Kirche lebenden und denkenden Katholiken das evangelische Amtsverständnis von dem ihrer eigenen Seelsorger deutlich abgrenzen. Die verschiedenartige liturgische Kleidung tut ein übriges, um die Unterschiede zu markieren. Manche übersehen dabei – geflissentlich oder unbewußt verdrängend –, wie manche eheähnliche Verhältnisse im römisch-katholischen Klerus bestehen und wie das Versteckspiel solche Bindungen belastet.

Zweifellos wirkt sich diese Belastung weitaus behindernder auf die Pastoral aus als auf die Ehe des Priesters. Oft heißt es, nur der Zölibat gewähre den nötigen Freiraum für die ungehinderte Seelsorge. Aber, müßten dann nicht auch zahllose andere Leute ehelos leben, Politiker und Ärzte, Erzieher und Sozialarbeiter, Auslandskontaktleute in der Industrie, Journalisten und viele andere mehr?

Wenn man in einer Kirche lebt und im ständigen Austausch mit Schwesterkirchen steht, in denen die Priesterehe selbstverständlich freigegeben ist, wenn man erfährt, wie in solchen Kirchen die charismatische Ehelosigkeit in Kommunitäten ebenso selbstverständlich gelebt wird, dann verlieren aus dieser Erfahrung die römisch-katholischen Argumente für die durchgängige Zölibatspflicht ihr ganzes Gewicht. Bisweilen wird man sogar erst durch die Begegnung mit Betroffenen und ihrem oft schweren Schicksal wieder auf diese völlig andere – und wie einem dann dünkt – unnormale, oft geradezu fiebrige Lage aufmerksam. Man empfindet dann den Pflichtzölibat ebenso wie die Betroffenen als Abweichung vom Normalen – aber eben doch in anderer Weise als jene, die dadurch in eine oft ausweglose Lage geraten sind.

Ein anglikanischer Priester, selbst – freiwillig – unverheiratet, sagte einmal, die Welt des Zölibatsgesetzes komme ihm oft unwirklich schemenhaft vor, wie eine Landschaft im Nebel.

3. Man verweist bisweilen auf die Beispiele alt-katholischer, anglikanischer, evangelischer Pfarrersehen, die gescheitert sind. Selbstverständlich handelt es sich dabei um für die Betrof-

fenen und für die Kirche gleichermaßen schmerzliche Entwicklungen. Der psychische Tod einer Ehe ist nicht minder tragisch als der physische. Aber wenn man die Gefahr des Scheiterns als absolutes Weg-Hindernis ansieht, ist kein Weg mehr gangbar, keine Entscheidung mehr möglich – auf welchem Gebiet auch immer – und keine zwischenmenschliche Begegnung realisierbar. So wenig wie der Ordinierte vor der Gefahr bewahrt bleibt, »siebenmal am Tag« zu sündigen, so bleibt er – wie alle anderen Mitchristen und Mitmenschen – davor bewahrt, daß auch seine Ehe belastet werden oder gar zerbrechen kann.

Bisweilen werde ich gefragt, wie wir handeln, wenn die Ehe eines Priesters oder Diakons scheitert. Da ist keine allgemeine Antwort möglich, zunächst, weil längere Zeit solche Fälle in unserem Bistum nur selten vorgekommen sind, dann aber auch, weil die Situation der einzelnen Ehepaare und der Gemeinden, mit denen sie leben, recht verschieden sein kann. Werden die Eheleute einander zunehmend fremd, so hat dies andere Folgen, als wenn während einer Ehe Bindungen an Dritte (oder Vierte...) entstehen und vertieft werden und die Ehe darüber zerbricht. Wenn man auch nicht sagen möchte, die Priesterehe folge anderen Ordnungen als die unter »Normalchristen«, so muß der Seelsorger doch mitbedenken, daß er über Ehe und Familie nicht nur mit dem Mund, sondern auch mit seiner Existenz zu reden hat. Er muß versuchen, die Balance zu halten, auch wenn der Seegang heftiger wird.

4. Es gibt in den Kirchen, die keinen Pflichtzölibat kennen, unverheiratete Seelsorger, ferner solche, die bei ihrer Ordination bereits verheiratet waren, und andere, die ihren Dienst bereits länger oder kürzer als Unverheiratete getan haben. Von den letzteren kommen manche aus der römisch-katholischen Kirche. Wenn sie den Schritt in die alt-katholische (bzw. anglikanische oder in eine evangelische) Kirche nur um der Ehe willen getan, aber nicht theologisch verarbeitet und die Spiritualität, die theologischen Akzente und die Verhältnisse in der anderen »Weinbergslage« der Kirche Gottes nicht bewußt angenommen haben, kann das zu erheblichen Krisen führen, die auch die Ehe berühren. Es ist auch problematisch, wenn die

Frau nur *ihren Mann* akzeptiert, seinen priesterlichen Dienst aber auszuklammern sucht, ihn als zufällige Beschäftigung, nicht als Lebensberuf(ung) annimmt, erst recht, wenn sie sich selbst – womöglich aus einer unterschwelligen Eifersucht – vom Leben der Gemeinde distanziert. Das wirkt dann wie ein Steinwurf auf eine Fensterscheibe: Die Sprünge gehen nach allen Richtungen und verlängern sich mehr und mehr.

Der Priester befindet sich nicht in der Rolle eines Beschäftigten, der ohne inneren Bezug zu seiner Firma steht und seine Arbeitszeit korrekt ausfüllt, ohne daß seine Personmitte von der Zugehörigkeit zu diesem Geschäft berührt werden müßte. Kommt dazu, daß man als Seelsorger nicht nach einer bestimmten Öffnungszeit seinen Laden dicht machen kann und daß vor allem das freie Wochenende versagt bleibt. Das alles berührt und belastet Frau und Kinder und kann – ebenso wie persönliche Glaubenskrisen – am ehesten getragen werden, wenn der Pfarrer und seine Familie in eine (Kern-)Gemeinde eingebunden sind. Andererseits wird die Priesterehe zum Korrektiv »pfarr-herrlicher« Ambitionen und hilft immer neu zur Erkenntnis, daß der Priester nicht *über,* sondern *in* der Gemeinde steht und mit ihr den Glaubensweg gehen soll. Freilich, seine Ehefrau darf dann keine »Schwester der ewigen Anbetung« sein, die jedes Wort und jede Tat des verehrten Gatten als unfehlbar ansieht und sich und anderen daran grundsätzlich keine Kritik erlaubt. Die Frau aber, die für ihren Mann das ständige (und liebevolle) Korrektiv ist, hilft ihm über viele Schwierigkeiten und Unsicherheiten hinweg. Sie wird auch, wo nötig, zur Gemeinde hin vermitteln können.

5. Es scheint, daß weiterhin – auch im evangelischen Bereich – ein bestimmter Erwartungsdruck schwindet, der Pfarrerehen belasten konnte: Man hatte ein ganz bestimmtes Bild vom Aussehen, von der Kleidung, vom Verhalten der Pfarrersfrau und von der überdurchschnittlichen Bravheit der Kinder. Jede Regung von Emanzipation, gar eigene Berufs- oder Beschäftigungsinteressen waren verpönt, Stimmungsschwankungen oder Krisen ebensowenig zugelassen wie ein persönlicher Freiraum. Unabhängig von den besonderen Fähigkeiten oder

Schwierigkeiten bestand ein ganz bestimmtes Pfarrhausschema, in das es sich einzupassen galt. Als man die unpromovierte Ehefrau eines Akademikers schon längst nicht mehr mit »Frau Doktor« zu titulieren pflegte, war im deutschen Sprachbereich die »Frau Pfarrer« noch an der Tagesordnung. So nagelte man sie bereits in der Anrede auf eine allgemeine Rolle fest, ohne ihr mit ihrem eigenen Namen ihre Unverwechselbarkeit zu gestatten.

»Wir führen zur Zeit eine Art Kriegsehe, wir sehen uns nur beim ›Heimaturlaub‹«. »Der Kontakt mit meiner Familie ist ganz auf ›Telefonseelsorge‹ umgestellt«, so formulierten Politiker im Bundestagswahlkampf 1987. Mancher verheiratete Priester, dem übergemeindliche Verantwortung für seine Kirche in Kommissionen und in der Ökumene aufgetragen ist, könnte ähnliches sagen. Bei Versetzungen können unaufgebbare Ausbildungs- und Arbeitsplätze oder Schulverhältnisse der Kinder zu einer vorübergehenden oder dauernden Belastung werden. Aber auch dieses Problem kennt nicht nur die Pfarrersfamilie. Es berührt sie aber bisweilen stärker, weil der »Verursacher« nicht irgendwie eine fremde Instanz, sondern die Kirche ist, in der die ganze Familie ihre Wurzeln hat.

Nach meiner Bischofswahl – alt-katholische Bischöfe werden nicht ernannt, sondern von einer Synode gewählt, die ⅓ Ordinierte und ⅔ Delegierte der Gemeinden umfaßt – schickte ein evangelischer Landesbischof einen großen Blumenstrauß an meine Frau. Er schrieb dazu, das solle auch ein Zeichen der Verbundenheit in dem sein, was unsereiner um der Kirche willen seiner Frau und seiner Familie zumuten müsse...

6. Als Pfarrer – zuletzt 23 Jahre in derselben Gemeinde – habe ich oft erfahren, daß Gespräche über Eheprobleme oder familiäre Sorgen mit der Einleitung begannen: »Sie wissen ja selbst, wie das ist...« Bei Tauf- und Ehevorbereitung spürt man geradezu eine Vertrauensvorgabe, weil Pfarrer und Gesprächspartner von verbindenden Erfahrungen ausgehen können. Gerade auch in Grenzsituationen kommt dies zum Tragen. Auch Kinder, die in einem Pfarrhaus groß werden, bleiben vor Glaubens- und Lebenskrisen nicht bewahrt. Vielleicht gefährden sie

manche Erfahrungen von den Schwächen der Kirche mehr, wie sie ihnen gerade im Pfarrhaus nicht verborgen bleiben. Wenn dann die Eltern mit Langmut und Liebe reagieren, Herz und Türe nicht verschließen, geben sie auch den Familien in der Gemeinde Beispiel und Halt, in denen sich ähnliches ereignet. Aber die Kinder im Pfarrhaus sollten in solchen Krisen auch hilfreich erfahren, daß ihre Eltern trotz aller Belastungen und Verärgerung mit der Kirche von oben und von unten nicht resignieren dürfen und die Sache selbst von Fehlformen und Fehlverhalten unterschieden werden kann und muß.

Übrigens: »Glaubensbeschädigungen« können Kindern auch durch den unerleuchteten Eifer von »Gschaftelhubern« in den Gemeinden und durch das lähmende Beispiel derer zugefügt werden, die ihre Kirche nur zur Dekoration ihrer selbst benützen wollen.

7. Befürworter und Verteidiger der Zölibatspflicht weisen bisweilen darauf hin, eine ganze Reihe – mit oder ohne Laisierung zustandegekommener – römisch-katholischer Priesterehen sei wieder zerbrochen. Ich kenne selbst einige solcher Fälle und denke aber, daß daran gerade das Zölibats*gesetz* Schuld trägt. Wenn ein Priester seine Bekanntschaft mit einer Frau heimlich beginnen, wenn er damit rechnen muß, daß die im stillen Verehrte möglicherweise ausschließt, daß er um sie werben kann und darf, wenn eine Beziehung nur im geheimen wachsen und sich nicht in ungezwungener gesellschaftlicher Umgebung bewähren kann, dann sind Entwicklungsstörungen geradezu vorprogrammiert. Erst recht gilt das für die Fälle »zölibatärer Torschlußpanik«: Der zölibatsmüde Priester ergreift die nächstbeste Gelegenheit einer möglichen Partnerschaft und verzichtet auf eine Prüfung. Es gibt aber auch Verhältnisse, in denen die sexuelle Befriedigung nicht in ganzmenschlicher Hingabe und Lebensgemeinschaft eingefügt ist, weil man deren Verwirklichung für unmöglich hält. Die Würde der Frau wird beschädigt oder ganz zerstört. Neurotische Folgen bleiben bei beiden Teilen nicht aus. Dort aber, wo die Ehe der Pfarrer freigegeben ist, sind zölibatsbedingte Verklemmungen und Verkrampfungen ausgeschlossen. Bekanntschaften entstehen,

wachsen oder vergehen wie bei allen anderen Menschen. Entscheidungen zur bleibenden Partnerschaft und ihre Verwirklichung müssen das Tageslicht nicht scheuen.

8. Es scheint, daß auch die Diskussion um den Dienst der Frau in der Kirche dort unverkrampfter, offener und zielstrebiger geführt wird, wo die Pfarrerehe selbstverständlich ist. In einer zölibatären Männergesellschaft wächst das Mißtrauen gegen die Frau stärker, da sie von vorneherein als Bedrohung des eigenen Lebensstils erfahren wird. In den anglikanischen Kirchen der USA und Kanada gibt es seit einem Jahrzehnt Frauen im Diakoninnen- und Priesteramt. Emanzipatorische Kampfklänge hört man kaum, wohl aber wächst das selbstverständliche Bewußtsein, daß es auf die Berufung in den besonderen Dienst, nicht aber auf das Geschlecht ankomme.

9. Nicht allein der Pflichtzölibat, auch das Gesetz der orientalischen Kirchen, wonach die Eheschließung vor den Weihen zu erfolgen hat, schränkt die Wege der Fügung und Führung Gottes erheblich ein. Die grundsätzliche Freigabe der Priesterehe macht dann auch die Diskussion darüber gegenstandslos, ob und wie eine einmal unter bestimmten Umständen unbedenklich getroffene Entscheidung zum ehelosen Leben an einer vorher gar nicht sichtbaren Wegkreuzung revidiert werden kann.

10. Schließlich sei festgestellt: Dieser Beitrag ist schon deshalb unzulänglich, weil wiederum nur ein Mann von einer Sache gesprochen hat, die eigentlich nur von Mann *und* Frau zugleich dargestellt werden kann.

Frauen, die unter dem Zölibatsgesetz leiden, und Frauen, die in einer von der Zölibatspflicht freien Kirche leben, sind in jedem Fall die besseren Zeuginnen.

HUBERTUS MYNAREK

1929 Geburt in Groß-Strehlitz, 1948–1964 Studium der Philosophie, Theologie und Psychologie in Krakau, Lublin, Münster und Würzburg, 1953 Priesterweihe durch Kardinal-Erzbischof Stefan Wyszynski auf dem Annaberg, 1953–1955 Kaplan in Falkenberg und Groß-Strehlitz, 1958–1961 Kaplan in Haltern und Ahlen, 1954 Promotion und 1966 Habilitation in Fundamentaltheologie und Vergleichender Religionswissenschaft an der Universität Würzburg, 1961–1965 Wissenschaftlicher Assistent an den Universitäten Münster und Würzburg, 1967–1968 Professor für Fundamentaltheologie und Religionsphilosophie an der Phil.-Theol. Hochschule Bamberg, 1968–1972 o. Professor für Religionswissenschaften an der Universität Wien, 1972 Austritt aus der Katholischen Kirche, Entzug der kirchlichen Lehrerlaubnis, Zwangspensionierung. – 1972 Heirat mit Christine Erhard, drei Kinder: Hubertus, Markus und Diana.

Veröffentlichungen: Philosophie des religiösen Erlebnisses, München 1963; Der Mensch – Sinnziel der Weltentwicklung, München 1967; Mensch und Sprache, Freiburg 1967; Der Mensch – das Wesen der Zukunft, München 1968; Existenzkrise Gottes? Augsburg 1969; Herren und Knechte der Kirche, Köln 1973; Der kritische Mensch und die Sinnfrage, Berlin 1976; Religion – Möglichkeit oder Grenze der Freiheit? Köln 1977; Orientierung im Dasein, München 1979; Eros und Klerus, München 1980; Zwischen Gott und Genossen. Als Priester in Polen, Berlin 1981; Religiös ohne Gott? Düsseldorf 1983; Verrat an der Botschaft Jesu – Kirche ohne Tabu, Rottweil 1986; Ökologische Religion. Ein neues Verständnis der Natur, München 1986; Die Vernunft des Universums. Auf der Suche nach den Lebensgesetzen von Kosmos und Psyche, München 1988.

Der Ausstieg
oder
Opportunisten haben es leichter

Wenn ich mich heute frage, ob es richtig war, den Status eines römisch-katholischen Priesters aufzugeben und aus der Kirche auszutreten, dann fällt meine Antwort noch immer so aus wie vor 16 Jahren, als ich diesen Schritt tat. Meinen »Offenen Brief an den Papst«, in dem ich damals diesen Schritt begründete, hatte ich mit den Worten eingeleitet: »Nach langer, reiflicher Überlegung und unter dem Eindruck zahlreicher enttäuschender Konfrontationen mit negativen Realitäten der römisch-katholischen Kirche gelange ich zu dem von meinem Gewissen geforderten Entschluß, aus dieser Institution als einem absolutistisch-monarchistisch verfaßten, durch und durch autoritären Machtgebilde auszutreten. Mein Schritt ist ein Protest gegen die immer stärker werdende Verfremdung und Ideologisierung der ursprünglichen Botschaft des aller Macht und Unterdrükkung entsagenden Jesus durch diese Institution.«

An dieser Beurteilung der römisch-katholischen Kirche in ihrer amtskirchlichen Struktur und Herrschaftsstrategie hat sich bei mir nichts geändert, nicht etwa weil ich geistig unbeweglich bin, sondern weil diese Kirche in ihren machtpolitischen Bestrebungen stets die gleiche Richtung verfolgt und ständig neue Beispiele für diesen ewig gleichbleibenden Kurs liefert. Eines der jüngsten Beispiele ist ihr fataler »Umgang« mit der Befreiungstheologie und deren prominenten Vertretern.

Beobachtungen und Reflexionen in den Jahren nach meinem Kirchenaustritt verstärkten in mir sogar noch die Überzeugung, daß meine Auseinandersetzungen mit der Kirche und ihren Vertretern keineswegs nur subjektiv bedingt waren; sie resultierten notwendig und objektiv daraus, daß da einer die Ideale Jesu und anderer großer Religionsstifter in seinem Leben und Wirken zu verwirklichen suchte und dabei mit der – die

100

Religion dieses Mannes nur als Vorwand benutzenden – Machtpolitik der Kirche zwangsläufig kollidieren mußte. Denn ich beabsichtigte, Priester zu werden, und wurde es, weil ich die Menschen zu Gott führen wollte, den ich in Haltung und Handlung Jesu anwesend glaubte und als Inbegriff alles Heiligen, Wahren, Guten und Schönen auffaßte. In der römisch-katholischen Kirche glaubte ich damals, die reine »Funktion Gottes« sehen zu müssen. Sie war zu der Zeit in meinen Augen nichts anderes als eine Organisation, die notwendig war, um die Menschheit zum Heil zu führen, deren ganze Existenzberechtigung also darin aufging und aufzugehen hatte, diese selbstlose Heilsfunktion auszuüben.

Wenn einer so fest an etwas glaubt wie ich damals an die eben charakterisierte Heilsaufgabe der Kirche gegenüber der Menschheit, dann braucht er lange, um die wahre Wirklichkeit zu erkennen, wenn diese mit seinen Glaubensvorstellungen nicht übereinstimmt. Natürlich sah auch ich, daß vieles in der Kirche schief lief oder faul war, aber ich war lange bemüht, die Schuld dafür nur den Funktionären der Kirche, nicht der Kirche als solcher zu geben. Allmählich aber dämmerte in mir die Morgenröte der Erkenntnis, daß es an der Struktur selbst liegen müsse, daß eine Organisation, die vorgibt, die einzig wahre unter allen religiösen und ethischen Institutionen und Weltanschauungen zu sein, die sich als die allein unfehlbare und seligmachende proklamiert und dies den Menschen als unbedingt verpflichtendes Dogma zu glauben befiehlt, zwangsläufig intolerant und machtbesessen sein oder es mit der Zeit notwendig werden muß.

Ich will hier die Stationen meines Lebensweges, die mich zu dieser Erkenntnis führten und sie immer tiefer in mir begründeten, nicht weiter ausführen, weil das andernorts bereits geschehen ist. Aber das, was als praktische Konsequenz aus dieser Erkenntnis folgen mußte, soll hier ein wenig näher beschrieben werden. Vor meiner Psyche stand nun übermächtig und riesengroß die Forderung: Wenn Kirche gar nicht das Heilsinstrument Gottes für die Menschheit ist, wenn sie nur Machtapparat unter dem Mäntelchen des Religiösen ist, dann darfst du nicht in diesem System bleiben, dann bist oder wirst du selbst mitschuldig, wenn du dich weiterhin mit ihm ganz oder auch nur teilweise identifizierst. Die Forderung selbst war klar, logisch und unabweisbar. Aber sie war reine, abstrakte (wiewohl in meinem Gewissen dennoch sehr reale) Theorie. In der konkreten Praxis stellte sich alles viel schwieriger dar. Ich war ja mittendrin im System Kirche. War Priester dieses Systems und inzwischen Theologieprofessor, zwar an einer staatlichen Universität, aber im Rahmen einer theologischen Fakultät, durch die die Amtskirche einen nicht unerheblichen Einfluß auf den Staat und die staatlichen Forschungseinrichtungen auszuüben pflegt.

Außerdem hatte ich mir meine Theologieprofessur schwer erarbeitet, war stolz darauf, es ganz ohne »Vitamin B«, ohne diverse Beziehungen zu den verschiedensten Leuten und Gremien, die an den Universitäten den Ton angeben, geschafft zu haben. Über die entsprechende wissenschaftliche Qualifikation verfügte ich zwar auf allen Etappen meiner Hochschullaufbahn. Aber jeder Insider weiß, daß diese Qualifikation längst nicht allein darüber entscheidet, ob man einen Lehrstuhl erhält. Man muß – und das gilt ganz besonders für den theologischen Fachbereich – manchmal auch ein versierter Anpaßler, ein schlauer Taktiker, ein cleverer Opportunist sein, um die Mehrheits- und Machtverhältnisse, die in jeder Fakultät herrschen, richtig zu durchschauen und für sich zu nutzen. Ich hatte erlebt, wie einige Professoren, die sich als »Förderer« der Anliegen der Amtskirche auf dem Terrain der Universität fühlten und denen ich zu geradlinig, zu offen und zu unabhängig erschien, meine Doktor- und später meine Habilitationsarbeit zu behindern, zu verzögern, zu diskreditieren und abzuwürgen versuchten. Allen Blockierungen und Behinderungen zum Trotz hatte ich es aber geschafft, hatte nach Promotion und Habilitation zunächst einen Lehrstuhl an der Hochschule Bamberg, dann an der Universität Wien erhalten, obwohl es auch versierte theologische Anpaßler gab, die ohne Habilitation und mit dürftigen wissenschaftlichen Leistungen, aber dafür um so mehr mit Hilfe der »Vitamin-B-Spritze« dieselben Ziele erreichten.

Sollte ich jetzt also alles Erreichte aufgeben und den Sprung ins Nichts wagen? Es ging ja dabei nicht so sehr um mein Ego, das auf etwas Liebgewonnenes verzichten sollte. Es ging vielmehr um die vielen jungen Menschen, Studentinnen und Studenten, denen ich eine Hilfe in der Bewältigung ihrer weltanschaulichen und Lebensprobleme geworden war, die in meine Vorlesungen, Seminare und Konsultationen – übrigens auch als eingeschriebene Hörer ganz anderer Fachbereiche – kamen, weil sie offensichtlich spürten, daß hier jemand kein Blatt vor den Mund nahm und nicht als »Systemsklave« sprach und handelte. Zunächst glaubte ich, ich würde die radikale Trennung von allem Bisherigen nicht schaffen. Ich versuchte es daher mit einem mir anfänglich vertretbar erscheinenden Kompromiß. Wenn ich nur, sagte ich mir, scharf und radikal alles Negative in Geschichte und Gegenwart der Kirche in meinen Vorlesungen anprangere, müßte doch der Forderung meines Gewissens Genüge getan sein. Eine Zeitlang handelte ich nach dieser Devise. Aber dann merkte ich, daß das keine Lösung war, daß man ein System, das derart auf Alleingeltung und -herrschaft, auf dogmatisch-moralische Bevormundung aller Menschen und auf Unterdrückung jeder wirklich freien Initiative innerhalb seiner Mauern ausgerichtet ist, nicht dadurch in Frage stellen kann, daß man bei aller Kritik an ihm dennoch in ihm verbleibt. Das gliche zu sehr dem Ertrinkenden, der sich am eigenen Schopf aus dem Wasser zieht.

Inzwischen hatte mich die Katholisch-Theologische Fakultät, zu der etwa 15 Professoren gehörten, zu ihrem Dekan gewählt. Im Rahmen dieser Funktion kam ich noch mehr als bisher mit den hierarchischen Ämtern und Strukturen, mit den offenen und versteckten Linienführungen kirchenpolitischer Strategie in unmittelbare Berührung. Mir wurde dadurch nur noch klarer: Es führt kein Weg daran vorbei. Du mußt aus diesem mal subtiler, mal brutaler vorgehenden Herrschaftssystem aussteigen. So formulierte ich im Rahmen eines offenen Schreibens an den Papst, das ich dann aber auch dem Wiener Kardinal König, der Frau Wissenschaftsminister Dr. Firnberg und der Presse übersandte, alle jene Argumente, die mich zu meinem Austritt aus der römisch-katholischen Kirche motivierten. Am 3. November 1972 sandte ich das Schreiben an den Papst ab. Gegen Schluß dieses Schreibens komme ich auch auf die vorhin schon erwähnten persönlichen Konsequenzen zu sprechen: »Ich weiß, daß ich selbst durch dieses offene Wort an Ihre Adresse harte Konsequenzen auf mich nehme, unter denen der Verlust der kirchlichen Lizenz, an der Katholisch-Theologischen Fakultät der Universität Wien als Ordinarius zu lehren, angesichts meiner Liebe zur studentischen Jugend nicht die geringste sein wird. Wenn ich trotz genauer Kenntnis dessen, was ich verliere, mein Schreiben veröffentliche und aus der römisch-katholischen Kirche austrete, tue ich das nur deshalb, weil ich klar sehe, daß diese Kirche in ihrer bald nach dem Konzil einsetzenden Restaurations- und Retardationsbewegung an dem Punkt angelangt ist, wo man sie wegen ihrer Unterdrückung aller wirklich freiheitlichen Impulse nur noch durch Menschen reformieren kann, die sie in der Absicht verlassen haben, den Anliegen Christi einen weiteren Raum zu gewähren, als ihn die jetzigen kirchlichen Strukturen je zu geben vermögen.«

Eine Antwort auf meinen Papstbrief bekam ich nie. Dafür aber setzte sich um so schneller und härter der kirchliche Unterdrückungsmechanismus gegen mich in Bewegung. Kardinal König, der Vorsitzende der Österreichischen Bischofskonferenz, forderte unter Berufung auf das Konkordat, also den Staatskirchenvertrag Österreichs mit dem Vatikan, die Enthebung von meinem Lehrstuhl innerhalb der Katholisch-Theologischen Fakultät der Universität Wien. Dem wurde seitens des Österreichischen Staates unter dem Druck der entsprechenden Bestimmungen des Konkordats stattgegeben. Das Wiener »Neue Forum« kommentierte diesen Vorgang folgendermaßen: »Am 3. November teilte der Prodekan der Katholisch-Theologischen Fakultät der Universität Wien und Ordinarius für Religionswissenschaften, Prof. Dr. Hubertus Mynarek, dem Papst in einem Schreiben mit, daß er aus der Kirche austrete. Zugleich suchte er bei Frau Wissenschaftsminister Dr. Firnberg um Versetzung in die philosophische Fakultät nach. Dafür ist jedoch ein Beschluß des Senats dieser Fakultät erforderlich. In einem staatskirchlichen System wird ein solcher Beschluß nicht nach den Kriterien wissenschaftlicher Qualifikation gefaßt. So erklärte der Rektor der Universität Wien,

Prof. Dr. Winkler, er könne sich nicht vorstellen, daß Mynarek weiter an der Universität Wien lehren werde. Mit anderen Worten: Wer aus der Kirche austritt, muß als Wissenschaftler in Pension gehen. Wir bringen hier etwa zwei Drittel des dreiundzwanzigseitigen Briefs von Mynarek an Paul VI., in dem er die Gründe für seinen Kirchenaustritt klarlegte. Durch diese Wiedergabe aller wesentlichen Textseiten sollen auch die teilweise bewußt verfälschten Darstellungen in der Tagespresse korrigiert werden.«

Hätte ich den Ruf an die Universität Wien nicht angenommen und meinen Lehrstuhl in Bamberg behalten, dann wäre mir die Zwangspensionierung erspart geblieben. Denn in der Bundesrepublik Deutschland sieht das Konkordat für jedes »Der-Kirchlichen-Lehre-Zu-Nahe-Treten«, also auch für die Aufgabe des Priesterstandes und der Zugehörigkeit zur Kirche, lediglich die Versetzung in einen anderen Fachbereich vor. Den Lehrstuhl kann man dabei nicht verlieren. Theologieprofessoren wie Horst Herrmann (Universität Münster) oder Johannes Neumann (Universität Tübingen), die nach mir aus der Kirche austraten, erhielten sofort neue Lehrstühle in nichttheologischen Fachbereichen. Insofern war das Risiko, das sie mit ihrem Schritt des Kirchenaustritts eingingen, wesentlich geringer. Mich traf aber auch der Haß der Mächtigen in der Kirche ganz besonders deshalb, weil ich im 20. Jahrhundert der erste Universitätsprofessor der katholischen Theologie war, der aus der Kirche austrat. Das war mir im Augenblick meines Schrittes gar nicht bekannt (ich war ja nicht deswegen ausgetreten, um in dieser Hinsicht der erste zu sein), erst die Recherchen eines in der gesellschaftlichen Wirklichkeit vielbeachteten Wochenmagazins gelangten zu diesem Ergebnis.

Nun war ich also aus dem »System Kirche« ausgestiegen. Die Gefühle, die mich zu diesem Zeitpunkt bewegten, waren zwiespältig. Einerseits erlebte ich den Ausstieg als grundlegende Befreiung, andererseits spürte ich die Eiseskälte des nun Allein-auf-mich-Gestelltseins. Ein System kann ja noch so unfreundlich, ja unmenschlich sein. Es bietet einen Orientierungsrahmen, man richtet sich in ihm ein, es bilden sich kollegiale Subsysteme heraus, systembedingte Kameradschaften, die Härte des Systems auflockernde Gesprächsrunden, Feiern, Feste, Partys u. ä. Das alles fiel nun für mich weg. Viele Theologen und Priester, mit denen ich gute Kontakte gehabt hatte, hatten nun Angst, mit dem Abtrünnigen gesehen zu werden. Ein führender Theologe, zugleich Bestseller-Autor, schrieb mir, daß er zwar meine Kritik am evangeliumswidrigen Verhalten der katholischen Kirche teile, meinen Schritt des Kirchenaustritts aber dennoch für verfehlt halte. Eine führende evangelische Wochenzeitung verstieg sich sogar zu der Behauptung, daß einer wohl verrückt oder psychisch krank sein müsse, wenn er als katholischer Theologieprofessor und Dekan einer theologischen Fakultät aus der Kirche austrete.

Immerhin brachten einige Zeitungen, Zeitschriften und Wochenmagazine Auszüge aus meinem offenen Brief an den Papst in die Öffentlichkeit. Das war eigentlich schon die Einleitung zu jener Phase meiner schwierigen Existenz außerhalb der Kirche, die sich durch eine besonders dramatische Härte, durch einen fast tragischen Charakter auszeichnete. Denn aufgrund dieser Veröffentlichungen klopften viele Verlage bei mir an und forderten mich auf, doch ein ausführliches Buch über die Verhältnisse, Machtstrukturen und -intrigen zu schreiben, auf die sie durch meinen Papstbrief aufmerksam geworden seien. Ich ließ mich »breitschlagen« und schloß schließlich mit einem großen Verlag einen Buchvertrag ab. Das erste Manuskript, das ich dem Verlag abgab, fand deren Gefallen nicht. »Das wird Ihnen niemand glauben, daß es so in der Kirche zugeht«, teilten sie mir mit. Ich fühlte mich an meiner Ehre gepackt und setzte an den entsprechenden Stellen meines Manuskripts die Namen jener kirchlichen Würdenträger und Theologen ein, an die ich im Erstmanuskript gedacht, die ich aber da noch weggelassen hatte. Jetzt wurde mein Manuskript akzeptiert. Aber durch zu frühe Vorabveröffentlichungen meines Buches im »Spiegel« und »Stern«, das der Verlag diesen Magazinen zur Verfügung gestellt hatte, wurde die Amtskirche auf den Plan gerufen. Sie übte Druck auf den Verlag aus, und dieser trat prompt vom Vertrag mit mir zurück, obwohl er das Buch schon gedruckt hatte. Selbst die Werbetexte waren schon gedruckt, teilweise versandt und veröffentlicht, und der Kernsatz innerhalb dieser Texte lautete stets gleichbleibend: »Der seit Jahrzehnten schärfste Angriff auf Struktur und Moral der katholischen Kirche«. Auch daß eine große Anwaltskanzlei in Hamburg, die einen Teil der dortigen großen Zeitungen und Zeitschriften juristisch berät, grünes Licht für die Veröffentlichung meines Buches gegeben hatte, konnte am Entschluß des Verlags, vom Vertrag mit mir zurückzutreten, nichts mehr ändern.

Das Buch erschien später im Verlag Kiepenheuer & Witsch. Es war praktisch nur zwei Wochen im Buchhandel und fand reißenden Absatz – für einige Kirchenvertreter ein Grund mehr, dagegen vorzugehen. Man versuchte in Köln, dem Sitz des Verlags, ebenso wie in Hamburg, weil dort der Chefanwalt der Synode der deutschen Bistümer saß, einstweilige Verfügungen gegen mein Buch, das übrigens den bezeichnenden Titel »Herren und Knechte der Kirche« trug, zu erwirken. In beiden Fällen erfolglos. Jetzt ging man nach München und erreichte dort das bisher vergeblich Angestrebte. Vierzehn einstweilige Verfügungen wurden vom Landgericht München gegen das Buch verhängt und später vom Oberlandesgericht München bestätigt. Da sehr hohe Streitwerte (zwischen DM 50 000,– und 95 000,–) vom Anwalt, Lic. iuris canonici, der sich durch mein Buch beleidigt fühlenden Kirchenmänner beantragt und vom Gericht akzeptiert worden waren, betrugen meine eigenen Anwaltskosten bald mehr als DM 50 000,–. Hinzu kamen die weiteren Gerichtskosten. Gefordert wurden zwischen DM 10 000,– und DM 20 000,– Schmerzensgeld pro Kopf jedes sich beleidigt fühlenden Kirchenmannes. Dabei waren die Dinge, die beanstandet wurden, in der Mehrheit der Fälle eher harmlos. Nicht die harte Substanz meines Buches, das ein einziger Protest gegen die Unmenschlichkeit des kirchlichen Systems ist, wurde zum Gegenstand der sich über Jahre hinziehenden Prozesse, sondern Randbemerkungen, die ich zur Auflockerung des Inhalts gemacht hatte. Einen bei einer Probevorlesung wild gestikulierenden Theologieprofessor bezeichne ich als »Zappelphilipp«, einen anderen als einen, der seine Kirchenkarriere deshalb so glänzend auf den Weg brachte, weil er »ein so braver, stiller, demütiger Mann« war. In beiden Fällen sollte der Tatbestand der Beleidigung erfüllt sein. Unter Androhung von DM 500 000,– Strafe oder sechs Monaten Haft wurde mir die Verbreitung der 14 inkriminierten Stellen verboten – und damit das Buch, in dem sie standen.

Die Existenz meiner Familie – ich hatte nach meinem Kirchenaustritt geheiratet, und wir hatten 1974 einen, 1976 den zweiten Sohn und 1983 noch ein Töchterchen bekommen – wurde durch die Gerichtsprozesse und ihre Begleiterscheinungen außerordentlich in Mitleidenschaft gezogen. Vor allem finanziell konnten wir das Maß der auf uns zukommenden Unkosten und Belastungen nicht mehr bewältigen und mußten schließlich erleben, wie unser Haus in Unterfranken mit 2500 m^2 Grund weggepfändet wurde. Wir standen praktisch auf der Straße, man hatte selbst meine Schreibmaschine, Stenorette, Fotokopiergerät – Sachen, auf die ein Schriftsteller angewiesen ist – »wegvollstreckt«. Es begann eine Odyssee ständiger Umzüge in die verschiedensten Bundesländer bis hin nach Berlin, immer auf der Flucht vor dem Gerichtsvollzieher, der zwar schon »alles« weggepfändet hatte, aber nun auch noch meine etwa 3000 Bücher wegnehmen wollte. Und die versuchte ich durch die fast permanente Flucht zu retten. »Wenn Sie ein wirklich kluger Mann wären, Herr Mynarek«, gab mir einer der vielen Gerichtsvollzieher, mit denen wir es zu tun bekamen, zu bedenken, »dann würden Sie mit zehn Büchern auskommen.« Ich war nicht so klug, also blieb mir nichts anderes als die Flucht.

Wie sehr all diese Belastungen und Behinderungen die Atmosphäre einer jungen Ehe und Familie negativ beeinflussen, kann nur der ermessen, der Ähnliches erlebt hat. Dabei waren es nicht nur die materiellen Nöte, die uns zu schaffen machten. Wir waren auch psychischem Terror ausgesetzt. Da erreichten uns z. B. jahrelang Briefe und Anrufe, in denen dieser »Hurenfamilie« mit Auslöschung gedroht wurde. Meine Frau wurde als das Liebchen eines Ex-Priesters in wüstester Weise beschimpft. Es gab Nachbarn, die sich auf die Straße stellten und ihren häßlichen, lautstark geäußerten Aggressionen gegen uns freien Lauf ließen, vor allem, wenn sie sich »einen angetrunken« hatten. Ich hatte vor meiner Heirat meine künftige Frau gewarnt, hatte sie auf einiges aufmerksam gemacht, das auf mich zukommen könnte. Aber das, womit wir dann tatsächlich konfrontiert wurden, überstieg bei weitem mein Vorstellungsvermögen.

Aufgrund all dieser äußeren Bedrohungen, die aber doch tief in unser Innenleben eingriffen, stand die Ehe mit meiner Frau vor so mancher Zerreißprobe. Meine Frau Christine ist wesentlich jünger als ich, und sie hatte vom Leben doch einiges mehr erwartet als diesen andauernden Verteidigungs- und Rechtfertigungskrieg, den man uns aufgenötigt hatte. Trotzdem oder gerade deshalb würde ich heute auf der realitätsgesättigten Basis meiner Erfahrungen sagen, daß die Ehe auch für den katholischen Priester, der in der Kirche geblieben oder zu bleiben gewillt ist, die angemessenere Lebensform wäre. Er hat sonst nicht das geringste Recht mitzureden, in der Beichte oder irgendwelchen anderen Situationen, in denen er um Rat angegangen wird, Urteile oder Bewertungen auszusprechen. Wie blutleer, abstrakt, pathetisch, über die Köpfe hinweg gesprochen kommen mir heute meine Predigten, Ratschläge und Belehrungen vor, die ich als zölibatärer Priester den Menschen gegeben habe. Nein, wer sich auf dem Gebiet »Frau-Mann« nicht bewährt, der sollte beim Thema Ehe und Familie gar nicht mitreden, denn er weiß in Wirklichkeit nicht, wovon er redet, und er weiß nicht, was konkretes menschliches Leben überhaupt ist. Und dennoch proklamiert die Kirche ständig durch den Mund ihrer Vertreter vom Papst bis zum letzten Dorfkaplan ihre Ideologie, ihre lebensfremde Doktrin zu Ehe-, Familien-, Liebes- und Sexualproblemen. Wer aber das Verhältnis zwischen Frau und Mann im Rahmen der Ehe oder einer ähnlich gearteten intimen, verantwortungsvollen und längerfristigen Beziehung zölibatär ausklammert, der muß notwendig und sozusagen strukturell, d. h. durch die Struktur der menschlichen Wirklichkeit bedingt, heucheln und die Unwahrheit sagen, wenn er von Liebe, Geduld, gegenseitigem Ertragen, Aufeinanderzugehen, Vergeben und Verzeihen, Verzicht und Beherrschung, Harmonie und Erlösung etc. spricht. Denn all das sind blutleere Scheinbegriffe, wenn sie nicht durch das Feuer der Realität einer existentiellen Partnerschaft gegangen sind und geläutert wurden.

Das eben Gesagte bestätigt sich ja auch durch die »Kehrseite der Medaille«. Der zölibatäre Priester, der vor der eben beschriebenen Realität eines festen, verantwortlichen Verhältnisses zu einer Frau die »zölibatäre« Flucht ergreift, ist meist nur zu egoistischen, sporadischen, oberflächlichen Kontakten zu Frauen fähig, er benutzt das Zölibatsgesetz der Kirche als Alibi für öfter wechselnde Verhältnisse mit ihnen. Wie oft beendet ein Priester seine Beziehung zu einer Freundin mit der Bemerkung: »Du hast mir unerhört viel gegeben. Aber jetzt möchte ich doch wieder der Kirche treu sein. Ich werde dich nie vergessen und dir ewig dankbar sein« – und dabei denkt er schon an eine andere oder hat zu ihr bereits Kontakt aufgenommen. Das könnte für Außenstehende wie eine Hetzkampagne gegen das Zölibatsgesetz der Kirche aussehen. Aber wer die vielen authentischen Berichte, die ich in meinem Buch »Eros und Klerus« angeführt habe und die mir von betroffenen Frauen, aber auch von Priestern selbst, zugespielt wurden, liest, weiß, daß das die Wahrheit ist. Dieses Buch brachte mir übrigens noch einmal einen Gerichtsprozeß seitens der Katholischen Nachrichten-Agentur ein, den ich aber vor dem Landgericht Bonn gewann. Die KNA hatte mein Buch mit Ausdrücken wie »Schmutzzulage für Mynarek-Leser«, »systematisch betriebene moralische Perversion« usw. bedacht. Seit 1979 sind keine Prozesse wegen meiner Bücher mehr gegen mich angestrengt worden, und das tat auch unserem Ehe- und Familienleben gut.

Denn da sind ja noch die Kinder, von denen bisher fast nicht die Rede war. Ähnlich wie oben in bezug auf die Frau, so scheint es mir jetzt auch in bezug auf das Kind unerläßlich, zu betonen, daß die kirchlicherseits ständig geäußerte Sorge um den Menschen nirgendwo so konkret und real wird wie in der Sorge um die eigenen Kinder. Wer kann in puncto Kindererziehung, Kinderförderung usw. überhaupt verantwortlich mitreden, wenn er nie um das Schicksal seiner eigenen Kinder gebangt hat. Nur dann kann auch die Liebe zu allen Kindern mehr sein als schöne Worte, eine echte Erfahrungsqualität. Das tiefste, intensivste Empfinden für andere, »fremde« Kinder wird nur durch das Medium der vielfältigen, die ganze Palette zwischen größtem Schmerz und höchster Freude umfassenden Erfahrungen mit den eigenen Kindern erreicht. Nur wer die »Qualität Kind« in ihrer Totalität, Zartheit und Subtilität empfindet, weiß auch existentiell, nicht nur mit dem Kopf, was die Zukunft der Welt konkret bedeutet: nämlich die Zukunft unserer Kinder und Kindeskinder. Und damit verbindet sich dann auch ein ganz anderes ökologisches Engagement für die Zukunft der Welt. Für den Kinderlosen, auch den kinderlosen Zölibatär, ist die Welt, ihre Zukunft, im allgemeinen mit dem Tod beendet. Es konnten deshalb fast mit Notwendigkeit nur zölibatäre Priester sein, die selbst noch den atomaren Tod der Menschheit mit der christlichen Frohbotschaft in Einklang zu bringen versuchten. Der jesuitische Moraltheologe Hirschmann: »Der Mut, unter Aussicht auf millionenfache Zerstörung menschlichen Lebens in der heutigen Situation das Opfer atomarer Rüstung zu bejahen, kann der Haltung des heiligen Franziskus innerlich näherstehen und mehr Geist vom Geist der Theologie des Kreuzes atmen als ein Denken, das naturrechtliche Prinzipien vorschnell einem undurchdachten Theologumenon opfert, wie es heute in breiter Front evangelische Pfarrer und Theologen tun.« Der Theologieprofessor Gundlach, zeitweilig Rektor der Universität Gregoriana in Rom: »Die Anwendung des atomaren Krieges ist nicht absolut unsittlich.« Schließlich bedeute das Ende der Welt, meint dieser Priester, für den gläubigen Christen nicht sehr viel. »Denn wir haben erstens sichere Gewißheit, daß die Welt nicht ewig dauert, und zweitens haben wir nicht die Verantwortung für das Ende der Welt. Wir können dann sagen, daß Gott der Herr, der uns durch seine Vorsehung in eine solche Situation hineingeführt hat oder hineinkommen ließ, wo wir dieses Treubekenntnis zu seiner Ordnung ablegen müssen, dann auch die Verantwortung übernimmt.«

Diese Aussprüche belegen deutlich: Wer sich nicht im Existenzbereich »Frau-Mann-Kind« bewährt, der weiß nicht, was konkretes, wirkliches menschliches Leben und die Sorge und Angst um dieses Leben und seine Zukunft sind und bedeuten. Es liegt eine tiefe menschliche Erfahrungsweisheit in der frühchristlichen Aussage, die Welt werde erst erlöst sein, wenn Mann und Frau ihre wahre, innigste Einheit und Harmonie gefunden haben. Denn das ganze Universum sei männlich-weiblich strukturiert, lehrten die alten Chinesen. Und Gott als das urschöpferisch hervorbringende Prinzip muß – wenn überhaupt als existent – dann als der mütterlich-väterlich-kindliche Urgrund aller Dinge gedacht werden. Daher wird auch der Mensch als Ebenbild Gottes nur ganz und heil, wenn er im konkretesten, unmittelbarsten und direktesten Kontakt mit der Frau, dem Mann und dem Kind diese Ebenbildfunktion realisiert und entfaltet. Wie soll denn anders auch die ökologische Einheit von animus und anima (C. G. Jung) in der Psyche eines jeden ausgebildet werden?

Mir wurde jedenfalls auf der Grundlage meines eigenen Ehe- und Familienlebens immer klarer, daß eine ökologische Einheit und Ganzheit, fließendes, von Tag zu Tag neu zu erringendes Gleichgewicht zwischen Eltern und Kindern auch ein spirituelles Grundprinzip allen menschlichen Zusammenlebens überhaupt ist. Ohne Homöostase, ohne den ernsthaften Versuch, sich selbst immer wieder in ein positives Verhältnis zunächst zu den Allernächsten und erst auf dieser Grundlage zu den Entfernteren und Entferntesten, ja zu allen Menschen und zum Ganzen der Lebewesen und wirkenden Kräfte zu bringen und auf diese Weise gemeinsame Plus-Situationen zu schaffen, ist keinerlei Selbstverwirklichung möglich. Zu diesem Gesamt aller wirkenden Kräfte gehört auch das göttliche Urprinzip, ohne dessen sich den Menschen und Dingen erteilende Gnade keine geistige Einheit der Menschheit und des Universums erreicht werden kann. Und auch die Ehe bzw. jede feste, dauerhaft gedachte Beziehung bleibt bei all ihrer Befürwortung gegenüber dem zölibatären Lebensstil ein Wagnis, das ohne Gnade und spirituell-ökologisches Gleichmaß im gemeinsamen Zugehen der Partner auf ein geistiges Ideal hin nicht bestanden werden kann.

GEORG DENZLER

1930 in Bamberg geboren, 1950–1955 Studium der Philosophie und Theologie in Bamberg, 1955 Priesterweihe durch Erzbischof Dr. Josef Schneider in Bamberg, 1955–1959 Kaplan in Rehau, Scheßlitz, Forchheim und Schnaittach, 1959–1962 Studium der Kirchengeschichte an der Universität München, 1962 Promotion und 1967 Habilitation im Fach Kirchengeschichte an der Universität München, 1962–1967 Wissenschaftlicher Assistent an der Universität München, 1967–1971 Dozent in Freising, Tübingen und München, seit 1971 Inhaber des Lehrstuhls für Kirchengeschichte an der Universität Bamberg. – 1973 Heirat mit Irene Nützel, zwei Kinder: Paul und Pia.

Veröffentlichungen: Kardinal Guglielmo Sirleto (1514–1585). Leben und Werk, München 1964 (ital. Übersetzung: Catanzaro 1986); (mit L. A. Dorn) Tagebuch des Konzils, Nürnberg/Eichstätt 1965; Die Propagandakongregation in Rom und die Kirche in Deutschland im ersten Jahrzehnt nach dem Westfälischen Frieden, Paderborn 1969; Das Papsttum und der Amtszölibat, 2 Teilbände, Stuttgart 1973–1976; (mit Carl Andresen) Wörterbuch der Kirchengeschichte, München 1982, [3] 1989; Widerstand oder Anpassung? Katholische Kirche und Drittes Reich, München 1984; (mit Volker Fabricius) Die Kirchen im Dritten Reich. Christen und Nazis Hand in Hand?, 2 Bände, Frankfurt 1984, [3] 1988; Die verbotene Lust. 2000 Jahre christliche Sexualmoral, München 1988. – Herausgeber: Päpste und Papsttum, (bisher 25 Bände), Stuttgart 1971 ff.; Das Papsttum in der Diskussion, Regensburg 1974; Papsttum – heute und morgen. 57 Antworten auf eine Umfrage, Regensburg 1975; Kirche und Staat auf Distanz. Historische und aktuelle Perspektiven, München 1977; Priester für heute, München 1980; Weshalb Priester?, München 1982; Lebensberichte verheirateter Priester, München 1989.

Allein die Tatsache, daß ich in einem religiösen Elternhaus aufwuchs, gerne Meßdiener »spielte« und den Religionsunterricht liebte, mochte für unseren Kaplan ein hinreichendes Zeichen für meine »Berufung« zum Priester gewesen sein. Jedenfalls bereitete er mich, den Schüler einer einklassigen Volksschule, in Deutsch und Latein auf die Aufnahmeprüfung in das Gymnasium vor und besorgte auch die Anmeldung beim Erzbischöflichen Knabenseminar in Bamberg.

Von der ersten bis zur letzten Klasse des Neuen Gymnasiums in Bamberg (heute: Franz-Ludwig-Gymnasium) war ich Zögling des heute Studienseminar genannten »Ottonianum«, in das nur solche Schüler aufgenommen werden sollten, die das Priestertum anstrebten. Ob ich dieses so sicher wollte, weiß ich heute nicht mehr. Ausdrücklich danach gefragt hat wohl niemand; es galt vermutlich als eine selbstverständliche Abmachung. Die Jahre im Internat zählen zu den schönsten meines Lebens. Als einer der Rädelsführer erhielt ich bald den Spitznamen »Circus«. Entscheidend für meine Entwicklung wurde die kirchlich-religiöse Erziehung, die uns der Direktor und zwei Präfekten – damals alle drei Priester – angedeihen ließen.

Da das Erzbischöfliche Knabenseminar und das Erzbischöfliche Priesterseminar in demselben Gebäude am Heinrichsdamm 32 untergebracht sind, brauchte ich nach dem Abitur nur vom Ostflügel des Hauses in den Westflügel umziehen. Zu keinem Augenblick bedrängte mich auch nur der leiseste Zweifel, ob ich auch wirklich zum Priester »berufen« sei. Im Klerikalseminar sollten wir schon vom ersten Semester an den schwarzen Talar tragen. Jeden Sonn- und Feiertag mußten wir vormittags zum Hochamt und nachmittags zur Vesper in den Hohen Dom marschieren, natürlich in Soutane. So konnten sich unsere Angehörigen schon bald ein »Bild« davon machen, wie ihre hoffnungsvollen Sprößlinge eines Tages als »Hochwürden« aussehen würden. Vielleicht war diese Kleidervorschrift aber auch ein geschickter Trick, um uns Alumnen von der ersten Stunde an auf das hohe Ziel des Priesters *sichtlich* festzulegen. In der

Tat galt schon jetzt jeder, der es wagte, das Theologiestudium aufzugeben, als ein »Abgesprungener«, als ein halber Apostat. Da konnte sich mancher psychologisch gezwungen fühlen, allen Einwänden und Zweifeln zum Trotz »bei der Stange« zu bleiben. Obwohl wir im Priesterseminar wie in einem Kasten eingesperrt lebten – tatsächlich hieß das Seminar auch »Kasten« –, fühlte ich mich in der Gemeinschaft von ungefähr 120 Anwärtern auf das Priesteramt recht wohl. Vom einstigen »Circus« war jetzt allerdings nicht mehr viel zu verspüren. Voller Eifer stürzte ich mich in das Studium der Philosophie und Theologie. Nicht verschwiegen sei, daß ich die meisten Vorlesungen »schwänzte« und statt dessen Bücher und Zeitschriften studierte.

Weil mir die theologische Ausbildung in Bamberg mangelhaft erschien, verspürte ich schon bald den Wunsch, an einer anderen Hochschule zu studieren. Doch die Möglichkeit des heute üblichen »Außenstudiums«, d. h., daß man nach dem Philosophikum ein paar Semester an einer Universität nach Wahl studiert, gab es damals noch nicht. Als ich dem Regens dennoch ein solches Vorhaben unterbreitete, meinte er, ich solle zuerst ein gutes Synodalexamen, d. i. das theologische Staatsexamen, machen, danach einige Jahre in der Seelsorge wirken und dann, wenn es immer noch mein Wunsch sei, ein Promotionsstudium absolvieren. Dies war mir recht. Als ich aber Jahre später als Kaplan meinen alten Wunsch dem inzwischen zum Generalvikar avancierten Regens vortrug, lehnte er ab mit der Begründung, es fehle an Seelsorgepriestern. Den eigentlichen Grund erfuhr ich, als ein Semester nach meiner Beurlaubung noch ein anderer Kaplan, dem die Sympathie des Erzbischofs gehörte, beurlaubt wurde, um bei demselben Professor in Kirchengeschichte zu promovieren. Er, nicht ich, war nämlich für den Posten als Professor für Kirchengeschichte an der Bamberger Hochschule »prädestiniert«.

Bedrückender als der Umstand, daß ich all die Zeit meines Weiterstudiums ohne einen Pfennig Gehaltsfortzahlung auskommen mußte, empfand ich einen Brief, den mir Erzbischof Dr. Josef Schneider drei Tage vor Beginn meines Studiums in München schrieb. »Durch Se. Exzellenz, den Hochwürdigsten

Herrn Generalvikar haben Sie vernommen«, so lautete der erste Satz, »daß Sie auf Ihr Drängen hin ab 1. November 1959 beurlaubt wurden und die Erlaubnis erhielten, die Urlaubszeit zum Weiterstudium und zur Promotion zu benützen. Ich hoffe, daß ... Ihnen diese Zeit und dieses Studium auch für Ihre persönliche Haltung und Reifung zum Segen gereichen. Sie wissen ja selbst, daß ich um Sie in Sorge bin.« Tatsächlich hatte er mich als Kaplan in einer Audienz mit Denunziationen zweier Pfarrer konfrontiert. In seinem unvergessenen Brief folgte dann diese deutliche Adhortatio: »Trotz meiner wohlmeinenden und ernsten Ermahnungen und Ermunterungen haben Sie sich nicht zu der für einen Priester und vor allem für einen jungen Priester notwendigen Geistigkeit und Haltung durchgerungen. Ich wünsche darum von Herzen, daß Sie in der Zeit des Studiums auch als priesterliche Persönlichkeit reifen.« Schließlich wollte der Erzbischof mir auch noch die Hoffnung auf eine spätere »Karriere« nehmen: »Durch die Erlaubnis zur Promotion ist Ihnen keinerlei Versprechen gegeben noch Aussicht gemacht, daß Sie nach Vollendung des Studiums nicht in der Seelsorge, sondern etwa im Lehrfach eingesetzt werden. Es mag Ihnen, lieber hochwürdiger Herr Kaplan, dieses mein Wort vielleicht etwas schwer auf die Seele fallen, aber es ist gut für Sie, klar zu sehen und sich nicht, womöglich ganz unbewußt, auf unbegründete Erwartungen einzuengen.« Kein Wunder, daß das Vertrauen zu meinem Heimatbischof damals völlig zerbrach. Um so überraschter mußte ich sein, daß er mir zwölf Jahre später bei meiner Berufung auf den Bamberger Lehrstuhl für Kirchengeschichte kein Hindernis in den Weg legte, sondern das für die Ernennung durch das Kultusministerium unerläßliche Placet erteilte. Auch während meiner Lehrtätigkeit hörte ich niemals von einer Beschwerde seinerseits, obwohl es in meinen Lehrveranstaltungen an kritischen Äußerungen gewiß nicht fehlte.

Mein mit 24 Jahren freiwillig abgelegtes Zölibatsversprechen wurde schon frühzeitig auf die Probe gestellt. Zwar habe ich nicht erst als junger Kaplan erkannt, daß es auch ein weibliches Geschlecht gibt, doch wurde mir jetzt mehr und mehr bewußt, daß Liebe und Ehe keineswegs außerhalb meines Lebenshorizontes liegen müßten. Rückblickend auf meine vierjährige Tätigkeit in der praktischen Seelsorge und mein persönliches Liebesleben gilt gleichermaßen: Rehau war meine erste, Forchheim meine große und Schnaittach meine letzte Liebe!

In der Tat stammt meine Frau von der »letzten Station«, aus Schnaittach, wo ich eineinhalb Jahre als Kaplan tätig war, bevor mich die Beurlaubung zum Promotionsstudium erreichte. Auch wenn sie in jungen Jahren meine Haushälterin und Sekretärin wurde, dachten wir beide, wenngleich wir uns liebten, nicht an Heirat, wie so viele andere Priester in ähnlichem Fall nicht daran denken, hofften allerdings, das zu dieser Zeit tagende Zweite Vatikanische Konzil werde eine Änderung des fraglichen Zölibatsgesetzes bewirken. Erst als mir aus der Kirchengeschichte klar geworden war, daß dieses Gesetz der priesterlichen Ehelosigkeit mehr Unheil als Segen angerichtet hat, und ich in meinem Gewissen zu der Gewißheit gelangt war, daß Gott und Jesus Christus dieses »Opfer« des Zölibats von mir nicht fordern, war nur noch ein kleiner Schritt zur Entscheidung für die Heirat. Bevor jedoch dieser weitreichende Entschluß gefallen war, bemühten wir uns nach Kräften, die mit dem Zölibatsversprechen verbundene völlige sexuelle Enthaltsamkeit zu leben. Das Leben nach einer doppelten Moral gerade in diesem Punkt war mir verhaßt, und ich hätte es, wenn es dazu gekommen wäre, ein Leben lang nicht durchgehalten.

Der 20. April des Jahres 1973 war ein stürmischer Tag: Vormittags telefonierte die Frauenklinik der Universität München, daß meine Frau einen Jungen zur Welt gebracht habe, nachmittags feierte ich in der Breitbrunner Filialkirche, wie schon seit vielen Jahren, die Karfreitagsliturgie, und anschließend fuhr ich bei Schneeschauern in die Klinik. Dort streckte mir die Schwester hinter einer Glasscheibe den neuen Erdenbürger, meinen Sohn, entgegen. Obwohl die Geburt eines Kindes etwas Alltägliches ist, sind doch die Eltern stets von neuem erstaunt über dieses Wunder der Menschwerdung. In meinem Fall kam als »unnormaler« oder »außerordentlicher« Umstand hinzu, daß ich ein Priester war, der aufgrund des Zölibatsversprechens weder Frau noch Kind sein eigen nennen durfte. Für kirchliche Hierarchen war es darum auch ein doppelter Skandal, für die öffentlichen Medien eine große Sensation, für mich selbst aber weder Skandal noch Sensation, sondern etwas Natürliches. So dachte ich auch nicht einen Augenblick lang daran, dieses Ereignis, auf das wir uns schon sehr gefreut hatten, irgendwie zu verheimlichen, sondern ich bekannte mich von Anfang an in aller Öffentlichkeit dazu.

Wenige Tage vor Pauls Geburt hatte mich der zuständige Pfarrer von Hechendorf, sicher auf Geheiß des Bischofs, brieflich gefragt, ob ich als Vater des von meiner »Hausdame« zu erwartenden Kindes in Betracht käme. Eine Woche nach der glücklichen Geburt antwortete ich: Ja, ich bin es! Daraufhin setzte sich die Maschinerie des kirchlichen Gesetzes in Bewegung. Um die »nunmehr entstandene Situation« zu klären, lud mich Bischof Dr. Josef Stimpfle von Augsburg zu einem Gespräch ein, bei dem er mich gemäß dem kirchlichen Gesetzbuch zur Trennung von der Mutter meines Kindes aufforderte. Da ich aber dieses Ansinnen kategorisch ablehnte, folgte mit Dekret vom 29. Mai 1973 die Suspension vom priesterlichen Dienst. Dieselbe Strafe verhängte Wochen später der Bamberger Erzbischof Dr. Josef Schneider, nachdem auch er gefordert hatte, daß ich mich von der Mutter des Kindes trenne. Heute noch würde ich dem Alterzbischof Schneider genau so respektlos antworten, wie ich es damals in meinem Brief vom 11. Juni 1973 getan habe: »Ihr Schreiben vom 2. 6. 1973, dem auch nicht der Hauch eines seelsorgerlichen Tones anzumerken ist, das vielmehr einen streng kanonistischen Geist atmet, habe ich erhalten. Ich würde mich schämen, als Oberhirte einen solchen Brief zu unterzeichnen.« (Ich wählte diese Worte, weil anzunehmen war, daß der Generalvikar, ein promovierter Kanonist, den Entwurf dieses Briefes geliefert hatte.) Und weil Erzbischof Schneider einst mein Lehrer in Moraltheologie gewesen war, bat ich ihn noch um eine moraltheologische Begründung der Trennungsforderung. Sein Antwortschreiben, dem das Suspensionsdekret beilag, enthielt diese zwei Sätze: »Ich bedauere es sehr, daß Sie die Verkehrtheit Ihrer Handlungsweise nicht einsehen und sich immer mehr gegen Ihren kirchlichen Vorgesetzten ablehnend einstellen. Dies kann sich nur zum Schaden der Kirche auswirken.« Später versuchte der

Bischof dann doch eine in meinen Augen heute noch blamable moraltheologische Begründung, indem er ganz allgemein betonte, daß diese in den geltenden Bestimmungen des Kirchenrechts enthalten sei. Also hatte das Recht wieder einmal über die Moral triumphiert. In pastoraler Hinsicht gab mir der Oberhirte diesen Gewissensrat: »Da das Zusammenleben mit Frau Nützel ein öffentliches Ärgernis darstellt, können Sie bei entsprechender innerer Verfassung und dem Willen zur Beseitigung des Ärgernisses die Sakramente an einem Ort empfangen, wo der Empfang selbst nicht als Ärgernis wirken kann.« Wenn der Bischof die ungezählten Briefe, die mir aus allen Teilen Deutschlands zugingen, gekannt hätte, dann wäre ihm vielleicht bewußt geworden, daß er selbst größeres Ärgernis gegeben hatte und deswegen zuerst vom Empfang der Sakramente ausgeschlossen gewesen wäre.

Der Bischof von Augsburg steuerte übrigens in der Kommunionfrage einen rigoroseren Kurs als sein Bamberger Amtskollege. Er wollte mir den Empfang der Kommunion nur unter folgenden zwei Bedingungen gestatten: »1. Bereitschaft, vom Papst die Dispens vom Ehehindernis der Weihe zu erbitten, die jedoch nur in Verbindung mit der Rückversetzung in den Laienstand gewährt wird; 2. Bereitschaft, auch die Laisierung anzunehmen, damit Sie eine kirchlich gültige Ehe schließen können und damit das öffentliche Ärgernis des Konkubinats beseitigen.« Daran knüpfte er die Drohung: »Seien Sie nicht vermessen! Der Urheber und Spender der Sakramente läßt sich nicht betrügen.«

Beide Bedingungen sind bis heute unerfüllt, weil ich die Rückversetzung in den Laienstand (Laisierung) ganz entschieden ablehne. Folglich müßte ich mich nach 15jähriger Zivilehe immer noch von der Kommunion ausgeschlossen wissen. Zwar mußte ich es erleben, daß Dekan Merxmüller im Auftrag des Augsburger Bischofs bei einem Gottesdienst in Breitbrunn meinen Ausschluß von den Sakramenten verkündete und der Ortsgeistliche Schnell daraufhin mir und meiner Frau die Kommunion tatsächlich verweigerte. Doch diese Vorfälle blieben bis heute die Ausnahme.

Der Bamberger Erzbischof sprach außerdem, da er auch für

die theologischen Lehrer an der Bamberger Hochschule Verantwortung trug, beim Bayerischen Staatsministerium für Unterricht und Kultus eine gegen mich gerichtete Beanstandung aus, die er freilich nicht einmal begründen mußte. Im Ministerium setzte nun ein Rätselraten darüber ein, was nach dem Bayerischen Konkordat von 1924 mit meinem Lehrstuhl geschehen müsse. Ich bat Minister Prof. Dr. Hans Maier um eine Aussprache, die mir aber »wegen seiner großen terminlichen Beanspruchung« verwehrt wurde. Er fand freilich Zeit, um auf dem Marienplatz in Pasing Bürgern vor der Landtagswahl zu Gesprächen zur Verfügung zu stehen.

Mit Erlaß vom 26. 10. 1973 hat dann das Kultusministerium meinen Lehrstuhl für Kirchengeschichte aus dem Fachbereich Theologie ausgegliedert und *extra facultatem* ausgebracht, so daß ich direkt dem Rektor der Universität unterstand. Erst Jahre später wurde mein Lehrstuhl auf meinen Wunsch in den neugegründeten Fachbereich für Geschichte aufgenommen. Geschichte und Kirchengeschichte, so dachte ich damals und so denke ich noch heute, gehören von Haus aus eng zusammen. Also befinde ich mich, was meine Lehrtätigkeit betrifft, nicht in der Fremde, sondern zu Hause.

Wie sehr mich das rein kanonistische Denken und Handeln meiner kirchlichen Vorgesetzten innerlich enttäuscht und verletzt hat, kann ich heute nur noch dunkel ahnen. »Die Zeit heilt alle Wunden.« Hätte ich den Priesterberuf nur als einen Job unter vielen anderen aufgefaßt, wäre mir die Enthebung vom Priesteramt gewiß leichtgefallen. So aber blutete mir lange Zeit das Herz.

Da das Suspensionsdekret des Augsburger Ordinarius einen Tag früher eintraf, als es die kirchliche Behörde beabsichtigt haben mochte, nutzte ich die Gelegenheit, um am Fest Christi Himmelfahrt des Jahres 1973 mit der Breitbrunner Kirchengemeinde zum letzten Mal eine Hl. Messe zu feiern. Am Schluß dieses Gottesdienstes hielt ich eine Abschiedspredigt, in der deutlich zum Ausdruck kommt, was mich in dieser Stunde bewegte:

Liebe Gemeinde zum Heiligen Geist in Breitbrunn!

Seit 8 Jahren feiere ich mit Ihnen Sonntag für Sonntag die Eucharistie. Sie alle wissen, daß ich als Theologieprofessor eine andere Aufgabe als praktische Seelsorge zu erfüllen habe. Wenn ich trotzdem zunächst als in Buch und seit zwei Jahren als in Breitbrunn ansässiger Bürger seelsorgerliche Dienste verrichtete, geschah dies völlig freiwillig und von Herzen gerne. Gerne vor allem deshalb, weil es mir schon immer ein ehrliches Bedürfnis gewesen ist, in der praktischen Seelsorge zumindest aushilfsweise mitzuarbeiten, und weil ich Ihre Zufriedenheit mit meinem Wirken und Ihre Dankbarkeit für diese freiwillige Tätigkeit oft und oft bekundet erhielt.

Mit großer Freude stelle ich fest, daß nicht nur jüngere Mitglieder dieser Kirchengemeinde, sondern gerade auch Ältere unter Ihnen erstaunlich großes Verständnis und bewundernswerte Bereitschaft gezeigt haben, um die manchmal ungewohnten und neuartig erscheinenden Wege (ich erinnere nur an die Bußgottesdienste mit Absolution, an die Laienpredigten, an die Kommuniongemeinschaft mit wiederverheirateten Geschiedenen) vertrauensvoll und mutig mitzugehen. Lassen Sie sich von dem einmal als richtig und notwendig Erkannten nicht abbringen!

Mein herzlichster Dank gilt all denen, die zu engerer Zusammenarbeit jederzeit bereit waren. Diese Aktivität war auch für mich immer wieder ein neuer Ansporn, einen erheblichen Teil meiner Freizeit in den Dienst dieser Gemeinde zu stellen. Gewiß, nicht alles ist gelungen, was sich der Pfarrgemeinderat vorgenommen hat. Entscheidend vor Gott bleiben der gute Wille und die redliche Anstrengung.

Das Hauptziel meines Wirkens in Ihrer Mitte bestand darin, aus vielen einzelnen eine Gemeinschaft von vielen entstehen zu lassen, die sich im Namen Jesu Christi zusammengerufen wissen und gleichzeitig aufgerufen fühlen, für die anderen, besonders für die Notleidenden hier und in der ganzen Welt, dazusein. Daß wir uns in dieser dringenden Sorge verstanden haben, beweisen vor allem die für die Katholische Kirche in der Bundesrepublik Deutschland einzigartigen Ergebnisse, die bei den alljährlichen Sammlungen Adveniat und Misereor in Breitbrunn erzielt wurden.

Wohl jeder von Ihnen weiß, daß ich seit dem 20. April einen Sohn mein eigen nenne, der auf den Namen Paul getauft werden wird. Von Anfang an habe ich mich zu diesem Kind bekannt und tue es hier in aller Öffentlichkeit. Bei dieser Gelegenheit sei allen gedankt, die sowohl der Mutter meines Kindes wie auch mir angesichts der neuen Lage ihre ungeheuchelte Sympathie und Gratulation zum Ausdruck gebracht haben. In dieser Hinsicht muß ich Herrn Pfarrer Konrad Scherer in Hechendorf namentlich erwähnen.

Ein einziges Mitglied dieser Gemeinde hat sich mit einem Brief an den Bischof in Augsburg gewandt, um mein ›Vergehen‹ zu melden. Sollte ich noch jemand Ärgernis gegeben haben, bitte ich um Verzeihung.

Bischof Dr. Josef Stimpfle hat mit Dekret vom 29. Mai 1973 meine suspensio a divinis verfügt, d. h. er hat mir verboten, weiterhin seelsorgerliche Dienste im Bistum Augsburg zu verrichten, und gleichzeitig ab 1. Juni Pater Wendelin vom hiesigen Kloster mit der Wahrnehmung der seelsorgerlichen Aufgabe in der Gemeinde Breitbrunn betraut. Um kein Mißverständnis aufkommen zu lassen, betone ich ausdrücklich: Nicht ich habe von mir aus auf weitere Mithilfe in der Seelsorge verzichtet, sondern Bischof Stimpfle hat mir diese Mithilfe ab morgen untersagt. Daran halte ich mich.

In aller Offenheit gestehe ich, daß mein privates Leben mit dem kirchlichen Zölibatsgesetz nicht im Einklang steht. Ich leugne auch nicht die Gültigkeit dieses Gesetzes, bestreite aber seine Berechtigung für die Kirche unserer Zeit. Als Kirchenhistoriker behaupte ich sogar (und werde diese Behauptung in einem demnächst erscheinenden Buch begründen), daß dieses seit dem Jahre 1139 geltende Zölibatsgesetz der Kirche mehr Schaden als Nutzen gebracht hat. Infolgedessen trat ich und trete auch weiterhin für die Aufhebung dieses Gesetzes ein.

Tausende scheiden alljährlich aus dem Priesteramt, weil sie mit dem Zölibatsgesetz in Konflikt geraten, und die Oberhirten schauen gelassen zu, lassen diese Priester ziehen und gleichzeitig viele Kirchengemeinden im Stich. Ich meine, es gilt auch hier, was Pater Josef Eger in einem anderen Zusammenhang geschrieben hat: »Es müßte alle frommen Menschen, die ›treu‹

festhalten an ihren gewohnten Übungen, immer wieder heilsam erschrecken, daß die in Jesus Christus erschienene Barmherzigkeit Gottes wohl mit den Sündern fertig wurde, daß es aber nicht einmal dieser leibhaftig erschienenen Liebe und Güte Gottes gelang, die verhärteten Gletscherpartien einer in genauer Gesetzeserfüllung erstarrten Frömmigkeit aufzutauen und daß letztlich doch nicht die Sünder, sondern die ›Frommen‹ Christus gekreuzigt haben. ›Wir haben ein Gesetz, und nach diesem Gesetz muß er sterben!‹« Ja, wir haben ein Zölibatsgesetz, und nach diesem Gesetz müssen Tausende von Priestern ihrem Priesteramt sterben. Wer möchte dies verantworten?

Mit der heutigen Eucharistiefeier beende ich schweren Herzens, gezwungenermaßen, meine freiwillig ausgeübte Seelsorgetätigkeit in Breitbrunn. Ich trete in Reih und Glied zurück. Sollte jedoch die Stunde kommen, da man mich wieder für würdig hält, den Vorsteherdienst bei der Eucharistiefeier zu übernehmen, bin ich sofort zur Stelle.

Wenn nicht alles täuscht, gehen wir mehr und mehr einer priesterlosen Kirche entgegen. Die Schuld daran trifft in erster Linie den Papst und die Bischöfe in aller Welt. Da also die Zukunft der Kirche als des pilgernden Volkes Gottes vornehmlich in Händen der Laien liegen wird, sollten Sie sich dieser schweren Verantwortung bewußt sein.

Mein letzter Wunsch: Gott möge alles Gute, das wir erstreben, gelingen lassen, und alles Böse, das wir im Schild führen, mißlingen lassen!

In diesem Sinn erbitte ich zum letzten Mal für diese Gemeinde Breitbrunn Gottes Segen. Es segne Euch der allmächtige Gott: der Vater und der Sohn und der Heilige Geist. Gehet hin in Frieden!«

Die evangelische Wochenzeitung »Deutsches Allgemeines Sonntagsblatt« veröffentlichte diese Abschiedspredigt in ihrer Ausgabe vom 22. Juli 1973. Zur Begründung schrieb Chefredakteur Heinz Zahrnt: »Früher lebte eine Konfession auf Kosten der anderen. Heute leidet eine mit der anderen. Der Sieg der einen ist nicht mehr die Niederlage der anderen, sondern geteilter Schmerz ist doppelter Schmerz.«

Dem füge ich heute hinzu, daß sich nicht wenige evangelische Christen bei unseren Eucharistiefeiern einfanden und dabei ganz selbstverständlich auch zur Kommunion (Abendmahl) gingen. Jesus Christus war für mich nie einer, der Menschen trennt, sondern immer nur der, der Menschen miteinander verbindet, insbesondere bei dem Mahl, das wir zu seinem Gedächtnis so oft begehen.

Wie es dann weiterging? Der Verzicht auf den »Vorsitz« – warum bloß haben wir kein besseres Wort dafür? – bei der Hl. Messe fiel mir in den ersten Wochen und Monaten unsagbar schwer. Auch wenn ich nie in meinem Leben Pfarrer gewesen war, so leistete ich doch als Priester oft und gerne Aushilfe. Hinsichtlich meines eigentlichen Berufes als Theologieprofessor hat sich infolge der Suspension nichts geändert. Ich doziere weiterhin Kirchengeschichte, mit dem einen Unterschied, daß mein Lehrstuhl nicht mehr der Fakultät Theologie angehört. Auch für mein Priestersein hat das Verbot jeglichen priesterlichen Dienstes keine Änderung gebracht; denn nach Lehre der Kirche bleibt ein gültig geweihter Priester wegen des »unauslöschlichen Merkmals« (*character indelebilis*) zeitlebens Priester, so daß es einer Häresie gleichkäme, wollte man von Ex-Priestern auch nur reden. Und aus diesem Grund lehne ich die »Gnade« der sogenannten Laisierung grundsätzlich ab, obwohl mir hauptsächlich deshalb die kirchliche Eheschließung verwehrt bleibt.

Es ist richtig, daß ich über das Offizialat meines Heimatbistums bei der Kongregation für die Glaubenslehre um Befreiung von der einst freiwillig übernommenen Zölibatspflicht nachgesucht habe. In dem Gesuch lehnte ich aber die mit dieser Dispens automatisch verbundene Laisierung ausdrücklich ab. Deshalb blieb für die erbetene Genehmigung nur wenig Hoffnung. Der Sekretär der Glaubenskongregation, Erzbischof Jérôme Hamer, dem ich mein spezielles Anliegen in einer Audienz am 22. 1. 1975 vorgetragen hatte, lehnte in einem an den Bamberger Erzbischof gerichteten Schreiben vom 2. April 1976 meine Bitte endgültig ab. Als Gründe machte er u. a. geltend: »Wie aus dem Brief vom 13. Januar d. J. hervorgeht, verlangt er nur die Dispens vom Zölibatsgesetz ohne Rückversetzung in den Laienstand, während doch das Gnadenreskript die Dispens von den durch die hl. Weihen gegebenen Pflichten untrennbar verbindet mit der Rückversetzung in den Laienstand; seine Lehrtätigkeit an der Bamberger Hochschule, die den Normen der Hl. Kongregation widerspricht; seine Abneigung gegen das Gesetz des hl. Zölibats; das schwere Ärgernis wegen seines Zusammenlebens mit einer Frau an einem Ort, wo sein priesterlicher Stand bekannt ist.« Seitdem besteht kaum mehr Hoffnung auf Entbindung von der Zölibatspflicht und damit auch nicht auf die Genehmigung einer kirchlichen Trauung, zumal da der jetzige Papst Johannes Paul II. einen förmlichen Laisierungsstopp angeordnet hat.

Kein Theologe hat die hier vorliegende Problematik so deutlich erkannt und so mutig ausgesprochen, wie der Bonner Dogmatikprofessor Hans Jorissen in seinem Beitrag zur Festschrift »Die Kirche im Wandel der Zeit« (1974) für den Kölner Kardinal Josef Höffner. Darin heißt es: »Es ist gewiß nicht problematischer (es ist u. E. sogar weniger problematisch), einem Priester unter Beibehaltung seines Amtes unter Umständen die Ehe zu gestatten (wenn ernsthafte Gewissensgründe vorliegen), als einem solchen wegen einer beabsichtigten Eheschließung die Laisierung samt Entbindung vom Zölibat zu gewähren. Hier stellt sich, wie uns scheint, nicht nur für den Einzelnen, sondern auch für die kirchliche Autorität die ganze Schärfe des Problems einer möglichen Kollision zwischen göttlichem und kirchlichem Recht.« Wann wird die höchste Kirchenautorität diesen nicht länger zu verantwortenden Konflikt beilegen? Solange dies nicht geschehen ist, bleibt die Zölibatsfrage eine offene Wunde am Leib der Kirche.

Jetzt, da ich aus Erfahrung weiß, welche Bereicherung ein glückliches Ehe- und Familienleben für das Priestersein und Priesterwirken bedeutet, kämpfe ich weiterhin unentwegt dafür, daß der Tag kommt, an dem der Papst zölibatäre und verheiratete Priester gleichermaßen akzeptiert – zum Wohl der Kirche.

OTTO WEISS

1934 in Ulm geboren, 1954–1955 Noviziat bei den Redemptoristen in Gars, 1955–1961 Studium der Philosophie und Theologie an der Hochschule der Redemptoristen in Gars, 1960
Priesterweihe durch Bischof Antonio Maçedo von Apareçida
(Brasilien) beim Eucharistischen Weltkongreß in München,
1962–1965 Präfekt und Lehrer am Knabenseminar der Redemptoristen in Gars, 1965–1971 Studium der Geschichte und
Moraltheologie an der Universität München, 1971–1972 Religionslehrer in München, 1972–1976 Wissenschaftlicher An-
gestellter bei der Münchener Provinz der Redemptoristen,
1976 Promotion in Geschichte an der Universität München,
1976–1981 Religionslehrer in Grafing, zugleich Lehraufträge für Geistesgeschichte an der Hochschule für Philosophie
in München, 1981–1986 Wissenschaftlicher Mitarbeiter am
Deutschen Historischen Institut in Rom, seit 1987 Mitarbeiter
am Historischen Institut der Redemptoristen in Rom. – 1971
Laisierung; Heirat mit Auguste Mägele, seit 1979 verwitwet,
ein Kind: Martin.

Veröffentlichungen: Die Redemptoristen in Bayern. Ein Beitrag zur Geschichte des Ultramontanismus, St. Ottilien 1983;
»Tun, was der Tag verlangt.« Das Leben von P. Kaspar Stang-
gassinger, Redemptorist, Freiburg/Basel/Wien 1988.

Auch wenn die letzten Zusammenhänge nicht mehr aufzuhellen sind, eines scheint gewiß: Mein Weg zum Priestertum begann schon vor meiner Geburt. Mein Vater, 1933 wie viele deutsche Arbeiter patriotischer Sozialdemokrat und seit zwölf Jahren arbeitslos, dazu Vater von fünf Kindern im Alter zwischen 12 und 22 Jahren, war auf das Drängen meines Patenonkels, eines städtischen Beamten, in die Partei eingetreten, um endlich Arbeit zu bekommen. Er bekam sie beim Bau der Autobahn unweit meiner Vaterstadt Ulm. In meiner Familie hält sich das hartnäckige Gerücht, daß seine Freude über die wiedergefundene Existenzgrundlage am Anfang meines Lebens stand. Allerdings war meine Mutter über ihre Schwangerschaft wenig begeistert. Daß sie gelobte, mich, wenn alles gut gehe, »Gott zu schenken«, ist in meinem Falle mehr als eine Legende. Sie hat es mir viel später selbst erzählt.

Seit meiner Geburt ging meine Mutter täglich zur Messe und Kommunion. Sie hatte dennoch nichts Frömmelndes an sich. In religiösen Fragen blieb sie kritisch bis zu ihrem Tod. Zwar las sie vor dem Einschlafen in der Bibel. Mit Andachten und Rosenkränzen aber konnte sie nie viel anfangen. In ihrer kleinen Bibliothek fanden sich nicht nur Bücher von Karl Heinrich Waggerl und Werner Bergengruen, sondern auch Bölls »Tagebuch eines Clowns«. So war meine Erziehung keineswegs übertrieben religiös. Bei meinem Schuleintritt freilich drang meine Mutter beim Rektor mit Festigkeit darauf, daß ich, obwohl Sohn eines Parteigenossen, nicht den weltanschaulichen Unterricht, sondern den katholischen Religionsunterricht zu besuchen hätte.

Der Einfluß meines Vaters auf meine Erziehung war eher indirekt. Er war ein unendlich gütiger und heiterer Mensch. Zwar wünschte er sich einen patriotischen Sohn, der als Offizier dem Vaterland Ehre machen sollte. Aber über einige Grundformen des Exerzierens ging meine vaterländische Erziehung nicht hinaus. Besonders freute ich mich, wenn ich mit ihm zur Sonntagsmesse gehen durfte. Dann mußte ich nicht in die engen Kinderbänke, sondern durfte auf die »Männerempore«, wo es so wunderbar nach Tabak roch.

Bald war ich nicht mehr der einzige Nachzügler. 1939 kam mein jüngerer Bruder Karl zur Welt. Es folgten eine große Zahl Neffen und Nichten, die mit ihren Müttern – die Väter mußten an die Front – in unserer Großfamilie Platz hatten. Mit dem Krieg kamen die Bombenangriffe, vor denen die Mutter mit uns betete, Maria möge den Mantel ausbreiten, »bis alle Feind vorübergehen«. Am 17. Dezember 1944 gingen sie nicht mehr vorüber. Wir wurden völlig ausgebombt. Für sieben Jahre wurde der Kapitelsaal des 1803 aufgelösten Prämonstratenserklosters Roggenburg im bayerischen Schwaben unsere Heimat.

Während all dieser Zeit war es der Wunsch meiner Mutter, daß aus mir, wenn schon kein »Päterle«, wie sie sagte, so doch etwas Besonderes werden solle. Ich habe mir oft Gedanken gemacht, was sie dazu bewegte. Ich habe genügend Grund anzunehmen, daß dahinter weit mehr als das erwähnte »Gelöbnis« der Wunsch nach sozialem Aufstieg stand. Was sie mit ihren älteren Kindern aus finanziellen Gründen nicht erreichte, das erwartete sie von mir, bestärkt von meinem Patenonkel, in dessen Familie sie von 1920 bis 1972 Woche für Woche putzte und zu dem sie fast ehrfürchtig aufsah. Daß mein Patenonkel evangelisch war, gehört im übrigen zu den nicht wenigen Merkwürdigkeiten meines Lebens.

Der Drang meiner Mutter nach oben war verständlich. Ihre Mutter war Bauernmagd. Sie selbst, unehelich geboren, wohnte als Kind bald bei diesem, bald bei jenem Bauern, wurde herumgestoßen, mußte hart arbeiten und auf dem Dachboden schlafen. Zu alledem ließ sie der Pfarrer und die Nonne, die Unterricht erteilte, merken, daß sie arm und ein »Kind der Sünde« sei. Solche Erfahrungen wollte sie ihren Kindern und Enkeln ersparen. Sie sollten etwas werden, einen Beruf erlernen, wenn möglich noch mehr... So stand fest, daß ich studieren sollte. Ja, man redete mir ein, daß mir gar nichts anderes übrig bleibe, da ich zu einem handwerklichen Beruf zu ungeschickt sei.

Aber wo studieren? Auf unserem Dorf gab es nach Kriegsende zwei Jahre lang überhaupt keine Schule, schon gar nicht die Möglichkeit einer Weiterbildung, und an eine Rückkehr nach Ulm war zunächst nicht zu denken. Es blieb gar nichts anderes übrig, als mich in ein kirchliches Internat zu schicken. Die Bedingung war freilich, daß ich Priester werden sollte. Da zu meinen kindlichen Berufsträumen neben dem Beruf des Lehrers und des Försters auch der des Pfarrers gehörte, fiel es den an meiner Berufung Beteiligten nicht schwer, mich zu überzeugen, daß ich zum Priester berufen sei, zumal es bei meiner »Ungeschicklichkeit« nur eine Alternative gab: Bauernknecht zu werden. So fand ich mich im September 1946 im Internat der Redemptoristen in Günzburg ein. Ein Jahr später wurde unsere Klasse nach Forchheim in Oberfranken geschickt. Dort blieb ich bis zu meinem Abitur im Juli 1954. Ich erhielt einen Pensionsnachlaß, bald auch eine staatliche Begabtenhilfe. Dennoch rackerten sich meine Eltern durch allerlei Taglöhnerarbeiten bis in ihr hohes Alter ab, um mir und meinem jüngeren Bruder, der mir ins Seminar nachfolgte – er starb bald nach dem Abitur an Krebs –, das Studium zu ermöglichen.

Ich kann nicht sagen, daß ich das Internat beengend fand, jedenfalls nicht bis zur Abiturklasse. Gewiß, die Tagesordnung war genau geregelt, wir mußten täglich zur Messe, aber unsere Direktoren waren für die damalige Zeit durchaus aufgeschlossen. Und wir waren nicht allzu anspruchsvoll. Wir sangen mit Begeisterung jugendbewegte Lieder aus den 20er Jahren, standen um den Feuerkreis, wanderten, spielten Fußball, Handball, Völkerball. Kritik kam selten auf. Soweit möglich, wurden besondere Begabungen gefördert. Die meinen lagen auf dem Gebiet der Literatur und des Theaterspiels. So wurde ich Festgestalter und war mitverantwortlich für die Theateraufführungen unseres Internats. Im übrigen waren unsere Fortbildungsmöglichkeiten auf dem Gebiet der Literatur begrenzt. Als ich, 20jährig, eine bekannte Literaturgeschichte kaufen wollte, verbot mir dies der Direktor mit der Begründung, der Verfasser sei kein Katholik. Ich habe sie trotzdem gekauft.

Je näher das Abitur rückte, um so drängender wurde die Frage, deren Beantwortung wir fast alle vor uns herschoben: Würden wir, wie man von uns erwartete, nach dem Gymnasialabschluß ins Kloster gehen? Ich gehörte zu denen, von denen man dies für sicher hielt. Ich sei begabt und würde, so steht es in meinem Personalakt, »an die richtige Stelle gesetzt, einmal Außergewöhnliches leisten«. Dazu war ich fromm, ohne ängstlich oder frömmelnd zu sein. So wenigstens der Direktor bei einer Aussprache. Und mein späterer erster Provinzial: »Ja, wenn Sie nicht berufen sind, wer ist dann berufen?« Und doch war ich voller Zweifel. Es war damals noch nicht der Zölibat, der mich verunsicherte. Als ich kaum 15jährig in den Ferien meine erste Freundin kennengelernt hatte, schrieb mir wenig später meine Mutter: »Bleibe nicht am Kleinen hängen. Strebe nach Größerem! An alles andere kannst Du später denken.« Ich habe mich daran gehalten. Weit mehr beschäftigte mich ein anderes Problem. Ich wollte Schriftsteller werden, vielleicht auch Theaterregisseur – so genau wußte ich das noch nicht –, auf jeden Fall Literatur studieren. Und ich sah keine Möglichkeit, wie ich dies alles mit dem Leben im Kloster verbinden könnte. Beschäftigung mit der Literatur, gar mit der Lyrik galt in klösterlichen Kreisen als unmännlich. »Wir brauchen keine Dichter und Träumer, sondern Realisten«, sagte mir mein späterer erster Provinzial. Mußte ich nicht meine Wünsche zurücklassen, wenn ich dem Rufe Gottes folgen wollte? In mein Tagebuch schrieb ich im November 1953: »Ich bin immer noch viel zu weich. Dichten möchte ich und schreiben. Buddha, Schopenhauer, Wiechert, Rilke, Hesse... Der Priesterberuf aber verlangt harte, nüchterne Menschen.«

Ein Vortrag von Romano Guardini über die »Ergreifung seiner selbst«, den ich in den Ferien hörte, führte zunächst zu einer anderen Entscheidung. An Ostern 1954 offenbarte ich meiner Mutter, ich würde Literatur und Geschichte studieren. Sie bekam eine Herzattacke. Nach den Ferien sagte ich es dem Direktor. Er schien aus allen Wolken gefallen. »Warum ausgerechnet Sie?« Alles spreche für meinen Beruf. Der Beichtvater wurde eingeschaltet. Der Direktor reiste nach Ulm zu meiner Familie. Der »Familienrat« beschloß, ich solle es wenigstens einmal versuchen. Ich hatte nicht den Mut zu widersprechen.

Am 14. August 1954 schrieb uns unser künftiger Novizenmeister: »Mein lieber junger Freund! Gib keiner Versuchung nach, den von Gott vorgezeichneten Weg auch nur einen Tag später anzutreten als bestimmt ist. In großer Sorge schreibe ich, in großer Liebe erwarte ich Euer aller Kommen...« Wenig später fuhr ich nach Gars am Inn ins Noviziat. Am schwersten fiel mir die Trennung von meiner kleinen Bibliothek. Sie mitzunehmen, war mir nicht gestattet worden.

Es folgte das dunkelste Jahr meines Lebens. Unser Novizenmeister – er wußte es selbst – war seiner Aufgabe nicht gewachsen. Im Gehorsam hatte er sie übernehmen müssen. Er war fromm, der geborene Asket und – im Tiefsten ein grundgütiger Mensch. Aber man konnte sich kaum eine größere Fehlberufung vorstellen. Seine Verantwortung erdrückte ihn, und der Druck übertrug sich auch auf uns. Dabei huldigte er der eigenartigen Auffassung, das Noviziat müsse strenger sein als das spätere Leben im Kloster. Wenn man es schaffe, könne man sicher sein, daß man alles, was nachkomme, aushalten werde. So übten wir uns täglich, außer am Donnerstag, im Stillschweigen, hörten täglich eine geistliche Konferenz, beteten gemeinsam das Brevier, machten geistliche Lesung, Meditation, geißelten uns am Mittwoch und am Freitag. Nichtreligiöse Bücher, Tageszeitungen und alles »Weltliche« war verboten. Es gab eigentlich nur eine Möglichkeit, dies alles heil zu überstehen: es nicht allzu ernst zu nehmen. In Wirklichkeit reagierten die Robusteren unter uns Novizen mit Opposition. Einer nach dem andern verließ das Noviziat. Ich selbst wurde zum Musternovizen. Ich hatte mir das Leitmotiv der Exerzitien zu Beginn des Noviziats zu eigen gemacht: »Ich bin nicht gekommen, meinen Willen zu erfüllen.« Und: »Ich verlasse, was hinter mir liegt, und schaue nach dem aus, was vor mir liegt.«

Am Ende des Noviziatsjahres, während dessen ich mich als guter Novize mühte, nur das zu tun, was mir schwerfiel, und ein Verhalten an den Tag legte, das ich im nachhinein nur als Flucht vor einer echten Entscheidung bezeichnen kann, hatte ich mir eine gehörige Noviziatsneurose zugelegt.

Ich hatte Glück. Im anschließenden Studentat war alles anders. Nicht nur, daß ich die Möglichkeit erhielt, mit den Theologiestudenten einige Theaterstücke (so von Christopher Fry) aufzuführen, und überhaupt meinen alten Neigungen nachgehen konnte. Was wichtiger war: Unsere Hochschullehrer verbanden gediegenes Wissen mit menschlicher Weite. Mit zweien von ihnen, dem »Philosophen« P. Guggenberger und dem Kirchenhistoriker P. Zettl, verband mich später eine tiefgehende Freundschaft, die meinen Austritt aus dem Orden überdauerte. Ich hatte doppeltes Glück, daß damals gerade P. Stenger von der Universität kam, um Psychologie zu lehren. Daß er auch eine tiefenpsychologische Ausbildung hatte, kam mir zugute. In manchen »psychoanalytischen Sitzungen« gab er mir Hilfe zur Selbstfindung. Zwar dauerte es noch Jahre, bis ich mich aus inneren und äußeren Zwängen befreien konnte, in die ich mich entweder selbst hineinmanövriert hatte oder von anderen hineinmanövriert wurde. So etwa vom damaligen Rektor des Klosters, der mich öffentlich belehrte: »Sie wollen eine eigene Meinung haben? Sie sind ein Student. Ein Student kann keine eigene Meinung haben.« Es folgten noch Tage und Monate und Jahre, in denen ich um mich selber kreiste und an Depressionen litt. Aber den Aussprachen bei P. Stenger verdanke ich meinen Weg in die Freiheit.

1960 wurde ich zum Priester geweiht. Mein Wunsch, nach dem Theologiestudium ein Zweitstudium an der Universität München anfügen zu dürfen, wurde gehört, aber vorerst zurückgestellt. Mit Rücksicht auf meine »angeschlagenen Nerven« kam ich als Präfekt und Lehrer für Religion, Deutsch und Turnen ins Internat. 1965 wurde ich zum Studium der Geschichte (und Moraltheologie) an der Universität München bestimmt. Nach beträchtlichen Anfangsschwierigkeiten – ich war menschenscheu geworden – erlebte ich in den folgenden Jahren etwas, was mich wie ein Naturereignis durch und durch schüttelte. Nicht zuletzt veranlaßt durch mein Studium und die freie Atmosphäre, die nicht nur bei den Historikern, sondern fast mehr noch bei Professor Egenter in der Moraltheologie herrschte, erlebte ich reichlich verspätet so etwas wie einen Durchbruch zu mir selbst. Ich spürte, vieles, was ich bisher im Kloster getan hatte, war nicht ich. Ich erfüllte Vorschriften, ohne daß ich – nicht nur mit dem Willen, sondern mit dem Herzen, meinem ganzen Menschsein – dahinterstand. Ich spielte die Rolle eines guten und demütigen Ordensmannes. Aber das war nicht ich. Der Zufall spielte mir eine Schrift von Ladislaus

Boros über die Wahrhaftigkeit in die Hände. Sie war eine Offenbarung. Ich erkannte, ich mußte endlich mein eigenes Leben leben. »Satzungen« – auch klösterliche Regeln – »töten wie Drachenzähne«, wenn sie zum Selbstzweck werden. Erneut stellte sich mir, wie vor meinem Klostereintritt, doch nüchterner und präziser die Frage: »Hatte ich im Orden den Freiraum, das zu schreiben und zu leben, was mir aufgegeben war?« Im Sommer 1967 notierte ich: »Ich bin zu einer großen Freiheit durchgestoßen. Dabei scheint der gerade Weg aus dem Kloster herauszuführen. Aber das kann doch nicht das einzige sein nach all meiner Vergangenheit. Gibt es einen dritten Weg?«

Bis dahin stand der Zölibat nicht im Mittelpunkt. So sehr ich grundsätzlich den Pflichtzölibat ablehne, für mich persönlich war die Zölibatsfrage zweitrangig. Wenn er mich interessierte, so weniger aus persönlicher Betroffenheit, sondern weil ich in ihm ein sehr markantes Symptom für die Einigelungstaktik weiter kirchlicher Kreise erkannte, für die Weigerung, sich der wirklichen Welt zu stellen. Allerdings mußte ich mir, je länger, je mehr, eingestehen, daß ich nicht nur meine Sexualität, sondern auch mein Mannsein und meine Liebesfähigkeit verdrängt hatte.

Bei einer Seelsorgsaushilfe lernte ich 1969 in einem Pfarrhaus meine spätere Frau kennen. Ich frage mich rückblickend: Was war das Prägende dieser Begegnung? Sicher, die Freude, zu lieben und geliebt zu werden, Jasagen zu können und als Antwort ein Ja zu erhalten. Mindestens genauso wichtig aber war die Erfahrung von Echtheit und Wahrhaftigkeit: Nicht nur unsere Gefühle waren echt. Auch die Probleme, die auf mich zukamen, das Schicksal, das mich forderte. Das war die wirkliche Welt, keine selbstgebastelte Welt. Und da war ein Mensch, dem ich etwas bedeutete, der mich brauchte.

Eines war mir klar: Ich wollte meiner zukünftigen Frau nicht antun, was mir so oft in Seelsorgegesprächen mit Priestern begegnete: Sie sollte keine heimliche Priesterfreundin werden, die ich verstecken mußte. Ich mußte mich entscheiden. Ich habe damals ein ganzes Heft vollgekritzelt mit Gründen für und gegen einen Austritt. Ich spürte sehr wohl, daß der Schritt aus dem Kloster für meine menschliche Reife unumgänglich war. Und ich hatte doch Angst, den bergenden Hort zu verlassen. Austritt bedeutete zudem nicht nur das Verlassen des Klosters, sondern unter den gegebenen Umständen auch Abschied vom Priestertum, wenigstens *pro foro externo*. War ich ein Abtrünniger? Vor allem aber: Mußte ich nicht drinnen bleiben, um von innen heraus an der Erneuerung zu arbeiten und das System von innen her aufzubrechen versuchen? Aber war dies möglich? Lag der archimedische Punkt nicht außerhalb? Den Ausschlag gab sicher der Gedanke an meine zukünftige Frau. Ich war nicht mehr allein für mich verantwortlich, sondern auch für sie. Nachdem mir zudem klar geworden war, daß ich sehr wohl, sei es im persönlichen Gespräch mit anderen Menschen, sei es im geschriebenen Wort, auch in Zukunft priesterliches Zeugnis von meiner Erfahrung mit Gott ablegen könnte, und dies freier und unbehinderter als zuvor, da war alles eindeutig.

Anfang Dezember 1970 verließ ich die bergende Gemeinschaft des Klosters und bezog ein möbliertes Zimmer in München. Als Startkapital hatte ich vom Orden 2000,– DM erhalten. Drei Monate waren vergangen, seit ich mein Dispensgesuch an die römische Ordensleitung geschickt hatte. Ich hatte zur Begründung angeführt, mein Schritt sei für meine menschliche Reife notwendig.

In bestem Einvernehmen mit meinen Obern hatte ich diesen Schritt unternommen. Doch es blieb nicht aus, daß meine ehemaligen Mitbrüder befremdet und, soweit sie mir näherstanden, auch traurig waren. Die einen bezweifelten, ob es möglich sei, »in zwei Bereichen zu leben«, dem Gottes und dem der Ehe. Andere waren der Ansicht, mein Austritt sei nur auf das Drängen meiner Oberen hin zustande gekommen. Aus Rom schrieb mir der Sekretär des Generalobern: »Man sagte mir, Sie würden gerne zurückkommen, aber sture Paragraphen stünden dem im Wege. Das trifft jedoch nicht zu. Selbst wenn der Ortsbischof schon das Dispensdekret in Händen hätte, könnten Sie die Annahme verweigern. Auch › sozial ‹ hätten Sie sich die Kappe nicht verschnitten. Die Kongregation ist groß und ein Mann wie Sie findet bei uns leicht eine lebenfüllende Arbeit.«

Dann kam das Warten auf die Dispens. Ich geriet in die Mühlen der kirchlichen Bürokratie. Auf Anfrage wurde mir von Rom aus mitgeteilt, meine »Angelegenheit« sei längst an das zuständige Ordinariat in München weitergeleitet. Dort sagte man mir, man wisse von nichts. So vergingen drei Monate. Dann erhielt ich ein Schreiben mit der Bitte, »nochmals einen Antrag einzureichen«. Da endlich war die »Angelegenheit« doch in München angekommen. Doch erst nach einem weiteren Monat bekam ich einen Termin für die »verwaltungsgerichtliche Befragung« durch den Erzbischöflichen Offizial.

Die Befragung war demütigend und entbehrte nicht der Komik. Die Begründung in meinem Dispensgesuch, so der Offizial, reiche nicht aus. Es müsse »etwas Handgreifliches« vorliegen. Ich wies auf die Freundschaft mit meiner späteren Frau hin. Der Zeitraum unserer Bekanntschaft sei zu kurz. »Wenn wenigstens ein Kind da wäre!« Es war keines da, noch nicht.

Auf der Suche nach Argumenten kam mir meine Noviziatsneurose in den Sinn. »Ja, das könnte gehen«, sagte der Offizial. Dann mußte ich eine Anzahl Fragen beantworten. Als ich freilich auf die Frage: »Fühlen Sie sich zum Priester berufen?« mit Ja antwortete, sagte der kirchliche Richter: »Aber Sie wollen doch die Befreiung vom Zölibat!« – »Ja.« Der »Richter« wurde unruhig: »So geht das nicht. Wir sind in der Westkirche. Da gilt nun einmal der Zölibat.« Stille. Nach einer Pause: »Sind Sie einverstanden, wenn ich schreibe: ›Ich fühle mich nicht zum zölibatären Priestertum berufen?‹ – »Ja, schreiben Sie!« Ich wurde mit guten Wünschen entlassen, und die »Angelegenheit« ruhte wieder.

Inzwischen war es Mai geworden. Meine spätere Frau und ich hatten die Möglichkeit, eine Wohnung zu bekommen. Bedingung: Wir mußten verheiratet sein. Da trotz wiederholten Nachfragens am Ordinariat nichts geschah, wandte ich mich persönlich an Kardinal Döpfner. Postwendend kam die Antwort. Innerhalb weniger Tage erfolgten die vorgeschriebenen Zeugenverhöre, und meine Akten wurden mit einer ausdrücklichen Empfehlung des Kardinals nach Rom zurückgeschickt. Bereits einen Monat später teilte mir mein Provinzial mit: »Die Antwort aus Rom ist eingetroffen. Die erbetene Dispens liegt vor.«

Am 17. Juli 1971 heirateten wir. Bei der Hochzeit waren nur der Pfarrer, die beiden Trauzeugen und meine Frau und ich anwesend. Da meine Mutter nicht kommen wollte, verzichteten wir ganz auf Hochzeitsgäste. Mein ehemaliger Provinzial wünschte uns Gottes Segen und schenkte uns eine Bronzeplastik. Von einem Mitbruder bekam ich wenig später einen Brief: »Wir würden dich nicht geliebt und geschätzt haben, würden nicht auch unsere Gedanken und zuweilen auch unsere vertraulichen Gespräche dahin gehen, daß du ›uns‹ abgehst. ›Gott braucht Menschen‹ – wenn dies, wie es nun einmal ist, auch weiterhin zutrifft, fügen wir uns darein.«

Meine Ehe war kurz. Sie dauerte keine acht Jahre. Am 20. April 1973 kam unser Sohn Martin zur Welt, auch zur Freude meiner Mutter. Bald nach der Geburt unseres Sohnes fing meine Frau zu kränkeln an. Sie hat sich nie mehr richtig erholt. Sie starb am 25. Februar 1979 plötzlich und unerwartet. Ein Redemptorist hielt die Beerdigung.

Trotz allem waren die Jahre meiner Ehe schöne Jahre. Sie gehören zum Kostbarsten in meinem Leben. Sie bestätigten mir die Richtigkeit meines Entschlusses. Sie halfen mir, mit all dem unsagbar Schweren, was sie mit sich brachten, ein reifer Mensch zu werden. Ich blättere in den Aufzeichnungen aus jenen Jahren. Sie sind spärlich. Sie kreisen um das Thema Liebe. 4. Juli 1971: »Liebe gehört zu den großen Dingen wie das Sterben. Lieben heißt aus sich heraustreten und in den andern eintreten, sich in den andern hineindenken. Und doch heißt Liebe auch, den andern sein lassen. Zur wahren Liebe gehört der Abstand.« 10. Dezember 1973: »Es gibt das Glück als positive Erfahrung. Glück ist nicht Abwesenheit von Unglück. Glück ereignet sich, wenn wir uns finden im Du. Solches Finden bedeutet gefüllte Zeit, die hinausgreift in die zeitlose Ewigkeit. Ewigkeit geschieht in dem Augenblick, in dem ich gebe und empfange.« 6. April 1979: »Ich bin ausgebrannt, leer. Es fehlt viel; wenn der Bub nicht wäre, alles. Sicher, es war oft schwer in den letzten Jahren, aber auch schön. Sie war ein Teil von mir. Durch sie habe ich mich gefunden, meine Freiheit.« 11. April 1979: »Es gibt eine Gemeinschaft und Liebe über den Tod hinaus. Erfahrung von Transzendenz. ›Wenn das Korn nicht in die

Erde fällt und stirbt.« Eines ist mir geblieben, die tiefe Überzeugung, daß alles richtig war.«

Meine Ehe hatte mir geholfen, das wirkliche Leben kennenzulernen. Oft waren es gerade die ganz einfachen alltäglichen Dinge, die mir ganz neue Horizonte erschlossen. Da war vor allem mein Sohn, dessen Erziehung, je länger, je mehr, fast ausschließlich mir anvertraut war. Auch wenn ich nie ein vollendeter »Hausmann« wurde, so lernte ich doch alles, was eine Mutter und Hausfrau können muß: Windeln wickeln und Flasche geben, Bügeln und Putzen, Kochen und Einkaufen. Das alles, so alltäglich es war, war eine Aufgabe, die ich sinnvoll und wichtig fand, weil die Antriebskraft, die dahinter stand, ganz einfach – ich muß es mit diesem Wort sagen – Liebe war. Warum, so habe ich mich oft gefragt, ist solche Liebe zwischen Vater und Kind wie auch die zwischen Mann und Frau unvereinbar mit dem Beruf des Priesters? Sie bedeutet immer, wenn sie echt ist, Bereicherung und gibt auch Kraft für den Beruf.

Doch wie stand es nach meinem Klosteraustritt mit meiner beruflichen Tätigkeit? Zunächst änderte sich wenig. Vor meinem Austritt hatte ich begonnen, eine Geschichte des Redemptoristenordens in Deutschland zu schreiben. Von Anfang an war es meine Absicht, keine übliche Ordensgeschichte zu erstellen. Vielmehr sollte der Orden exemplarisch stehen für Entwicklungen in der Kirche des 19. Jahrhunderts. Es war meine Absicht, mit dieser Arbeit zu promovieren. So setzte ich sie auch nach meinem Austritt fort. Dies ging so lange gut, so lange meine Frau arbeiten konnte, denn mein Doktorandenstipendium hätte nicht zum Leben ausgereicht. Da wir uns ein Kind wünschten, drängte die Frauenärztin meine Frau, mit der Schichtarbeit aufzuhören. Aber wovon leben? Durch das Entgegenkommen des Münchner Ordinariats erhielt ich eine Religionslehrerstelle. Bei 28 Schulstunden blieb freilich wenig Zeit zu wissenschaftlicher Arbeit. Das änderte sich, als mir der Redemptoristenorden einen Zeitvertrag zur Erstellung der Ordensgeschichte anbot. 1976 konnte ich die Arbeit zur Promotion einreichen. Leider wurde mein Doktorvater damals emeritiert, und ich gehörte, wie ein befreundeter Hochschullehrer sich ausdrückte, zu dessen »verlassenen Waisenkindern«. Trotz einer Promotion »summa cum laude«, und obwohl mein Buch in Fachkreisen große Beachtung fand, war es für mich nicht leicht, beruflich Fuß zu fassen. Mit 42 Jahren als Historiker eine akademische Laufbahn zu beginnen, dazu gehört heute in Deutschland eine gehörige Portion Mut, Glück und Protektion. Ich versuchte das Beste aus meiner Situation zu machen. Ich gab wieder Religionsunterricht an der Hauptschule. Zugleich hatte ich einen Lehrauftrag für Geistesgeschichte an der Hochschule für Philosophie in München, die von den Jesuiten geleitet wird. Ich wurde freier Mitarbeiter beim Bayerischen Rundfunk, ständiger Mitarbeiter beim »Christ in der Gegenwart«, einer in Freiburg erscheinenden katholischen Wochenzeitschrift, und brachte sogar noch einige wissenschaftliche Artikel fertig. Außerdem schrieb ich Bewerbungen. Als das Deutsche Historische Institut in Rom 1980 einen »jüngeren Mitarbeiter« suchte, bewarb ich mich, freilich nur mit halbem Herzen. Ich war immerhin schon 46 Jahre alt.

Ich erhielt die Stelle trotzdem, zog mit meinem Sohn 1981 nach Rom, und noch einmal weitete sich mein Horizont. Ich hatte zum erstenmal ein Arbeitsgebiet, das mit der katholischen Kirche so gut wie nichts zu tun hatte. Ich hatte Kollegen, deren weltanschauliche Positionen sehr unterschiedlich waren. Beides hat mich nicht vom Glauben, auch nicht von der Institution Kirche getrennt. Aber ich gewann – noch stärker als bisher – jenen Blickpunkt von außen, der mir, solange ich rein »systemimmanent« lebte, fremd war. Dies war ein kaum hoch genug einzuschätzender Gewinn. Vor allem zwei Erfahrungen habe ich gemacht. Zum einen, daß »draußen« eine andere Sprache gesprochen wird als »drinnen« und daß manche kirchlichen Bemühungen, die »Welt zu gewinnen«, einfach scheitern müssen, weil die Menschen »außerhalb« nicht in ihrem Stellenwert gesehen werden, sondern zu Objekten der Seelsorge entwürdigt werden. Zum andern stellte ich fest, daß auch eine säkularisierte Gesellschaft ein Wertesystem kennt, auch wenn es nicht unbedingt mit dem kirchlichen übereinstimmt. Güte, Menschenliebe, Freundschaft, Pflichtgefühl, Hingabe, Opferbereitschaft habe ich außerhalb der Kirchenmauern fast mehr gefunden als drinnen. Solche Erfahrungen haben mich zurückhaltend und bescheiden gemacht. Ich habe Toleranz gelernt, Achtung vor der Freiheit Andersdenkender. Solche Erfahrungen haben mich aber auch die Kirche neu sehen lassen, so wie sie nach außen erscheint und so wie sie erscheinen sollte. Sie erscheint als geschlossenes System, das sich nach außen abschirmt, als feste Burg, in der die Generalstabspläne ausgebrütet werden, trotz aller Scheinöffnungen und der päpstlichen Reisen. Dabei sollte sie das Schauspiel bieten von einem Gottesvolk auf Wanderschaft, in der Ungeborgenheit der Wüste mit ihrer großen Freiheit, immer bereit, Wohlvertrautes zurückzulassen, immer neu im Aufbruch in das Ungewisse, voll Hoffnung und Vertrauen auf die »Schechina«, die verborgene Gegenwart Gottes, der sie in die Offenheit führt. So wie er mich geführt hat.

Ob Leben gelungen ist, sieht man erst im Rückblick. Ich habe ein großes Vertrauen, daß mein Leben gelungen ist. Wenn ich es neu leben müßte, ich würde es wohl wieder genau so leben. Rückblickend glaube ich, mein Eintritt ins Kloster war, bei allen Bedenken, die man haben mag, genauso richtig wie mein Austritt. Beides war nötig. Jetzt habe ich an Offenheit gewonnen, an Weitblick. Ich stehe »draußen« und bin trotzdem immer noch Priester. Beides kommt nicht nur mir zugute, sondern auch den Menschen, denen ich, so Gott will, noch lange, durch Wort und Schrift zeigen kann, was Freiheit der Kinder Gottes bedeutet. Es sind oft Menschen, die von den offiziellen Kirchen nicht erreicht werden.

JÜRGEN KUHLMANN

1936 Geburt in Swinemünde, 1954–1956 Studium der Rechtswissenschaften in Erlangen und München, 1956–1965 Studium
der Philosophie und Theologie in Rom, 1962 Priesterweihe
durch Kurienkardinal Traglia in Rom, 1965 Promotion zum
Dr. theol. an der Universität Gregoriana in Rom, 1965–1972
Kaplan in Naila und Nürnberg, 1973–1974 Städtischer Mitarbeiter im Nürnberger KOMM, seit 1975 Berufsberater in Nürnberg. – 1972 Heirat mit Milagros Ortuño Molins, fünf Kinder:
Tomas, Simone, Bettina, Gilbert und Iris, 1973 Laisierung.

Veröffentlichungen: Die Taten des einfachen Gottes. Eine römisch-katholische Stellungnahme zum Palamismus, Würzburg
1968; Der dreieinige Gott, Nürnberg 1968; Der göttliche Tanz.
Schaltungen des Absoluten, Nürnberg 1971; Gott Du unser
Ich. Ein Gespräch über Christentum und Atheismus, Düsseldorf 1977; An Quintulum oder Seiltanz des Herzens. Ein Vater
vor der Sinnfrage, Nürnberg 1982; Wider die Arroganz der Ap-
parate, Nürnberg 1984; Innen statt droben. Für ein geist-
licheres Gottesverständnis, Düsseldorf 1986. – *Schallplatten:*
Angela (1969); re (1975).

Am Anfang soll meine Abschiedspredigt stehen, die ich am 6. August 1972 in der Nürnberger Pfarrkirche St. Elisabeth gehalten habe.

»Meine lieben Zuhörer!

Verklärung Christi hieß meine erste Pfarrei, am Fest der Verklärung Christi feiere ich, wie ein großer Teil von Ihnen schon weiß, heute auch meine vorerst letzte Messe. Eine Lebensetappe geht zu Ende, eine neue soll mit Gottes Hilfe beginnen. Eigentlich wollte ich ganz still fortgehen, da nun aber mein Vorhaben bereits in der Kirchenzeitung steht, halte ich es doch für besser, einiges zu sagen.

Mißverständnisse lassen sich zwar nicht vermeiden, aber was in unserer Macht steht, müssen wir doch gegen sie tun. Weder verteidigen will ich mich noch rechtfertigen. Bei Entschlüssen, die so persönlich und zugleich so tief einschneidend sind, gebührt die Rechenschaft nur Gott allein; und dazu braucht es keine Kanzel.

1. Jemand könnte denken: anscheinend steht unser christlicher Glaube doch auf recht wackligen Füßen, wenn sogar Leute, die ihn erst mit vielen großen Worten verkündigt und angepriesen haben, doch auf einmal abfallen. Dazu ist zu sagen: Mißverständnis. Mit dem christlichen Glauben hat mein Schritt nichts zu tun. Ich glaube heute nicht weniger fest und lebendig an Jesus Christus und seine Botschaft als vor einem Jahr oder vor 10 Jahren. Im Gegenteil: ich bin fester als je überzeugt, daß nur in der rechtverstandenen Botschaft Jesu die Fülle des Heils für die Menschheit von heute und morgen zu finden ist. Schauen Sie doch herum in unserer Welt: wo finden Sie mehr Freude und Lebensschwung als im Evangelium? Nein, der Wein des Glaubens ist mir nicht sauer geworden, wenn ich ihn auch fortan aus einem anderen Glas trinke.

2. Viele fragen sich: was ist eigentlich in diese Priester gefahren? Meinen sie wirklich, daß ein bißchen Sex ihnen das große Glück bringt? Was nützt die ganze Theologie, wenn sie auf diesen uralten Irrtum hereinfallen? – Wieder ein Mißverständnis.

Von den anderen nehme ich es an, und von mir weiß ich es: ich stolpere nicht in die Ehe, um das große Glück zu finden. Woher ich das weiß? Ganz einfach: weil ich in dem großen Glück auch schon vorher gelebt habe, längst bevor ich auch nur eine Frau näher kannte, geschweige denn mich zur Ehe entschloß. Wer Gott hat, dem fehlt nichts, Gott allein genügt, sagt die große Teresa – und ich habe erlebt, daß sie recht hat. Was ist die einzige Weise, glücklich zu werden? Du mußt merken, daß du es in Gott schon bist. Ich mache mir keine Illusionen. Ohne Gottes tiefe Freude ist auch die Ehe eine traurige Sache, oft genug eine Hölle. Und mit Gottes tiefer Freude kann man auch allein sehr sehr glücklich sein. Das weiß ich und will es jedem bezeugen. Ja, aber warum dann? Das ist mein Geheimnis und gehört nicht hierher. Jedenfalls nicht, um glücklich zu werden. Das bin ich schon vorher gewesen.

3. Weiter wirft man mir vielleicht vor: Du feige Ratte, die das sinkende Schiff verläßt. Aber wie böse und traurig wirst du erst sein, wenn es dann doch nicht untergeht! Wiederum ein Irrtum. Ich verlasse die Kirche nicht und habe auch nicht das Gefühl, sie sei am Untergehen. Wenn ein Walfangschiff sich in eine große Flotte kleinerer Boote verwandelt und selbst ziemlich untätig und mit geringer Mannschaft liegen bleibt, dann ist das nicht sein Untergang, sondern seine Bestimmung! Keine Angst, die Boote kehren wieder zurück: Siehe, sie kommen, kommen mit Jauchzen, ihre Gaben zu bringen. Die katholische Kirche – wie könnte ich ohne sie leben? Ihr verdanke ich alles, sie hat das Fleisch und Blut meines Geistes geformt von Anfang an. Von manchem will ich entbunden werden, nicht aber von der Mutter Kirche. In diesem Leben sind wir ja alle noch Embryos, und für solche ist eine unverletzte Nabelschnur lebensnotwendig. Daß ich uneingeschränkt katholisch bleibe, dafür habe ich eine Garantie. Welche? Nun, ich habe oft und intensiv darum gebetet. Ich meine, bei einer solchen Gelegenheit darf einer das sagen, ohne geschmacklos zu sein. Wer seinen Vater um ein Ei bittet, der kriegt von ihm keine Schlange; wer Gott um die Gnade des echten katholischen Glaubens bittet, der braucht vor keinem Abfall zu bangen. So einfach ist das – für den, der glaubt. Daß manche, die in der Kirche etwas zu sagen haben, diesen Gedanken lächerlich finden werden, steht auf einem anderen Blatt. Ich bitte aber darum, jener Unglauben nicht mir anzulasten.

4. Damit sind wir beim nächsten Einwand: Hast du denn nicht am Tag der Priesterweihe, jetzt vor bald 10 Jahren, dem Bischof feierlich Gehorsam versprochen? Und jetzt brichst du dieses Versprechen. – Breche ich es? Man kann dieses Problem entweder weltlich oder göttlich betrachten. Weltlich gesehen, stellt es sich so dar: Im Mittelalter hatten die Bischöfe ein handfestes Interesse daran, ihre Priester bei der Stange zu halten. Da ging es um sehr reale, weltliche Machtfragen. Erst damals, mehr aus politischen als aus religiösen Gründen, ist dieses ungeheuerliche Versprechen in den Kirchenraum eingedrungen und bis heute darin verblieben, natürlich nicht nur aus Versehen, sondern weil es für die Bischöfe sehr bequem ist, gehorsame Untergebene zu haben. Ein solches sozusagen erpreßtes Gelöbnis absoluter Treue zu einer Institution paßt aber überhaupt nicht zu unserem Bewußtseinsstand – wer sich davon löst, verdient keinen Vorwurf, sondern eher einen Glückwunsch. Soweit die weltliche Betrachtung. Jetzt die göttliche: Ich habe dieses Versprechen damals zwar sichtbar dem Bischof gegeben, eigentlich aber Gott selbst. Deshalb habe ich auch nichts von Erpressung dabei gespürt, sondern alles war ein großer Friede. Gott macht es auf jeden Fall recht, das war mir klar. Und er hat es recht gemacht, allerdings jetzt plötzlich auf eine Art, die seinen Stellvertretern wenig paßt. Angenommen aber, es gehöre in einer Firma zum Aufnahmeritus der Lehrlinge, daß der Stift dem Prokuristen Gehorsam verspricht: dann kann trotzdem einmal der Chef höchstpersönlich dem Lehrling etwas anderes befehlen. Damit ist der seines Gehorsamsversprechens ledig. Normalerweise wird der Chef das dem Prokuristen mitteilen – wie aber, wenn dessen Leitung gerade besetzt ist? Dann kann es sein, daß der Prokurist einen furchtbaren Zorn auf den Stift bekommt – bis der Chef das Mißverständnis aufklärt. Ich hoffe, der Tag ist nicht fern.

5. Eine letzte Anfrage: Und wie, wenn du nach weiteren 10 Jahren feststellst, daß auch dein jetziger Entschluß ein Irrweg war, was dann? Auch das ist falsch gedacht. Mein Priestertum ist kein Irrweg, und der Zölibat ist keiner gewesen. Um des Him-

melsreiches willen ehelos zu sein ist eine wunderbare, gültige Le-
bensform; nach katholischem Dogma ist sie besser und seliger
als die Ehe. Wie alle katholischen Dogmen glaube ich auch die-
ses, freilich muß man es richtig verstehen. Besser und seliger ist
diese Lebensform, aber natürlich nur für die, denen es von Gott
gegeben ist, und solange es ihnen gegeben ist. Daß mir diese
Gabe geschenkt war, das weiß ich, und manche von Ihnen haben
es vielleicht zuweilen gemerkt. Jetzt ist mir statt ihrer ein anderes
Geschenk zuteil geworden. Was ist daran so verwunderlich? Die
Zeit gehört zu den geschaffenen, endlichen Dingen wesentlich
dazu. Manche Wissenschaftler nennen sie die vierte Dimension.
So wie alles unter dem Himmel eine bestimmte Länge, Breite
und Höhe hat, so auch eine bestimmte Dauer. Es wäre eine blöd-
sinnige Logik, etwa zu sagen: München ist schön, Nürnberg ist
nicht München, also ist Nürnberg häßlich. Ebenso töricht ist der
Gedanke: Zölibat und Ehe schließen sich aus, er heiratet, also
war der Zölibat ein Irrweg. Nein. Ich bejahe ausdrücklich die
gottgeweihte Ehelosigkeit als eine herrliche, freie Möglichkeit,
sich selbst als Mensch und Christ zu verwirklichen und vielen
anderen dabei zu helfen. Wenn ein junger Mensch mich fragt, ob
so zu leben denn möglich und sinnvoll sei, würde ich sagen: Und
ob! Wenn du die göttliche Klarheit in dir fühlst, daß dies dein
Weg sei, dann trau dich und geh ihn! Es gibt keinen schöneren. –
Wohl gibt es andere schöne. Daß ich jetzt auf einen solchen ge-
stellt bin – glauben Sie mir: davon war ich zuerst am allermeisten
selber überrascht. Aber es ist so, und mit genau derselben inne-
ren Gewißheit, wie der Mensch meines Namens einst ins Seminar
zog, tritt der Mensch meines Namens jetzt in den Stand der Ehe.
Ist es derselbe Mensch oder nicht? Das ist ein philosophisches
Problem, das man sich so oder so lösen mag. Während meiner
Studentenzeit hat mich die Frage gequält: Wenn ein Wurm zer-
schnitten wird und als zwei Würmer weiterlebt, wo kommt die
zweite Wurmseele her? Obwohl ich die Antwort immer noch
nicht weiß, macht das Problem mir keinen Kummer mehr. Ähn-
lich ist es hier! Vielleicht ist der, der ich gewesen bin, schon im
Himmel und wartet dort auf den, der ich sein werde? Jedenfalls
vertraue ich: Gott nimmt sie beide an, ob es zwei Personen sind
oder zwei Etappen einer Person.

Doch genug der Erklärungen. Wer nach all dem immer noch Ärgernis nähme, der wäre selber schuld und sollte lieber seine unerleuchtete Sturheit anklagen als mich. ›Als sie ihre Augen erhoben, sahen sie niemand als Jesus allein.‹ Seine Gegenwart genügt. Er bleibt bei euch, auch wenn ihr irgendwann überhaupt keine Priester mehr haben solltet. Er bleibt bei mir, auch wenn ich nicht mehr feierlich in seinem Namen am Altar stehen darf. Wer das Zeichen hat, der hat, wenn er nur will, auch dessen Wahrheit. Wer das Zeichen verliert, dem bleibt immer noch die Wahrheit. Wenn ein Kriegsgefangener ein Bild seiner Frau gerettet hat, dann hilft ihm dieses Bild oft, an die Wahrheit der Liebe zu glauben. Wenn er aber das Bild eines Tages verliert, dann bleibt ihm immer noch die Liebe. So ähnlich auch hier. Wer die Messe feiern darf, der erlebt voller Freude Gottes Heil. Wer sie nicht mehr feiern darf, dem bleibt erstens die Erinnerung, zweitens die Hoffnung, drittens und vor allem aber die ungetrübte Gegenwart des Heils. Denn die Wirklichkeit ist unendlich intensiver als alle ihre Zeichen.

»Als sie ihre Augen erhoben, sahen sie niemand als Jesus allein.« Deshalb: Erheben wir unsere Augen! Suchen wir nicht nach Dreck. Was einer sucht, das findet er: wenn Dreck, dann Dreck; wenn Gott, dann Gott. Erheben wir unsere Augen und schauen wir auf Jesus allein. Sein Name bedeutet: Gott ist Heil. Glaubst du das? Ich ja. Amen.«

Bald 16 Jahre ist es her, daß ich mich von der Großstadtpfarrei verabschiedet habe, wo ich drei Jahre lang Kaplan gewesen war. Und über 32 Jahre ist es her, daß der Jurastudent im dritten Semester eines Abends die Leselampe ausknipste; da ging ihm der Gedanke durch den Kopf: Soll ich Theologie studieren? *Warum eigentlich nicht?* Am nächsten Morgen sage ich zum Leiter der Münchner Studentengemeinde: »Pater Mariaux, ich werde Jesuit.« – »Du Jesuit? Nein. Du gehst ins Priesterseminar.«

Jemand kann den Geschmack eines Spitzenweins dankbar verkosten und ihn trotzdem auch chemisch analysieren; Wahrheit des Ganzen und Richtigkeit im einzelnen stören einander nicht. Ähnlich glaube ich nach wie vor an meine göttliche Berufung zum Priestertum und meine doch, einige der Faktoren zu kennen, die zu jenem Entschluß führten. Als Schüler des Augsburger Benediktinergymnasiums St. Stephan hatte ich eine Reihe von Priestern hochgeschätzt. Die philosophischen und theologischen Bücher in der Bibliothek der Studentengemeinde zogen mich unvergleichlich mehr an als meine Pflichttraktate über Erbrecht und Strafprozeß. Überdies hatte P. Mariaux – wohl weil ich ihm gar zu linkisch und weltfremd vorkam – mich autoritativ zu einem Tanzkurs abgeordnet. Den brach ich jetzt erleichtert ab.

Nie vergesse ich die Freude des ersten Mainachmittags im Bamberger Priesterseminar. Hinter hoher Mauer wohlgeborgen, lese ich unter rotblühenden Bäumen ein Buch von Guardini und weiß: Das ist nicht mehr bloß deine Lust, sondern von jetzt an auch deine Pflicht. Alter und neuer Mensch im Einklang – da fühlt einer sich doppelt lebendig. Gegen Ende des ersten Semesters läßt der Regens mich rufen und eröffnet mir mit ernster Miene: »Wir haben Sie beobachtet und sind zu dem Beschluß gekommen, daß Sie nicht bei uns bleiben.« Doch ehe der eisige Guß mich erstarren läßt, folgt ihm der heiße: »Vom Herbst ab schicken wir Sie ins Germanikum nach Rom.«

Dort durfte ich neun Jahre verbringen, vom 20. bis fast zum 29. Geburtstag. Von dieser so erfüllten Zeit läßt sich auf wenigen Seiten nicht angemessen berichten. Um das Bild nicht zu verfälschen, müßten neben den erzählbaren Geschehnissen auch die unzähligen trockenen Vorlesungsstunden stehen (die Unterrichtssprache war Latein in den buntesten Dialekten) oder etwa die nächtlichen Mücken (akustisch vom harmlosen O-Bus kaum zu unterscheiden) während der Sommerwochen vor den Examina.

Die Kollegsgemeinschaft begann schon während der Bahnfahrt nach Rom. Als der Zug am Brenner hielt, lieferten Hans Medele und ich uns eine kleine Schneeballschlacht. Während der Allerheiligenlitanei bei der Priesterweihe sechs Jahre später lagen wir nebeneinander am Boden ausgestreckt. Wieder zwölf Jahre danach, im August 1974, als ich in Spanien die Familie meiner Frau kennenlernte, ist Hans Medele am Matterhorn tödlich abgestürzt. Miteinander haben wir vor Prüfungen

Begriffe gepaukt, im Ferien-Paradies San Pastore Theater und Handball gespielt oder Lebensrettungsübungen gemacht, von Ausflügen heimkehrend im Linienbus erschöpft Rosenkranz gebetet, bei der Priesterweihe unsere ganze Zukunft Gott anvertraut. Und heute? Beide sind wir nicht länger Priester, tauchen in der Beschäftigtenstatistik nicht als solche auf. Zum Glück besteht das Reich Gottes nicht im Zählen. Was der Fall ist, macht bloß sein Gefäß aus; zum Trinken aus der Heilsquelle braucht es keinen Becher. Ich bin gewiß, daß mein Freund weiterhin am Wirken ist, und hoffe dasselbe für mich; das unauslöschliche Merkmal überdauert jegliches Ende auf der *superficies historica*.

Der Begriff dieser »geschichtlichen Oberfläche« stammt, glaube ich, von Ambrosius, kam jährlich im Brevier vor und war einer der Lieblingsausdrücke unseres Spirituals. 67 Jahre zählte P. Klein, als ich 1956 ins Kolleg eintrat, war also einer der ältesten Hausbewohner und zugleich von mitreißender Jugendlichkeit; denn »ewiges Leben heißt: Tag für Tag neues Leben!« Ein Teil der Kommunität war von ihm begeistert, andere kamen mit ihm nicht zurecht. Im Rückblick kommt er mir wie ein knorriger Zenmeister vor; er hatte eine Zeitlang in Japan verbracht, wenn ich nicht irre, die Sophia-Universität der Jesuiten in Tokio mitgegründet. Er lehrte uns die geschichtliche Oberfläche von dem in ihr Verborgenen kritisch zu unterscheiden. Kam man mit irgendeinem Projekt zu ihm, auf das man entsprechend stolz war, so hörte man als Antwort ungefähr: »Sehr schön, das ist nicht nichts. Aber das macht es nicht.« – »Ja, was macht es denn?« – »Das wissen Sie doch: Glauben, Hoffen und Lieben.« – »Und wie weiß ich, daß ich das tue?« – »Das Wissen macht es nicht.« Knirschte einer dann, das sei doch ein circulus vitiosus, dann mochte der »Sprit« heiter lächeln: Nein, circulus vitalis.

Soweit es an Pater Klein lag, ließ er uns aus dem wirbelnden Kreis des Heiles nicht ausbrechen in die geruhsame Oberflächlichkeit dessen, der »sein Sach«, gar seinen Gott, auf etwas gestellt hat und meint, dies mache es nun. Als bei Tisch ein Bischof ihm vorhielt, seine offene Kritik an kirchlichen Wunden sei nicht angebracht, soll er geantwortet haben: »Wissen Sie,

Exzellenz, ich möchte den jungen Leuten eine große Liebe zur Kirche beibringen, aber keine Illusionen.« Nach einem Rektorenwechsel erfuhr das Kolleg schmerzhaft das Neue-Besen-Prinzip. Die aufgescheuchten Gemüter zu beruhigen, legt der Spiritual uns am Abend das morgige Sonntagsevangelium aus: Wen sehen wir da? Den guten Hirten und seine Schafe. Er kennt die Seinen und die Seinen kennen ihn. Wen sehen wir im Evangelium nicht? Den braven deutschen Schäferhund, der wild um die Herde herumbellt. Den braucht es nicht. Ich kenne die Meinen, sagt der gute Hirt, und die Meinen kennen mich. – Nun, seither hat Christi Herde manche noch gewaltigeren Schäferhunde ertragen, deutsche und andere.

Pater Kleins befreiende Freiheit war von tiefer Kirchlichkeit getränkt. Zur regelmäßigen Beichte hat er uns ernst ermahnt: »Wie wollen Sie später den Menschen die Beichte abnehmen, wenn Sie selber nicht beichten?« Jeden Samstag konnte man auf dem Gang vor seinem Zimmer im 4. Stock die Studenten gesenkten Hauptes wandeln sehen. Wenn ich jetzt, nach so vielen Jahren, durch eheliche, kindliche oder kollegiale Kritik mit der Nase wieder einmal auf irgendeinen alten Seelenschmutz gestoßen werde, dann ist sofort jenes Grundgefühl von damals wieder da: das ätzende göttliche Gericht über ein verkorkstes Selbstprogramm, zusammen mit der Hoffnung auf Verzeihung und erlösende Neuprogrammierung. Gegen ein verbreitetes Vorurteil bin ich deshalb überzeugt, daß verheiratete Priester mit ihren Ehekrisen eher fruchtbar fertig werden müßten als Männer ohne solches geistliches Training. Wer so oft auf absolute Kritik geschaltet war, wie eifrige Seminaristen es sind, der hält das göttliche Richten (das ja stets Hinrichtung und Herrichtung in einem ist) auch dann willig aus, wenn es sich der Zornrede einer Frau als seines Mediums bedient.

Jeden Morgen gingen wir in unseren roten Talaren über die Piazza Barberini und an der Fontana di Trevi vorbei zur »Schule«, der päpstlichen Jesuiten-Universität Gregoriana. Dort lehrten und studierten Leute (genauer: Männer) aus Dutzenden von Nationen. In den viertelstündigen Vorlesungspausen ging ich am liebsten mit dem oder jenem neugewonnenen Kameraden auf und ab, den Horizont erweiternd und

Fremdpsrachen übend. Nazario aus Mallorca lehrte mich Spanisch, José Ferreira und Antonio Flecha aus dem »Frommen Brasilianischen Kolleg« brachten mir etwas von ihrer wohllautenden Sprache bei; das kommt mir derzeit, wenn ich Leonardo Boff und andere Befreiungstheologen übersetze, gut zustatten.

Für meine wichtigste Bekanntschaft aus solchen Viertelstunden halte ich Philippe Fanchette, einen Halbinder von der Insel Mauritius, der im französischen Kolleg wohnte. Was mag aus ihm geworden sein? Pfarrer, Bischof, Professor, Vater, Rebell? Seit zwanzig Jahren ist der Kontakt unterbrochen. Ihm verdanke ich zum einen den Hinweis auf Gregor Palamas, den Athosmönch und Kirchenlehrer der Orthodoxie, vor allem aber den lebendigen Zugang zur Weisheit Indiens. Hin und wieder brachte Philippe Samisdat-Literatur mit, getippte Blätter ohne Imprimatur. Eine wunderschöne Frechheit daraus blieb mir im Gedächtnis: »Warum hat das Christentum sich in Europa ausgebreitet und nicht in Indien? Weil Gott eben, wie Paulus schreibt (1 Kor 1,27), das Dumme der Welt erwählt hat, um die Klugen zu beschämen, und das Schwache der Welt erwählt hat, um das Starke zu beschämen.« Für den bildungsstolzen Europäer war das eine einigermaßen überraschende Perspektive.

Eines Tages nahm Philippe mich zu Raimund Panikkar mit, damals Studentenpfarrer an einer staatlichen Hochschule in Rom. Er erklärte uns, daß er zugleich Hindu und katholischer Priester sei, und daß der Hinduglaube jenseits der biblischen Kategorien Heidentum – Judentum – Christentum stehe als etwas ganz Eigenes, christlich noch kaum Bedachtes. Er führte uns in des großen Schankara A-dvaita (Nicht-zwei)-Wahrheit ein und wies uns auf Meister Eckhart hin – Figuren, die im Gregoriana-Lehrplan so wenig vorkamen, daß sie nicht einmal als *adversarii* zerschmettert wurden. Der Begegnung mit Don Raimundo verdanke ich es, daß ich die indische Weisheit aus Quellen trinken durfte und nicht auf Guru-Limonade angewiesen bin. In unseren Jahrzehnten, da der Planet geistig zusammenwächst, gehört die Polarität zwichen der all-toleranten, geschichts-inseitigen Selbstmystik Indiens und dem christlichen Leib des einmaligen göttlichen JA zu jenen fundamentalen

Spannungen, deren Balance gelingen muß, sollen die Bewohner von Terra an ihrer Seele gesund werden.

Eine weitere heilsnotwendige Polarität ist die von Vater und Mutter. Lange bevor es so etwas wie feministische Theologie gab, stieß ich völlig unvermutet auf die Spur der Göttin und lernte, »Mutter Unser« zu beten. Das kam so. 1961 las an der Gregoriana der Kanadier P. Lonergan SJ den Traktat »De Deo Trino«. Unvergeßlich, wie er in breit-englischem Latein zusammenfaßte: »Es gibt also in Gott fünf Notionen, vier Relationen, drei Personen, zwei Hervorgänge, einen Gott – und kein Begreifen.« Sein strenges, an Thomas und moderner Wissenschaft geschultes Denken war vielen zu abstrakt; abschätzig sprach man von Trinitätsmathematik.

Eines Sonntagnachmittags spüre ich Lust, mich in diese Ableitungen zu vertiefen. Thema sind die Hervorgänge des Sohnes aus dem Vater und des Geistes aus Vater und Sohn. Ich »rechne« P. Lonergans Beweisgänge nach – und stutze. Sie stimmen, alles ist logisch und korrekt. Nur: Es ließe sich ebensogut und mit demselben Recht genau andersherum auch argumentieren. Kein Wunder; schließlich ist Gottes dreieiniges inneres Leben von höchster Schönheit und allseitigster Sinnfülle. Das Ergebnis allerdings verblüffte mich: *filius a patre spirituque.* Wenn der Sohn aber nicht nur vom Vater ausgeht, sondern auch vom Heiligen Geist, was anderes ist »dieser« dann als des Logos und unsere göttliche Mutter?

Abenteuerliche Wochen folgten: der Weg von spielerisch-rationaler Hypothese zu herzlich verspürtem, existentiell gewagtem und kirchlich verantwortetem Glauben. Im Kolosserbrief (1,13) las ich von Christus als dem »Sohn der Liebe« Gottes. Das war jetzt keine blumige Rede mehr, sondern höchst präzis gesagt: Sofern die Heilige Liebe sich vom Vater auf den Sohn richtet, geht Sie diesem vorauf und darf Mutter heißen; ihr anderer Aspekt ist die Gegenliebe vom Sohn zum Vater zurück, und beide Lieben sind eins. Als ich P. Lonergan meinen Fund mitteilte, sprach er sich dagegen aus. Die Zeit für die Göttin war in der Öffentlichkeit der Kirche noch nicht da.

Privat aber betete ich zu ihr, auch beim Brevier: Ehre sei dem Vater und dem Sohne und der Heiligen Liebe. Das traute ich mich um so eher, als damals Weihbischof Josef Zimmermann von Augsburg eine Zeitlang im Germanikum wohnte und meine These ernst nahm. Er hatte bereits 1941 – in einem Samisdat-Heft *mit* Druckerlaubnis – den Heiligen Geist als die weibliche schenkende Liebe von der begehrenden männlichen Liebe als ihrem Gegenpol unterschieden: »Der *Mensch* ist Gottes Ebenbild, nicht bloß der Mann oder bloß das Weib. Was darf es uns wundern, wenn sich in Gott beide Arten der Liebe finden, ja daß gerade die Gegensätzlichkeit dieser beiden sich wunderbar ergänzenden Liebesformen personenbildend ist?«

Hier fehlt zwar das Wort »Göttin«, der Begriff aber ist da, deutlich genug. Doch schlug Zimmermanns These keine Wellen; bis heute nimmt die Theologenzunft ihn nicht zur Kenntnis, obwohl ihm die tiefste, unausreißbarste (weil trinitarische) Verankerung der feministischen Glaubenswahrheit gelungen ist. Von der Christenheit ergriffen, wird diese den männischen Kirchenapparat hoffentlich radikaler umgestalten als jede Reformation bisher.

In die Spannung zwischen Religion und Atheismus riß mich nicht die Begegnung mit bestimmten Menschen, sondern mit einem philosophischen Rätsel hinein. Das Denken der Hochscholastik, insbesondere des heiligen Thomas von Aquin, bildete den Rahmen, innerhalb dessen wir ausgebildet wurden. Später verargte ich es dem System, daß es so viel anderes ausblendete. Jetzt bin ich ihm wieder dankbar; denn von den Gipfeln des 13. Jahrhunderts aus lassen andere Gipfel sich besser erblicken als aus dem Dunst niedriger Unverbindlichkeit. Der scholastische Gottesbegriff *esse subsistens* (in sich stehendes Sein) hatte mich überzeugt. Wie unendlich zweideutig dieses Denkzeug ist, ging mir am 7. Dezember 1959 in einer Einsicht von solcher Wucht auf, daß ich an jenem Abend lang auf der Terrasse hin und her stürmte und in der Folge siebzehn Jahre brauchte, bis ich (im Buch »Gott Du unser Ich«) das Eingesehene verständlich mitteilen konnte. Der erste Mitteilungsversuch lief ins Leere. Auf einem Blatt von damals heißt es knapp:

a) Gott ist das Sein	b) Gott ist das Sein
ich bin	ich bin nicht das Sein
Gott ist ich.	ich bin nicht Gott.

Gott ist also ich, aber ich bin nicht Gott… Nun sind aber sowohl »Gott« als auch »ich« keine Genus-Begriffe, sondern konkrete Namen. Werden solche jedoch voneinander affirmiert, so darf ich sie vertauschen. Ich darf darum auch so ausdrücken:

a) ich bin Gott	b) Gott ist nicht ich.

Damit widersprechen beide Wahrheiten sich ins Angesicht, wenn ich die Erstform der einen mit der Umformung der anderen zusammenbringe. Als ich mit diesem Zettel zu Mitstudenten und Hausautoritäten ging, spürte ich wenig Verständnis und schloß ihn weg.

Diese Polarität zwischen dem selbstsicheren Linken (der seinen Lebenssinn im eigenen Ich findet) und dem frommen Rechten (der sich von DIR, Gott, abhängig weiß) hat mir das Gleichnis der beiden verlorenen Söhne allmählich metaphysisch aufgeladen: Im Älteren liebt der Vater die Hingabe, im Jüngeren die Selbständigkeit.

In eine praktische Krise hat diese Spannung mich bei einem an sich lächerlichen Anlaß gebracht. Weil jeder Durchbruch zur Einheit beider Pole dieselbe typische Struktur zeigt, die sich auch bei ernsthafteren Krisen vollzieht, deshalb will ich das kleine Erlebnis hier doch erzählen.

Solange ich noch nicht zum Brevier verpflichtet war, hatte ich die Psalmen gern nach dem kraftvollen Text von Martin Buber gebetet. Plötzlich war es dann soweit: Unter der Drohung, in schwere Sünde zu fallen, mußte ich täglich genau vorgeschriebene Texte rezitieren, und natürlich in der »Sprache der Kirche«, auf lateinisch. So schrieb das Kirchenrecht es vor, weil nur approbierte Ausgaben zugelassen waren. Galten meine lieben Buber-Psalmen wirklich nicht? Ein subtiles Moralprinzip kam mir zu Hilfe: »Ein in sich leichter Umstand kann nicht schwer verpflichten.« Die *Sprache* des Gebets ist aber doch wohl, wenn einer im stillen Zimmer allein vor Gott steht, nur ein leichter Umstand! Mit dieser These wandte ich mich im November 1961 (ein Jahr vor Beginn des Konzils) an Pater Zalba, unseren spanischen Moralprofessor. Widerlegt hat er sie nicht, angenommen auch nicht. (Wo kämen wir – und er! – sonst wohl hin?) Verdrossen blieb ich beim Latein. Bis das Moralgeschwür eines Tages aufbrach. Ich hatte das lateinische und das deutsche Buch vor mir liegen und steckte plötzlich in der Zwickmühle: Nähme ich das deutsche, wäre ich aufsässig; nähme ich das lateinische, würde ich Gott ja zum dummen Tyrannen machen, d. h. noch schlimmer beleidigen. Ich war wie gelähmt. Da fiel mein Blick im Brevier auf den Satz: *Deus caritas est.* Ich mußte lachen.

Den Hochsommer 1963 verbrachte ich, schon »ausgeweiht«, als Aushilfe in Peulendorf in einem leergeräumten Pfarrhaus; nur Bett, Stuhl und Tisch in einem Zimmer. Dort entstand zur russischen Melodie des Zwölfräuberliedes der »Zölibatssong«. Die ersten Strophen heißen:

Schlampig das Zimmer und ich allein, schön nenn ich das Leben nicht, durstig das Herz, alle Sinne schrein. Aber kein Friede in Sicht.

Voll sind die Tage, wer weiß womit, leer sind die Nächte, wozu? Ach, neben mir geht kein lieber Schritt. Hochwürden heißt's, doch nie: du.

Bücher und Lieder sind meine Stärk, Eva allein wär das Glück. Nicht meines Wesens ist fremdes Werk, eigenes kehrt nie zurück.

Wohl ist es wahr, daß ein Freier hehr schon meine Seele gewann, nur fällt, die Seele zu spielen, schwer – schlecht steht das Brautkleid dem Mann.

Solch nie gestillter Wunsch war freilich nur der eine Pol jener belebenden Spannung; ihr anderer Pol, die überströmende Zärtlichkeit des Ganzen, muß nicht den einen, kann nicht den anderen mit Worten erklärt werden. »*Bist nicht verlassen, nur blind und taub,*« heißt es später im Lied. Die beseligende Huld im Herzen des Alls sehen und hören lernen muß, bis zum großen Erwachen, jeder, gleich welchen Standes, immer wieder neu.

Es folgten zwei stille Jahre der Doktorarbeit; ihr Thema war ein Vergleich von Thomismus und Palamismus. Von vier angefertigten Teilen wurde der erste (historische) von der Universität schließlich angenommen und später zusammen mit dem zweiten (dogmengeschichtlichen) im Würzburger Augustinus-Verlag gedruckt. Im August 1965 wurde ich von Rom nach Naila versetzt, der Praxisschock war spürbar.

Was soll ich von meinen sieben Kaplansjahren berichten? Zwischen Altar, Beichtstuhl, Klassenzimmer, Friedhof, Jugendheim, Krankenhaus, Wohnstuben und Schreibtisch ging es hin und her, viel war zu hören, zu denken und zu sagen, manches zu tun. Ein »Höhepunkt« war jener Nachmittag, als mich drei Feuerbestattungen hintereinander trafen. Der Religionsunterricht fiel mir mitunter sauer. 20 Wochenstunden hindurch die Frohbotschaft der Befreiung im Zwangssystem Schule auszurichten, ist schon eine paradoxe Sache. »Lou ma mei Rou«, meinte ein Flaschnerstift einmal verdrossen – ich tat's. Am ärgsten war die wöchentliche Schulmesse in Naila. Während vorne der Herr Dekan lustlos amtete, mußte ich zwischen den Bänken auf und ab gehen, damit die lustlosen Schüler nicht allzu lustig würden.

Im Januar 1966 zog die Bundeswehr in Naila ein. Zum Hauptgottesdienst am Sonntag darauf wurden Offiziere und Soldaten in der Kirche erwartet, mit dem Predigen war ich dran. Nachdem der Herr Dekan bei der Frühmesse vom Beichtstuhl aus meine Predigt angehört hatte, mußte er voller Entsetzen in aller Eile selbst eine Predigt entwerfen. Tatsächlich entsprach meine naive Deutung nicht recht dem feierlichen Anlaß: »Angenommen, Herr B. (der führende Transportunternehmer des Städtchens) läßt seine zwei besten Fahrer sich in die zwei stärksten Lastwagen setzen und sagt zu ihnen: So, jetzt stellt euch Kühler gegen Kühler und dann drückt aufeinander los, so sehr ihr könnt – dann würden die Verwandten wahrscheinlich nach dem Irrenarzt schicken. So etwas zu tun ist offenbar Wahnsinn. Wenn es sich aber nicht um eine Firma handelt, sondern um ein ganzes Volk; wenn es nicht zwei Lastwagen sind, sondern hunderttausend; wenn nicht nur Motoren wirkungslos gegeneinander wüten, sondern Tausende von Menschen jahrelang ihre ganze Kraft gegeneinander stemmen; wenn das Ergebnis nicht ein Autofriedhof ist, sondern ein Massengrab: dann soll man nicht von Wahnsinn sprechen? . . . Vielleicht denkt jetzt mancher von Ihnen: Schuster, bleib bei deinen Leisten! Kaplan, rede von Gott und der Frömmigkeit, aber nicht von Politik! Nun, ich rede nicht von Politik. Die Politik sieht nie aufs Ganze, sondern kümmert sich um ein besonderes Interesse; unseren Politikern ist die Sicherheit der Bundesrepublik anvertraut, denen drüben geht es um die Sicherheit ihrer DDR. Ob sie, so gesehen, recht haben oder nicht, das zu entscheiden kommt der Kirche nicht zu. Sie kann aber feststellen, daß dann, wenn man beide Armeen *zusammen* betrachtet, das heißt eben, aufs Ganze gesehen, ohne Zweifel in größtem Umfang mit feinstem Scharfsinn der grauenhafteste Unsinn getrieben wird... Gott steht unermeßlich *über* den streitenden Parteien, aber Gott ist *in* jeder kleinen Tat der Liebe, ob sie in Naila oder in Moskau oder gar in Peking geschieht.«

Von Zeit zu Zeit, wenn die Gefühle besonders erregt waren, gelangt mir in jenen Jahren ein Lied. Im Juni 1968 entstand nach einer Hochzeitsfeier der Ohrwurm *Angela*. Alle hatten getanzt, auch ich mit der kleinen Cousine der Braut, wir hatten uns prächtig verstanden. ICH / DU / WIR sind die vielleicht besten Begriffe zum Verständnis der Heiligsten Dreifaltigkeit: reine Beziehungswörter. Daß menschliche Beziehungen an den innergöttlichen Anteil haben, das macht ihren unergründbar tiefen Sinn aus:

Das Mägdlein aber war zehn Jahr und mein eine halbe Stunde.

Wir tanzten durch die Tänzerschar in ewigkeitstrunkenem Bunde. Denn du bist DU *und ich bin* ICH *und wir sind* WIR *für immer: was heute war, kann nicht vergehn. Der Kern des Jetzt ist Gott.*

Bald wird die Knospe Rose sein in jemands umzäuntem Garten; aus Most reift ihm erlesner Wein – und ich will den Himmel erwarten. Denn du bist DU *und ich bin* ICH *und wir sind* WIR *für immer: was heute war, kann nicht vergehn. Der Glanz des Einst war Gott.*

Die Rose welkt und fault zuletzt, vom Wein bleibt die leere Flasche. Die Plätze werden neu besetzt. Zwei Fröhliche enden als Asche. Doch du bist DU *und ich bin* ICH *und wir sind* WIR *für immer: was »Heute« war, kann nicht vergehn. DAS HERZ DER ZEIT IST GOTT.*

Dann geschah die zweite Wende, lustigerweise wieder mit derselben Formulierung: heirate ich sie? *Warum eigentlich nicht?* Nach der Abschiedspredigt zogen wir in eine Wohngemeinschaft, doch nach einem Dreivierteljahr wieder aus, weil Kinder dort unerwünscht waren. Bei der kanonischen Vernehmung im Ordinariat konnte und wollte ich keine Gründe finden, die mein Priestertum als Irrtum hätten erscheinen lassen. Im Gegenteil, gab ich amtlich zu Protokoll, ich käme mir vor wie ein halb ins Wasser getauchter Bleistift: Alle Welt spricht von gebrochener Existenz, täuscht sich aber; er selbst weiß, daß er ganz und gerade ist. Die Dispens aus Rom kam überraschend bald.

Im Aufsatz »Treu und Neu« begründe ich, warum die Unkalkulierbarkeit der päpstlichen Dispenspraxis mir als geistlich wertvoll erscheint: Niemand sieht voraus, wie der nächste Papst sich verhalten wird, deshalb ist es einem jungen Mann möglich, sein ganzes Leben an diese Entscheidung zu setzen. Stünde die Dispensmöglichkeit von vornherein fest, so könnte er sich nur vorläufig binden. Karl Rahner meinte im Herbst 1980 am Frühstückstisch im Germanikum, dieser Artikel habe ihm gefallen, weil die Autoritäten wohl nicht leicht sagen könnten, wie sie zu dieser These stünden. Ich meine sie freilich nur theoretisch, als geistliche Wertung einer Sinnmöglichkeit innerhalb des bestehenden Rechtszustandes der Ungewißheit. Ein geistlicher Wert macht ja als solcher die Zustände, die er voraussetzt, keineswegs erstrebenswert! (Wenn jemand einen Juden vor den Nazis versteckte, war er ein Held. Daß solches Heldentum in ordentlichen Zeiten unmöglich ist, rechtfertigt nicht das Unrechtssystem.) Praktisch bin ich für die Dispenspolitik Pauls VI. und für die Wiederzulassung Geschiedener zu den Sakramenten. Christus ist der Neue Anfang. Wer im morgendlichen Meer wieder auf den Goldteppich zuschwimmen will, den die Sonne aufs Wasser blitzt, der muß, aus dunkler Tiefe auftauchend, nicht an den Ort zurück, wo er im Sinken das Gold verlassen hatte, sondern darf sich ihm da zuwenden, wo er jetzt ist.

Das ebenso wichtige komplementäre Prinzip Treue kann institutionell zwar gestützt, aber nicht durchgesetzt werden. Wochen vor seinem Tod sagte mir in Rom der angesehene Moraltheologe Pater Hürth, die Ehe sei – von Gott aus gesehen – deshalb unscheidbar, damit junge Eheleute nicht schon beim ersten Krach auseinanderliefen; das muß unbedingt verhindert werden. Die bloße Möglichkeit der Scheidung zöge allzuoft ihre Wirklichkeit nach sich, deshalb muß sie unmöglich sein und bleiben. Das Argument klingt gut, ist aber doch wohl so zu verstehen, daß die Scheidung *moralisch* ähnlich unmöglich ist wie der Mord. Auch eine Ehe ist ein menschliches Lebewesen. Aus dem absoluten Verbot des Mordes folgt aber doch nicht, man solle den Tod des Ermordeten nicht gelten, die Leiche vielmehr unbestattet im Wohnzimmer verwesen lassen, wie es vielen sogenannten katholischen Ehen ergangen ist und ergeht.

Nach einem Jahr Arbeitslosigkeit war ich fünf Monate als städtischer Mitarbeiter im Nürnberger KOMM tätig. Dort wird mit viel Engagement und aufreibender Arbeit versucht, seelisch und geistig heimatlosen jungen Leuten nicht nur den trügerischen Eindruck, sondern die Erfahrung zu vermitteln, daß sie angenommen sind. Ich bin sympathischen Zweiflern und Atheisten begegnet und habe manches (mindestens mich, d. h. meinen linken Pol) weiterbringende Gespräch führen können. Nicht wenige, die von ihrer sehr bestimmten Sicht durchdrungen waren, störten sich allerdings bald an meiner kämpferisch anti-ideologischen Ideologie des Anti-ism-ismus (auch Weiß ist eine Farbe, hatte ich von Gilbert Chesterton gelernt). Schließlich wurde ich von der »links«-majorisierten Vollversammlung als nicht länger tragbar entlassen. Mir war es recht, doch möchte ich jene so ganz andere Zeit nicht missen.

Ich bewarb mich bei katholischen Akademien und als Religionslehrer, ohne Erfolg. Der Münchner Erzbischof Döpfner, selbst Altgermaniker, war während des Konzils oft im Kolleg und kannte mich. Von einem seiner Mitarbeiter mußte ich am Gründonnerstag 1974 telefonisch hören: »Der Herr Kardinal hat abgelehnt.« Damals war ich niedergeschlagen, heute bin ich ihm dankbar, besser: der Quelle seines Nein. Unterm

Krummstab ist gut leben, aber die Luft der Secular City macht frei.

Am Osterdienstag ging ich zur Abendsprechstunde ins Münchner Arbeitsamt. In dem Beruf, zu dem man mir dort riet, bin ich jetzt schon dreizehn Jahre tätig, und zwar gern. Er bringt mich viel mit jungen Menschen zusammen und führt oft genug in existentielle Tiefen, die der Kaplans-Alltag nicht häufiger erreichte. Neben diesem Haupt- und Brotberuf übe ich noch zwei andere aus, zum einen den des Gatten, gelegentlichen Hausmannes und Vaters von fünf Kindern, zum andern den eines forschenden und schreibenden Theologen. Drei Berufe zu haben bringt den Vorteil mit sich, daß man sich stets von mindestens zweien erholt und den seltenen Urlaub von allen dreien als besonders köstlich erlebt.

Dankbar bin ich meinen katholischen Glaubensgeschwistern dafür, daß ich als Priester ohne Amt keinerlei Diskriminierung erfuhr. Mein letzter Pfarrer, der noble Dekan Paul Holzmann, hat mir mit einem freundschaftlichen Zeugnis den Weg in den neuen Beruf geebnet. Von keinem Gemeindemitglied kam auch nur die geringste Schmähung; sogar unsere gute überkatholische Seele, für die jede Handkommunion ein Teufelswerk war, hat mich herzlich verabschiedet. Unser Ältester wurde zusammen mit zwei anderen Kindern in einer ökumenischen Feier getauft, die Zweite von meinem Freund Ernst Schmitt (der mich als Regens nach Rom geschickt hatte), die Dritte von einem Mitstudenten aus dem Kolleg, dem dänischen Indiomissionar in Peru, Peter Hansen; seine Ansprache in der alten Kapelle von Altenfurt (»wir leben so wenig, weil wir uns so wenig zu sterben trauen«) hat auch die Heiden unter den Taufgästen erreicht. Der Vierte wurde von Paul Holzmann getauft, und die Fünfte – auf daß auch die südliche Traditionslinie der Kirche durch unsere Familie fortgeführt werde – in Spanien, nämlich in jener Kapelle am Meer, in die meine Frau als Kind während ihrer Ferienwochen am noch menschenleeren Strand zur Sonntagsmesse kam.

Für unser fünftes Kind habe ich, während es noch unterwegs war, ein Buch geschrieben (»An Quintulum oder Seiltanz des Herzens«). Die ideologischen Grundspannungen, die von der einen Menschheit – auch in jedem von uns – ausbalanciert werden müssen, führen zu gegensätzlichen Takten eines umfassenden Rhythmus: Jeder Takt stimmt, sofern und solange er »dran« ist (dies scheint mir die deutsche Übersetzung des neutestamentlichen *kairos*), und wird zur tödlichen Häresie, sobald er die eigene Wahrheit als isolierte durchhalten, den anderen Takten überlagern und anders geschalteten Menschen aufzwingen will.

Eine ähnliche Thematik verfolgt auch das derzeit entstehende Buch (Arbeitstitel: Gespanntes Heil): Die Wahrheit hat für uns Menschen – und auch für die Kirche – nicht die Form eines Klotzes, den man be-sitzen oder anderen an den Kopf werfen kann, vielmehr ist ihr Grundmodell die unendliche innergöttliche Gespanntheit der Dreieinigkeit. Welche Folgen sie für den christlichen Umgang mit fremder Wahrheit und deren Anhängern hat, hätte, haben sollte, noch nicht hat, das zu erforschen verdient alle Leidenschaft.

So möchte ich mit dem, was ich schreibe, meinen geringen Beitrag dazu leisten, daß die Menschheit im Großen mehr und mehr das wird, was Gottes Gnade den Meinen und mir im Kleinen zu sein geschenkt hat: eine normale, ohne Harmoniezwang insgesamt doch friedliche Familie.

KARL KERSCHGENS

1939 Geburt in Mariadorf, 1959–1963 Studium der Philosophie und Theologie in Bonn und Freiburg, 1965 Priesterweihe durch Bischof Johannes Pohlschneider in Heinsberg (bei Aachen), 1965–1968 Kaplan in Monschau und Aachen, 1968–1970 Studium der Romanischen Philologie an der Universität München, 1971–1982 Berufsberater für Abiturienten und Hochschüler in Südbayern und in Darmstadt, 1979–1980 Mitglied des Bundesvorstands der Grünen, 1982–1985 Abgeordneter des Hessischen Landtags, 1985–1987 Staatssekretär im Hessischen Ministerium für Umwelt und Energie in Wiesbaden, seit 1987 freier Mitarbeiter der Fraktion DIE GRÜNEN im Hessischen Landtag. – 1969 Laisierung, 1970 Heirat mit Dorothea Schowalter.

»Ehemaliger Kaplan verhandelt mit Börner« – diese Botschaft war schon eine Nebenschlagzeile wert. Priester in der Politik sind sicher die Ausnahme, aber darauf lag nicht der Ton. Für viele Journalisten bin ich immer noch – 20 Jahre nach dem Berufswechsel – der ehemalige Kaplan.

Diese permanente Hinzufügung bohrt in einer Wunde: in der schmerzlichen Trennung von einer mit hohen Erwartungen übernommenen Aufgabe in der Kirche. Betont werden soll ja auch nicht das Gütezeichen »Theologe«, sondern suggeriert werden soll ein Makel. Ganz im Sinne der Konservativen in der Kirche. Im Laisierungsbescheid wurde mir öffentliches Auftreten in meinem bisherigen Wirkungskreis untersagt. Der ehemalige Kaplan ist der offiziellen Kirche wohl eher ein Dorn im Fleisch. Darüber soll besser Gras wachsen. Priester im Laienstand sollen kein Aushängeschild sein. Tatsächlich aber ist die Laisierungspraxis kein Ruhmesblatt für die Kirche.

Ich habe keinen Grund, meine Beziehungen zur katholischen Kirche, meine Erfahrungen in ihr und mein Leiden an ihr zu leugnen. Ich stehe auch zu diesem Teil meiner Lebensgeschichte positiv, empfinde sogar Dankbarkeit für diesen Lebensweg, für das, was mir mitgegeben wurde und wodurch ich lernte, freier zu werden.

Im christkatholischen Glauben und Wertesystem des rheinischen Katholizismus in einer Bergarbeitergemeinde im Landkreis Aachen bin ich aufgewachsen. Die Kirche war in dieser Gemeinde der geistige und gesellschaftliche Mittelpunkt. Ein Pfarrer – später zum Dechanten ernannt – und zwei Kapläne entfalteten einige Aktivitäten und beherrschten das Dorfgeschehen. Das Votum des Pfarrers, mich nach der Volksschule aufs Gymnasium zu schicken, räumte bei meinen Eltern das letzte Zögern weg. Als Ministrant und später Lektor, volksnah auch Vorbeter genannt, war ich in das liturgische Geschehen voll integriert. Auch auf dem neusprachlichen Gymnasium waren das Schulgebet in gemischtkonfessionellen Klassen und der wöchentliche Schulgottesdienst selbstverständlich. Über die

Religionstudienräte wurde nicht nur Glaubenslehre, sondern auch Philosophie als integraler Bestandteil des Religionsunterrichts einschließlich der Lebensphilosophie vermittelt. Die Naturwissenschaften waren dagegen völlig unterentwickelt. Der Religionsunterricht und somit die Theologie waren für mich fast die einzige intellektuelle Herausforderung, und das Priesteramt schien mir die höchste persönliche moralische Herausforderung zu sein. Dazu kam das hohe Ansehen der Kirche und ihrer Ämter, die sie verleihen konnte.

In meiner Umgebung gab es Erstaunen über meine Entscheidung, Theologie zu studieren, da ich kein braver, angepaßter Schüler war, sondern eher zu Streichen und Störungen im Unterricht aufgelegt war. Dies änderte sich auch im Bischöflichen Konvikt Albertinum in Bonn nicht. Die Ausgelassenheit und die studentischen Traditionen der farbentragenden Verbindungen zogen mich an. Im Sommersemester 1960 war ich Senior der Theologenverbindung Sugambria und im Wintersemester 1961/62 der CV-Verbindung Rheinfels. Ich lernte, Gruppen zu organisieren, Konflikte einzufädeln und auszutragen, Verantwortung für andere zu übernehmen. Innerlich habe ich mich inzwischen abgesetzt von den Formen und Inhalten dieser Organisationen, aber ich bin dankbar für die Erfahrungen kollektiven Handelns und für das Kennenlernen von Spielregeln in größeren Gemeinschaften. Im Erzbischöflichen Konvikt waren die Gestaltsmöglichkeiten dagegen für die Mehrzahl der Bewohner minimal, für einige, von der Leitung des Hauses Ausgesuchte, waren sie unter den Argusaugen des Direktors hervorragend. Diese Art von Gönnertum und kirchlichem Klüngel waren mir zuwider. Ich reagierte mit verdeckter Opposition und suchte nach Ausgleich außerhalb des Konvikts.

Der entscheidende Erfolg des Studiums, bei dem ich mich nie nur auf rein theologische Fächer beschränkte, war das Praktizieren systematischen Arbeitens, logischen Denkens, schlüssigen Argumentierens und kritischen Fragens. Es war Vorzeit des Konzils, Öffnungzeit für viele zugeschüttete Pfade von Dogmatik und Moraltheologie, Hohezeit biblischer Theologie, Besinnung auf die Wurzeln, Aufbrechen von Verkrustungen, Wehen des Geistes Gottes. Ich konnte Ballast aus meiner Kindheit und Jugend abwerfen und mich begeistern für einen Glauben, der einem modernen Menschen verstehbar gemacht werden konnte.

Ich schloß mit einem sehr guten Examen im Sommer 1963 ab, in einer persönlichen Hochstimmung des Erfolgs, das angestrebte Ziel in greifbarer Nähe. Den Mief und die Mittelmäßigkeit des Aachener Priesterseminars konnte ich ertragen in dem Bewußtsein, mit jeder weiteren erteilten Weihe mehr an Verantwortung im liturgischen Dienst übernehmen zu können. Die inhaltlichen Konflikte und Auseinandersetzungen über die Sexual- und Ehemoral, deren Auswirkungen im Leben vieler verheerend gewirkt haben, wurden abgebrochen mit der Drohung der Leitung des Hauses, mich nicht zur Priesterweihe zuzulassen. Dieser Preis war mir zu diesem Zeitpunkt zu hoch. Ich schwieg vorübergehend, nicht ahnend, daß ich längst selbst Gegenstand des Konfliktes war und daß sich mit der moraltheologischen Kontroverse die Frage über die Zulässigkeit des Eingriffs der Hierarchie in die Intimsphäre und die persönlichen Entscheidungen des einzelnen verband.

Im Jahre 1965 fand ich meine Anstellung als Kaplan in der Pfarrei Heilig Kreuz in Aachen. Dort bildete sich gerade eine Priestergemeinschaft mit gemeinsamem Haushalt und gemeinsamem kirchlichen Dienst, nicht nur mit dem Ziel der Effektivierung der Arbeit, sondern auch als Mittel gegen die Vereinzelung der Priester. Allerdings hatte der Pfarrer weiter eine Sonderstellung als Vorgesetzter. Er war aber sehr kooperativ und tolerant. Theologische Diskussionen waren keineswegs üblich unter den Pfarrpriestern, hier gehörte es zum Programm. Aufgeschlossenheit gegenüber neuen Ideen, Theologien, liturgischen Formen und Feiern kam mir sehr entgegen. Ich arbeitete hauptsächlich im Bereich der Liturgie und der Schulkatechese. Meine Weltoffenheit und meine Freude an Geselligkeit erhielten nach den etwas dürren Jahren des Priesterseminars neuen Auftrieb. Bei einer Eifelwanderung lernte ich meine erste große Liebe kennen und durchmaß in den folgenden Jahren die Höhen und Tiefen, die wohl die meisten verliebten Priester an sich erfahren haben, die eine Beziehung bejahten, aber sich nicht dazu bekennen durften. Parallel dazu fand in der Kirche eine intensive Auseinandersetzung über die Fragen des vorehelichen Geschlechtsverkehrs, der Empfängnisverhütung, der Zulassung wiederverheirateter Geschiedener zu den Sakramenten und, speziell in Nordrhein-Westfalen, über die Konfessionsschule statt. Die Pillenenzyklika Pauls VI. beendete die zunächst offene Diskussion mit den autoritären Mitteln der Hierarchie. Die Bischöfe in Nordrhein-Westfalen verpflichteten die Eltern auf die Konfessionsschule. Die Restauration nach dem Konzil hatte begonnen. Die Hoffnung auf eine Erneuerung der Kirche durch das Ernstnehmen des Volkes Gottes, der Laien, verflüchtigte sich und nahm auch die Aussicht darauf, daß meine persönlichen Probleme und Konflikte kreativ gelöst werden könnten. In einem Akt der Unterwerfung unter Vorstellungen, die ich nicht teilen konnte, sah ich keinen Gewinn für mich oder die Kirche.

Anfang 1968 bat ich um Beurlaubung, um meine Lebenspläne neu überdenken zu können. Die offizielle Verlautbarung hieß: Zu Studienzwecken nach München beurlaubt. Weder mit der Pfarrgemeinde noch mit meinen Angehörigen konnte ich darüber offen sprechen. Ich selbst hatte nicht die Kraft und nicht den Mut, an die Öffentlichkeit zu gehen, weil ich die finanzielle Unterstützung durch das Bistum nicht verlieren wollte. Schließlich war eine weitere Ausbildung erforderlich, wollte ich nicht auf rein kirchliche Arbeit angewiesen bleiben. Meine neue Berufsfindung vollzog sich in mehreren Etappen: Zunächst noch in enger Anlehnung an das Bisherige, an die Theologie und Religionspädagogik schrieb ich mich für das Lehramt an Gymnasien mit dem zweiten Fach Französisch ein. Interesse und Engagement waren aber nicht überragend, sondern eher pflichtgetreu. Zu einem anderen Studium konnte ich mich aber nicht entschließen. Bis heute bin ich von der Vortrefflichkeit und Universalität des Theologiestudiums überzeugt und würde mich wieder dafür entscheiden, wenn ich vor der Studienwahl stünde. Insofern ist jede andere Disziplin nur zweite Wahl. Neben dem Studium mußte ich und wollte ich Geld verdienen, um das kleine Stipendium des Bistums Aachen, das später in ein Darlehen umgewandelt wurde, etwas aufzubessern. Außer in mehreren Gelegenheitsjobs arbeitete ich regelmäßig in einer Illustriertenredaktion. Ich ordnete dort das Bildmaterial und lernte eine ganz andere Arbeitswelt kennen. Bei einer Akademietagung in Tutzing am Starnberger See begegnete ich meiner späteren Frau. Wir heirateten im Jahre 1970 und wir sind – trotz gegenteiliger Presseberichte – bis heute zusammen. Damals (1969) war die Laisierung von Priestern noch kein besonders schwieriges Unterfangen. Die Aachener Bistumsleitung hat mich weder zum Bleiben noch zum Gehen gedrängt. Nur entscheiden sollte ich mich.

Über die Gründe des Ausscheidens hat es kein Gespräch mit dem Bischof gegeben. Nur während der Beurlaubungszeit führte ich ein Gespräch mit dem Generalvikar. Daß ich heiraten wollte, war Grund genug für den Offizial, der das alles kirchenrechtlich abzuwickeln hatte. Tieferer Grund aber war eine große Enttäuschung, die als Kehrseite persönliche Befreiung heißt. Enttäuschung über und Befreiung von einer Amtskirche, die das Evangelium nicht mehr ernst nimmt, sich weit davon entfernt hat. Friedens-, Liebes- und Gerechtigkeitsgebot Jesu werden zugunsten von Macht, Einfluß und Identifizierung mit einer konservativen politischen Richtung hintangestellt. Krieg, Aufrüstung, Militarisierung der Gesellschaft werden nicht geächtet, Kriegsdienstverweigerung und Pazifismus nicht geschätzt. Die Errungenschaften humaner Gesellschaften, die Menschen- und Bürgerrechte, haben in der deutschen katholischen Kirche nur geringe Chancen, beachtet zu werden. Sanktionen bis hin zum Berufsverbot für Theologen, die nicht völlig konform gehen mit der offiziellen Lehrmeinung, sind üblich. Jegliche Mitbestimmung von Laien wird ausgeschlossen, gewerkschaftliche Betätigung in kirchlichen Einrichtungen untersagt. Das holländische Reformmodell wurde systematisch gekappt.

Wie katholische Amtsträger mit sozialen Schutzgesetzen umgehen, konnte ich noch während meiner Kaplanszeit miterleben. In einer katholischen Institution wurde einer unverheirateten Frau nach Bekanntwerden ihrer Schwangerschaft ohne Rücksicht auf Kündigungsschutzgesetze sofort die Weiterarbeit untersagt. Sie erhielt noch ihr Gehalt weiter, aber das Recht auf Arbeit während der Schwangerschaft wurde ihr verweigert. Wie paßt da die Kreuzzugspraxis gegen die Abtreibung mit der Diskriminierung von Schwangeren ohne Trauschein zusammen? Die Entscheidung des kirchlichen Direktors wurde keinesfalls gerügt oder korrigiert, sondern verständnisvoll in Klerikerkreisen akzeptiert.

In diesem unchristlichen Klima konnte und wollte ich nicht mehr weiterarbeiten, Hirtenworte und päpstliche Verlautbarungen verlesen, vertreten oder sogar praktizieren müssen.

Innerhalb weniger Wochen nach dem Antrag war die Befreiung von der Zölibatsverpflichtung aus Rom da; einer kirchlichen Eheschließung stand nichts mehr im Wege. Meine Frau und ich wollten den kirchlichen Segen aus Überzeugung, nicht als Formalität oder Zierrat. Bei einem Vorstellungsgespräch in der Hauptstelle der Bundesanstalt für Arbeit hatte ich allerdings den Eindruck, daß auf diese Formalität großer Wert gelegt wurde.

Ich hatte mich nach 4 Semestern romanische Philologie für eine Anstellung als Berufsberater für Abiturienten und Hochschüler beworben. Ich wollte möglichst rasch meine Fähigkeiten wieder beruflich einbringen und sah eine Möglichkeit, jungen Menschen bei der Lösung ihrer beruflichen und persönlichen Probleme Hilfe zu geben. Die Aussicht auf zwei bis drei Jahre weiterer Universitätsstudiums mit anschließendem Vorbereitungsdienst, dann eine Anstellung an einem bayerischen Gymnasium mit unabsehbarer Angebundenheit an die Kirche wegen des unverzichtbaren zweiten Faches Religion wurde mir zum Alptraum. Ich bin heute noch froh, durch die Einstellung bei der Bundesanstalt für Arbeit am Schuldienst gerade noch vorbeigekommen zu sein. Ich kam finanziell auf eigene Füße, ich konnte in Fragen der Arbeitswelt, der Wirtschaft, der Psychologie wirklich noch etwas Neues lernen und ich konnte sichtbar helfen. Die Bundesanstalt für Arbeit hat mich trotz meiner kritischen Einstellung zum Verwaltungsapparat, zum Staat, insbesondere zur Regierungspolitik und auch zu Entscheidungen und Vorstellungen mancher vorgesetzten Beamten nicht ins Abseits gestellt. Im Gegenteil, meine Arbeit wurde vielfach anerkannt. Ich wurde in viele Arbeitskreise berufen, die sich mit der Weiterentwicklung der Berufsorientierung in Schulen und in Universitäten befaßten. Von 1977 bis 1982 nahm ich im Auftrag der Bundesanstalt einen Lehrauftrag an der Hochschule für Verwaltungswissenschaften in Speyer mit dem Thema Pädagogische Grundlagen der Berufsorientierung wahr. Trotz mancher Einengung von seiten der Verwaltung und Geringschätzung der Berufsberatertätigkeit in der Öffentlichkeit, aber auch im Innenbereich, habe ich in diesem Beruf gern gearbeitet und wäre sicher noch heute dort tätig, wenn nicht die Politik ein immer größeres Gewicht in meinem Leben erhalten hätte.

Anfangs überwogen Skepsis und Ablehnung den Parteien gegenüber, so daß ich keiner der Bundestagsparteien beitrat. 1969 begann ich in München in entwicklungspolitischen Arbeitskreisen mitzuarbeiten, angeregt durch die katholische Hochschulgemeinde und Kontakte zur Aktion 365. Die Befreiungskämpfe in Mittel- und Südamerika wurden analysiert und beobachtet. Die kirchlichen Hilfswerke, insbesondere Misereor, waren auf dem Weg zu einer neuen entwicklungspolitischen Zielbestimmung, die wegführte vom Almosengeben und vom unpolitischen bzw. regierungskonformen Geschenkemachen. Die katholische Soziallehre und die Verlautbarungen zu Unterentwicklung und Gerechtigkeit waren hilfreich und progressiv. Sehr schnell setzte sich in den Diskussionen die Erkenntnis durch, daß die Ursachen für Armut und Fehlentwicklung (nicht Unterentwicklung) in den südlichen Ländern, in den Industrie-Ländern, in den Metropolen der westlichen Welt und damit auch in unserem eigenen Land zu suchen seien. Besonders kraß wurde und wird noch immer der Unterschied von Not und Verschwendung in der Vorweihnachtszeit deutlich. In den Jahren 1969 und 1970 machte ich daher bei der Aktion »Kritischer Konsum« in München mit, die über den Zusammenhang von Wohlstand und Ausbeutung aufklären und zur Ablehnung des Kaufzwanges zu Weihnachten führen sollte. Meine Frau und ich brachen konsequenterweise mit der Geschenktradition zu Weihnachten; wir feiern seitdem schlicht und einfach, ohne zu schenken. Die wichtigsten Erfahrungen waren aber der direkte Kontakt mit den Passanten in der Fußgängerzone und die Reaktionen des Einzelhandelsverbandes, der Kirchenamtlichen (die das nun wieder als zu weitgehend empfanden) und der Medien, die neugierig bis vorsichtig auftraten.

Diesen Weg der Bewußtseinsveränderung von unten bin ich weitergegangen, als wir 1971 nach Darmstadt zogen. Die entwicklungspolitischen Gruppen waren dort aber sehr klein und wenig wirksam, bis sich einige entschlossen, ein Ladenlokal als Treffpunkt Dritte Welt mit Verkaufs- und Informationsmöglichkeiten zu mieten und zu nutzen. Inzwischen gewann die ökologische Debatte, insbesondere über die Atomenergie, an Bedeutung. Das mutige Auftreten der Bürgerinitiativen am Kaiserstuhl im Kampf gegen das Atomkraftwerk Wyhl ermutigte auch andernorts Bürger zum Zusammenschluß in Bürgerinitiativen. Ich schloß mich der Aktionsgemeinschaft für Umweltschutz in Darmstadt an, die sich als Hauptthema die Verhinderung des dritten Blocks des Atomkraftwerks Biblis zum Ziel gesetzt hatte. Auf Straßenplätzen und in Kneipensälen ging es verbal hoch her. Die Arbeit der Bürgerinitiative wurde jedoch durch einige gravierende Mängel behindert: durch die heterogenen politischen und teils apolitischen Weltbilder der Mitglieder, durch die Agitation von kommunistischen Splittergruppen, was ständige Abwehrkämpfe gegen Vereinnahmungen mit sich brachte, durch unsystematische und nicht kontinuierliche Planungen und Aktionsformen, durch undurchschaubare Führungs- und Entscheidungsstrukturen und durch die Einengung auf kurzfristige, einthematische Ziele. Mitte der siebziger Jahre war die Bürgerinitiativbewegung ziemlich erstarkt, aber eins war auch schon erkennbar: Die Parteien kümmerten sich einen Dreck um ihre Forderungen. In den Bundestags- und Landtagswahlen wurden sie weiterhin mit den üblichen Stimmenverschiebungen untereinander bestätigt. Die Regierung Schmidt versuchte, über den »Bürgerdialog Kernenergie« ein besonders raffiniertes Mittel der Verschleierung ihrer Interessen einzusetzen, und die Staats- und Polizeimacht versuchte, die Proteste in den Griff zu bekommen. Die Bürgerinitiativbewegung allein war also nicht das Mittel, andere Entscheidungen in Parlamenten und Verwaltungen zu erreichen. Ich kam immer mehr zu der Überzeugung, daß die Parteien und Regierenden die Ökologiebewegung erst ernstnehmen, wenn die Kasse am Wahltag nicht mehr stimmen würde, wenn insbesondere die SPD um ihren Machterhalt fürchten müßte. Deshalb suchte ich nach Ansatzpunkten zu einer Parteineugründung zu kommen. Die Lektüre von Gruhls Bestseller »Ein Planet wird geplündert« hatte mich sehr beeindruckt und motiviert, aber Gruhl – damals noch Mitglied der CDU – lehnte 1976 die Gründung einer Partei ab. Daraufhin schloß ich mich einer kleinen pazifistischen, ökologischen Partei, der Aktionsgemeinschaft Unabhängiger Deutscher (AUD) an. Sie war der Bürgerinitiativbewegung und ihren Forderungen voll zugetan und hatte ein entsprechendes Programm entwickelt.

Über Spaltungen und Niederlagen der Ökologiebewegung und der verschiedenen Wählergruppen gelang die Gründung der GRÜNEN als Partei im Jahre 1980. Ich gehörte mit Herbert Gruhl und August Haußleiter dem Gründungsvorstand der GRÜNEN an, die 1983 den Einzug in den Bundestag schafften und inzwischen auch in mehrere Landesparlamente. 1982 wurde ich als Abgeordneter in den Hessischen Landtag gewählt, dem ich bis April 1985 angehörte.

Die Zusammensetzung des Hessischen Landtags gab den GRÜNEN die Wahlmöglichkeit zwischen fundamentalistischer Opposition und Reformpolitik mit den Sozialdemokraten. Ich habe mich für die kleinen, praktischen Schritte und gegen die großen Verbalforderungen ohne Konsequenzen entschieden und mich für konkrete Verhandlungen und Vereinbarungen mit der in Hessen regierenden SPD eingesetzt. Als es im Herbst 1985 zur Bildung einer Koalitionsregierung aus SPD und GRÜNEN kam, wurde ich zum Staatssekretär im Ministerium für Umwelt und Energie ernannt.

Mit dem Auftrag des Schöpfers, die Erde zu bebauen und zu bewahren, mit dem Auftrag Jesu, Frieden zu stiften und den Armen Gerechtigkeit zuteil werden zu lassen, läßt sich meine politische Arbeit gut vereinbaren. Viele Christen haben bei den GRÜNEN eine politische Heimat gefunden. Die Beziehungen zur Amtskirche mögen schlecht sein, mit den christlichen Friedensgruppen, mit den Ausländerinitiativen, mit den

Basisgemeinden und kirchlichen Jugendorganisationen verbindet mich mehr als nur die Übereinstimmung in wichtige Forderungen an die Mächtigen in Politik und Wirtschaft: der Hunger nach Gerechtigkeit und Frieden.

HUBERT BROSSEDER

1940 Geburt in Leverkusen, 1960–1966 Studium der Philosophie und Theologie an der Philosophisch-Theologischen Hochschule der Spiritaner in Knechtsteden, 1965 Priesterweihe durch Bischof Jean Fryns von Kindu (Zaire) in Knechtsteden, 1966–1967 Präfekt im Knabenseminar der Spiritaner in Broichweiden, 1967–1970 Studium am Institut für Katechetik und Homiletik in München, 1967–1973 Seelsorgetätigkeit in München (Pfarrei St. Lantpert), 1978 Promotion im Fach Pastoraltheologie an der Universität München, 1972–1980 Wissenschaftlicher Assistent am Lehrstuhl für Pastoraltheologie an der Universität München, 1980–1985 Bildungsreferent bei der WWK-Lebensversicherung a. A., seit 1986 Leiter des Münchner Bildungswerkes. – 1983 Laisierung, Heirat mit Renate Horné, zwei Kinder: Lukas und Simon.

Veröffentlichungen: Das Priesterbild in der Predigt, München 1978. – Mitherausgeber: Kasualpredigten, Bd. 1 u. 2, München 1975–1980; Credo. Predigtentwürfe zum Apostolischen Glaubensbekenntnis, München 1986.

Am Ende der Einbahnstraße

Warum ich dies schreibe

Was hat mich bewogen, als ehemaliger Priester der Öffentlichkeit Einblick in meine »Geschichte« zu geben? Vordergründig war da natürlich die Einladung des Herausgebers, denn von mir aus wäre ich wohl nie auf die Idee dazu gekommen. Als ich aber länger über die Einladung nachdachte, schien mir trotz mancher Bedenken eine Veröffentlichung sinnvoll und gerechtfertigt.

Zum einen hat der Priesterberuf bisher immer schon ein öffentliches Interesse gefunden. Früher war es eine oft spektakuläre Amtsniederlegung und Heirat eines Priesters, heute ist es beispielsweise die Diskussion um die Zulassung von Frauen zum kirchlichen Amt, die aus der Perspektive von »Stern« oder »Spiegel« verhandelt werden. Warum soll die Sichtweise von Betroffenen das Licht der Öffentlichkeit scheuen müssen? Ferner möchte ich auch deshalb Einblick in meine »Geschichte« geben, weil ich einer größeren Öffentlichkeit gegenüber deutlich machen kann, daß es mir heute beruflich und familiär gut geht. Gelegentlich hört man ja, daß verheiratete Priester sich schwer täten mit Ehe und Familie und auch beruflich nur halbwegs wieder Tritt fassen würden. Einer behauptete einmal vollmundig, die Hälfte aller verheirateten Priester sei bereits wieder geschieden. Eine kühne Behauptung, die meinem Kenntnisstand nicht entspricht.

Ein Grund hat mich tatsächlich kurzfristig zweifeln lassen an der Vertretbarkeit dieser Veröffentlichung: die Möglichkeit, andere zu einem solchen Schritt zu ermutigen. Da ich aber meine, daß die Priesteramtskandidaten heutzutage mehr als wir früher die Möglichkeit haben, einen qualifizierten Beratungsdienst zur Berufsklärung in Anspruch zu nehmen, muß dieses Bedenken hier keine Rolle spielen.

Wie hat es angefangen?

Vor einigen Wochen überraschte mich nach dem Sonntagsgottesdienst unser fünfjähriger Lukas mit den Worten: »Papi, ich möchte auch da vorne bei den Buben sein, die so schön angezogen sind!« Mich durchfuhr es, weil ich mich lebhaft daran erinnerte, welch mächtigen Aufwärtsschub mein kindliches Selbstbewußtsein bekam, als ich mit sieben Jahren Ministrant wurde. Damals hat meine »Geschichte« angefangen, wie wahrscheinlich bei vielen anderen auch.

Mein Weg zum Priesterberuf begann mit meiner kindlichen Freude beim Ministrieren. Barfuß die Maiandacht ministrieren, samstags nach dem Baden (und Beichten) die Salve-Andacht, in der Frühe um sieben Uhr die Werktagsmesse oder auch am Sonntag zwei Gottesdienste – es war für mich nicht nur selbstverständlich, ich tat es gerne und mit kindlichem Eifer. Ausgesprochen wohl fühlte ich mich im »Vorhof« der Kirche, weil ich auch zu den Buben gehörte, die unserem Küster, wo immer möglich, helfen durften: die Paramente aufräumen, den Kelch ehrfürchtig mit einem Tüchlein anfassen, zu den Exequien die große Tumba aufbauen, im Turm an schweren Seilen die Glocken läuten.

Zur Freude des »kirchlichen Dienstes« kamen daheim die spannenden Bücher von Wilhelm Hünermann, aus denen die Mutter bei der abendlichen Lektüre Priestergestalten wie die eines Damian de Veuster, des Apostels der Aussätzigen auf Molokei, auf eine Weise lebendig werden ließ, daß ich »beschloß«, auch ein so toller Mann zu werden.

In meinem neunten Lebensjahr wurden die Chancen, solch ein Held zu werden, ganz real. In meiner Heimat war ein älterer Pater Hausgeistlicher in einem Kinderheim. Da er daneben auch als »Werbepater« tätig war und somit nach Kandidaten für den geistlichen Beruf Ausschau zu halten hatte, wurde er durch meine Ministrantentätigkeit zwangsläufig auf mich aufmerksam – und mir zum Schicksal. Er erzählte von den tüchtigen Missionaren in Afrika und Brasilien und fragte mich, ob ich nicht auch Lust hätte, ein Missionar zu werden. Natürlich bejahte ich diese Frage sofort, zumal es mir eine Chance eröffnete, der schulischen Konkurrenzsituation mit meinem älteren Bruder zu entfliehen, der als familiär anerkannter Musterschüler mir immer ein Jahr in der Schule voraus war. Und dann wurde der Pater tätig: Besuch bei meinen Eltern, Gebetsnovene um eine gute Berufswahl, Anmeldung im Kloster und die Regelung der finanziellen Fragen, da mein Vater damals arbeitslos war und das Schul- und Internatsgeld nicht aufbringen konnte. Ich kann mich noch gut an die Postkarte des Präfekten erinnern, auf der er meinen Eltern mitteilte, daß ich die Aufnahmeprüfung bestanden hätte und meine Mutter mir in alle Wäschestücke die Nummer 346 nähen sollte. So wurde ich mit neun Jahren Internatsschüler, und alle meine Schulkameraden und Freunde zu Hause wußten, daß ich Priester werden würde.

Die Schulzeit

Mit der Entscheidung, ins Internat zu gehen, waren die Weichen für eine Lebensstrecke gestellt, an deren Ende das Priestertum stand – wenn der Zug bis dorthin nicht entgleisen würde. Bei mir entgleiste er erst relativ spät, und so fuhr er in der Schulzeit mit Volldampf auf sein gestecktes Ziel zu.

Der Ehrlichkeit halber müßte ich jetzt viel Schönes berichten, was ich im Internat inmitten einer Jungenhorde – fernab von fürsorgenden Eltern – erlebt habe. Meine Geschwister beneideten mich sicherlich auch ein wenig darum, wenn ich in den Ferien der »King« in der Familie war und von meinen Abenteuern im Internat erzählte. Für meine spätere Entwicklung freilich sind andere Dinge berichtenswerter, die ich im nachhinein viel problematischer finde als zu der Zeit, in der ich sie erlebt habe.

Da war zunächst das ständige Leben in der Gruppe, das oft nach den Gesetzen von sich gegenseitig rivalisierenden Banden ablief. Für einhundertfünfzig Buben waren nämlich nur zwei Präfekten zuständig, die natürlich ein sehr strenges Regiment führen mußten, um der gesamten Bande einigermaßen Herr zu werden. Der einzelne Bub mit seinen Ängsten, Fragen und Problemen konnte gar nicht in den Blick geraten. Durch ein gut organisiertes System von »Admonitoren«, die in den vier Lebensbereichen eines Internatsschülers – Studiersaal, Speisesaal, Schlafsaal und Kirche – die Aufsichtspflicht der Präfekten ergänzten, wurde die Ordnung halbwegs aufrechterhalten. Den robusteren und weniger sensiblen, aber durchaus kreativ denkenden Typen machte es natürlich viel Spaß, die Lücken in dem allgegenwärtigen Kontrollsystem zu entdecken und die Freiräume darin auszuleben. Für mich bestand der »Lernerfolg« dieser Großgruppenerziehung vor allem darin, mich an unangenehme Situationen anzupassen und die kleinen Nischen der Freiheit lustvoll darin aufzuspüren.

Beim sogenannten »religiösen Leben« machte ich erste unangenehme Erfahrungen, die ich aus meinen Meßdienertagen von daheim nicht kannte. Ich war nun plötzlich die meiste Zeit nicht mehr vorne »am Altar beschäftigt« mit abwechslungsreichen Tätigkeiten, sondern gehörte mit den anderen zum »Volk« und hatte lediglich zu beten und zu singen. Und das sehr oft: werktags jeden Morgen Hl. Messe, im Mai, Juni und Oktober jeden Abend zusätzlich eine Andacht, jeden Freitag die Herz-Jesu-Andacht und die vielen Andachten zwischendurch bei allen möglichen Gelegenheiten. Am Sonntag wurden regelmäßig zwei Gottesdienste besucht, die Frühmesse und das Hochamt, und am Abend natürlich wiederum die Andacht. Die »Freude«, die diese Gebetshäufigkeit in mir auslöste, hielt sich daher in sehr engen Grenzen.

Beim religiösen Leben ist auch die vierzehntägliche Beichtpraxis erwähnenswert. Wir wurden gruppenweise aus dem Studiersaal in die Kirche geführt und vom Präfekten gemeinsam auf die Beichte vorbereitet. Es kam nicht nur die Freiwilligkeit des Sakramentenempfangs zu kurz, sondern die Beichtväter waren obendrein die Lehrer, die uns am Vormittag Deutsch, Latein oder Mathematik beizubringen versuchten. Die Praxis der Gruppenbeichte änderte sich allerdings in der Oberstufe des Gymnasiums, als dann regelmäßig der Ortspfarrer als »fremder« Beichtvater im Beichtstuhl saß.

Bevor ich achtzehn Jahre alt war, kam das erste große geistliche Ereignis: die Einkleidung, die das klerikale Selbstbewußtsein mächtig steigerte. »Fällig« wurde die Einkleidung ein Jahr vor dem Abitur. Ein richtiger Vorbereitungskurs über die Geschichte des Ordens mußte absolviert werden, an dessen Ende eine regelrechte Prüfung darüber entschied, wie gut oder schlecht man die Bischöfe, Provinzen und Missionsgebiete der Ordensgemeinschaft aufsagen konnte. Wer in dieser Prüfung durchfiel, wurde dennoch zur Einkleidung zugelassen, nicht aber derjenige, der zu erkennen gab, daß er seines geistlichen Berufes nicht ganz sicher war. Dieser mußte dann sogar – ein Jahr vor dem Abitur! – die Schule verlassen.

Die Einkleidung machte auch auf meine Familie einen tiefen Eindruck, sah ich doch mit siebzehn Jahren bereits wie ein richtiger Pfarrer aus. Da im gleichen Jahr meine jüngste Schwester zur Erstkommunion ging, bat mich mein Vater, doch bitte »in Soutane« zum Familienfest zu kommen, was ich – aus heute mir leicht durchschaubaren Gründen – auch tat. Die große Verwandtschaft bekam zum erstenmal Gelegenheit zu sehen, wie der künftige Priester aussehen würde.

Das Studium

In der Schulzeit gab es keine Gelegenheit, die Berufsfrage ernsthaft zu klären. Zu der Furcht, das Internat, in dem ich mich ja wohlfühlte, und dann auch die Schule wieder verlassen zu müssen, kam bei mir die Dankbarkeit gegenüber denjenigen hinzu, die für mich Schul- und Internatsgeld bestritten. Auf Drängen meiner Präfekten mußte ich mehrmals im Jahr den Wohltätern meine Dankbarkeit dafür ausdrücken, daß sie mir den Weg zum Priestertum eröffnet hatten. Wer erinnert sich nicht an Franz Werfels »Veruntreuten Himmel«! Eine erste »Klärung« folgte im Noviziat. Bei der Durchsicht meiner Unterlagen entdeckte ich eine Tagebuchnotiz unter dem Datum vom 20. August 1959 nach einem Visitationsgespräch mit dem Provinzialoberen: »Ein gewagtes Trostwort gab mir P. Provinzial: ›Wenn Sie aus ganzem Herzen Priester und Missionar werden wollen, kommt die Liebe zum Ordensleben, wo man faktisch nur das Armutsgelübde zu spüren bekommt, von selbst.‹

Ich solle ruhig weitermachen; er führte das Gefühl, daß ich das Ordensleben als Belastung und nicht als Erleichterung fürs Missionsleben empfand, auf die Kurzsichtigkeit meiner 19 Jahre zurück. Ich wollte, er behielte recht!« Drei Jahre später habe ich dann während des Philosophiestudiums an der Ordenshochschule tatsächlich einen ernsthaften Versuch gemacht, zwar nicht dem Priesterberuf, aber dem Ordensleben zu entkommen. Ich teilte dem Regens den Wunsch mit, in das Theologenkonvikt für Weltpriester überzusiedeln. Bereitwillig vermittelte der Regens mir ein Gespräch mit dem zuständigen Direktor. In der Bedenkzeit, die dieser mir anriet, fiel wiederum ein Gespräch mit dem Provinzial, der enttäuscht reagierte und sagte: »Und dabei wollten wir Sie im Herbst zum Weiterstudium nach Rom schicken!« Da ich mich damals durch solch ein Angebot sehr geehrt fühlte, sagte ich in Sachen Weltpriester alles wieder ab und »entschloß« mich erneut für den Beruf des Ordenspriesters.

Mit fortschreitendem Studium kam auch der größere Einblick in die Praxis des Ordenslebens, und ich stellte fest, daß es darin mit den hohen und hehren Anforderungen auch wiederum nicht so weit her war. In nächtelangen Gesprächen mit Freunden auf dem Zimmer gewannen wir jungen Ordensleute die Überzeugung, daß auch uns die angenehmen Dinge des Lebens (Geld, Auto, Freizeit und Reisen) zur Verfügung stehen würden. Mit der Frage »und die Frau?« vertrösteten wir uns auf die künftige Entwicklung der Kirche – wir studierten exakt während des Konzils von 1962 bis 1965 – und hofften auf eine für uns positive Entscheidung des Konzils in dieser Frage. Es war niemand da, der uns junge Theologen eindringlich vor solch einer grandiosen Fehleinschätzung der kirchlichen Situation gewarnt hat. Und so kam es, daß ich 1965 ordiniert wurde. Meine Primiz löste ein großes Glücksgefühl aus in der Heimatgemeinde und in meiner Familie.

Ähnlich langsam wie in den Beruf des Priesters hinein- bin ich auch wieder hinausgewachsen. Die Großzügigkeit meiner Ordensoberen, mich zum Weiterstudium freizustellen, kam meinem Wunsch, nicht innerhalb des Ordens tätig werden zu müssen, sehr entgegen. 1967 kam ich nach München als »studierender Priester«, wohnte in einem Pfarrhaus, in dem ein guter Pfarrer für eine menschlich warme und freundschaftliche Atmosphäre sorgte, und erlebte innerhalb der Gemeinde die ersten nachkonziliaren Aufbrüche. Ich ließ mich prägen sowohl von dem, was Kardinal Döpfner und Regionalbischof Tewes in München an pastoralen Impulsen setzten, als auch von dem, was der Aktionskreis München (AKM) an kirchenkritischen Anstößen gab. Publik und nach deren »Tod« Publik-Forum wurden für mich die kirchlichen Meinungsmacher. Ich war enttäuscht von der Enzyklika »Humanae vitae« und gleichzeitig froh über die »Königsteiner Erklärung« der deutschen Bischöfe. Mit Begeisterung hörte ich bei dem Pastoraltheologen Leonhard Weber Vorlesungen über den Holländischen Katechismus.

Die Aufbrüche in Theologie und Kirche überdeckten vorübergehend meine darunter liegenden Zweifel an meiner eigenen Rolle als Priester. Sehr genau erinnere ich mich an die Welle von Laisierungen Ende der sechziger und Anfang der siebziger Jahre. Eine Reihe meiner Freunde war dabei, und manch einer von ihnen hat mich mit der Frage konfrontiert: »Und wann gehst du? Du bist doch auch eigentlich ein ›vernünftiger‹ Priester!« Mich dieser Frage zu stellen war mir zu der Zeit noch nicht möglich; ich mied lieber den Kontakt mit diesen Freunden, zu denen heute der »Draht« wieder ganz gut ist.

Was man verdrängt, kommt an anderen Ecken wieder hoch. Meine Suche nach einer tragfesten Beziehung zu einer Frau konnte ich mir selber lange Zeit nicht zugestehen. Diese innere Anspannung zeigte sich auch körperlich. Wegen schwerer vegetativer Dystonie wurde mir eine Kur in Bad Wörishofen empfohlen. Dort entschloß ich mich, aus dem Pfarrhaus auszuziehen. Im Sommer 1973 mietete ich eine Privatwohnung und zog mich seit dieser Zeit auch tatsächlich mehr und mehr aus der priesterlichen Praxis zurück.

Erstmals in meinem Leben war ich nun mit dreiunddreißig Jahren selber verantwortlich für mein eigenes Leben. Was ich nie getan hatte, stand nun auf dem Programm: Einkaufen, Kochen, Waschen, Putzen, aber auch Autokauf oder Steuererklärung machen. Neben diesen Alltäglichkeiten fing ich an, es zu genießen, das Leben wirklich nach meinen eigenen Wünschen zu gestalten. Ich entdeckte meinen eigenen Körper und begann, Sport zu treiben, Waldlauf und Bergsteigen. Mein Körpergewicht ging um zwanzig Kilogramm zurück. Meine Frau sagt heute noch, daß ich in meiner »dicken Zeit« bei ihr keine Chance gehabt hätte.

Beruflich war ich seit 1972 Wissenschaftlicher Assistent am Lehrstuhl für Pastoraltheologie, der stark pastoralpsychologisch ausgerichtet war. Das Interesse an psychologischen Fragen und das Thema meiner Dissertation (Das Priesterbild in der Predigt) führten mich dazu, meine Motivation zum Priesterberuf nochmals stärker zu überprüfen. Ich entdeckte nun auch über das Studium der fast unübersehbaren Literatur zum Thema des Priesterbildes, wie notwendig wohl eine wirklich religiöse Motivation für diesen Beruf sein muß. Und ich gelangte immer mehr zu der Überzeugung, daß gerade diese bei mir fehlte. So fühlte ich mich in den Jahren zwischen 1973 und 1977, als ich an der Dissertation arbeitete, als Wanderer zwischen zwei Welten – weder Priester noch Ehemann. Freunde wußten schon damals: »Wenn du erst einmal die Dissertation hinter dir hast, wirst du ganz schnell eine Frau finden!«

Im Frühjahr 1978 ging die Promotion über die Bühne. Ich belohnte mich mit einer vierwöchigen Reise nach Rwanda, zusammen mit Freunden des pastoraltheologischen Seminars. Als ich nach der Reise mit Vollbart wieder in der Uni Dienst tat, kam eine Studentin mit den Worten »Oh, mit Bart!« zur Tür herein und meldete sich zu einem gruppendynamischen Seminar an. Es war meine heutige Frau.

Während des Seminars kamen wir näher ins Gespräch und

brachen beide ein »Tabu«: Ich sagte ihr, daß ich »noch nicht« verheiratet sei, und sie hatte »noch nie zuvor« einen Priester wie einen Mann behandelt. Unsere Kontakte wurden regelmäßiger und nach einiger Zeit die Freundschaft tiefer.

Bei mir machte ich eine seltsame Entdeckung. Seitdem ich mit Renate befreundet war, hielt ich plötzlich ausgesprochen gern Gottesdienste. Sie war dabei und gab mir anschließend, da sie auch Theologin ist, gute Tips zur Predigt. Von ihr weiß ich, wie äußerst schmerzhaft sie es empfand, daß ausgerechnet unsere Liebe verhinderte, was für uns beide wichtig war. Wie wohl bei anderen auch kam sehr bald die Phase der Heimlichkeit, die uns zu schaffen machte. Ich erinnere mich, wie mir zu Mute war, als wir bei einem sonntäglichen Waldspaziergang nach dem Gottesdienst uns plötzlich mit dem freundlichen »Grüß Gott!« meines Ministranten vom Vormittag konfrontiert sahen. Alle unsere Unternehmungen mußten daraufhin abgeklopft werden, ob wir uns zu zweit dort würden blicken lassen können. Das war schrecklich.

Auch jetzt noch tat ich mich schwer mit einer Entscheidung, weil mich Zweifel plagten: Zweifel an meiner Partnerfähigkeit nach nahezu vierzig Jahren Alleinleben; Zweifel daran, einen adäquaten Beruf zu finden; Zweifel daran, ob ich die kirchliche »Prozedur« mit allen damit verbundenen Komplikationen in der Familie, bei Verwandten und im Freundeskreis würde ertragen können. Gelegentlich kamen mir sogar die Gedanken, ob ich mich nicht doch »versündigen« würde, wenn . . . Demgegenüber stand mein fester Wille, mein Leben mit dieser Frau weiterzuleben; stand mein Wunsch nach Familie und Kindern; stand das Wort meiner Freundin, nur Freundin eines Priesters zu sein käme für sie nicht in Frage; und stand auch mein eigener Vorsatz, mein Leben ehrlich zu leben.

Schmerzhaft hat meine Frau diese Zeit der Unsicherheit akzeptiert. Am schmerzhaftesten war für sie wohl meine konkrete Absage, als ein Freund mir ein neues Berufsfeld in der freien Wirtschaft eröffnet hatte. Als ich diese Stelle im Sommer 1978 – Papst Paul VI. lebte noch, und ich hoffte auf eine adäquate Stelle im kirchlichen Dienst – ablehnte, wußte ich nicht, daß ich die gleiche Stelle ein Jahr später – Johannes Paul II.

hieß jetzt der Papst – annehmen würde. »Im Kopf« war mir eigentlich alles klar, es fehlte nur noch der Durchbruch »im Bauch«.

Der Weg zur Eheschließung

Der »Durchbruch« kam im wahrsten Sinne des Wortes. Im Mai 1979 wurde ich mit durchgebrochener Galle in lebensbedrohlichem Zustand ins Krankenhaus eingeliefert. Schlimme Tage für meine jetzige Frau, die zwei Jahre zuvor ihren Freund bei einem tödlichen Verkehrsunfall verloren hatte. In diesen beiden Monaten Krankenhausaufenthalt fiel für mich die Entscheidung, künftig mein Leben ehrlich vor Gott, vor mir selbst, vor meiner Frau und auch ehrlich vor der Kirche zu leben. Die Fragen, die wir nun noch zu lösen hatten, waren nicht mehr grundsätzlicher, sondern nur noch taktischer Art: Wann heiraten? Lohnt sich ein Laisierungsantrag? Wie geht's beruflich weiter?

Beruflich hatte ich mir bis dahin nicht vorstellen können, daß ich außer Theologie und Universität auch etwas anderes machen könnte. Nachdem aber die im Jahr zuvor angebotene Stelle erneut frei geworden war, bewarb ich mich und wurde in einem Versicherungsunternehmen Bildungsreferent, zuständig für die fachliche und führungsmäßige Weiterbildung der Mitarbeiter. Nach einem Jahr merkte ich, daß ich in dieser Firma Fuß fassen konnte, und ich entdeckte bei den häufigen Treffen der betrieblichen Bildungsleute, daß eine ganze Reihe ehemaliger Priester im Personal- und Bildungsbereich eine neue berufliche Heimat gefunden hatte. Geradezu lustig war beim persönlichen Kennenlernen oft die »So-Sie-auch?«-Reaktion. So ähnlich stelle ich es mir vor, wenn alte Kriegsveteranen sich in einem ganz anderen Zusammenhang wiedersehen.

Nach einiger Zeit wurde mir in dem Unternehmen auch die Ausbildung der Lehrlinge übertragen, so daß ich in dieser Firma fest im Sattel saß, inzwischen auch von denen respektiert, die am Anfang über den »Bildungsonkel aus der Universität« gelästert hatten. Nach fast sechs Jahren Tätigkeit in diesem

Unternehmen – ich war inzwischen Mitte vierzig – verspürte ich den Wunsch, mich beruflich nochmals zu verändern. Als sich in der kirchlichen Erwachsenenbildung eine Möglichkeit dazu ergab, entschied ich mich dafür. Ich stand nun nicht mehr wie vor sechs Jahren unter dem Druck des Versorgtwerdenmüssens, sondern konnte mir ex possessione das neue Aufgabenfeld ansehen. Diesen »Rückschritt« in den kirchlichen Dienst habe ich tiefenpsychologisch noch nicht analysiert. Die einen werden sagen, die alte ekklesiale Mutterbindung sei wieder zum Zug gekommen, andere freuen sich, daß einer, der viele Jahre Theologie studiert hat, nun auch »im Fach« wieder arbeiten kann.

Seit 1979 war der Weg zur Heirat nur noch von taktischen Überlegungen bestimmt. Meine Frau mußte als Gymnasiallehrerin mit der Fächerkombination Deutsch und Religion bis 1981 ihre Referendarzeit machen. Eine standesamtliche Heirat während dieser Zeit hätte unweigerlich zum Entzug der Missio canonica geführt mit der Konsequenz, daß sie keine Stelle im staatlichen Dienst bekommen hätte. Deshalb wurde die Referendarzeit abgewartet.

Auch an die Frage der Laisierung gingen wir ähnlich heran. Ein guter Freund riet uns, doch die Richtlinien des neuen Papstes zur Laisierungspraxis abzuwarten, damit nicht bereits irgendwelche Formfehler einen möglichen positiven Ausgang des Verfahrens gefährdeten. Nachdem die neuen Richtlinien veröffentlicht waren, reichte ich im Frühjahr 1981 mein Dispensgesuch ein, weil ich nicht nur aus persönlicher Überzeugung heraus eine kirchliche Heirat anstrebte, sondern auch deshalb, um meiner Frau die Erteilung des Religionsunterrichts, der ihr große Freude machte, erhalten zu können.

So waren wir im April 1981 am Ende eines langen Weges angekommen, eine neue gemeinsame Wegstrecke konnte beginnen. Im Kreis der Familie und vieler Freunde feierten wir Hochzeit.

Eine sehr häufige Frage ist die nach den Erfahrungen mit der »Kirche«, die man in diesem Prozeß der Loslösung vom Priesterberuf gemacht hat. Hiervon zu berichten soll ja auch ein Ziel dieser Veröffentlichung sein. Ich will diesen Punkt aber auch schon deshalb nicht unerwähnt lassen, weil unsere schmerzhaftesten Erfahrungen diesbezüglich aus dem Freundeskreis, aus dem beruflichen Umfeld und von Seiten besonders »frommer« Laien gekommen sind, und nicht von der »Amtskirche«. Das kirchliche Amt ist mir in diesem Prozeß korrekt, freundschaftlich und hilfsbereit begegnet.

An erster Stelle ist der Ordensprovinzial zu nennen, der den ganzen Prozeß offiziell in Gang zu setzen hatte. Bei ihm gab es weder eine pädagogische Verzögerungstaktik, um mir nochmals Bedenkzeit zu geben, noch ein frostiges Verhalten mir gegenüber. Auch ersparte er mir die von manchen Kollegen erwähnte unangenehme Befragung über Internes und Intimes. Nach erfolgter Laisierung im Herbst 1983 schrieb er mir in seiner offiziellen Mitteilung: ». . . mit diesem offiziellen Schreiben möchte ich noch meinen Dank verbinden an Dich für die Jahre Deiner Mitgliedschaft in unserer Gemeinschaft. Du hast uns Jahre Deines Lebens geschenkt und Deine Talente im Sinne unserer Aufgabe in der Kirche eingesetzt. Du warst vielen ein guter Mitbruder und manchen auch ein treuer Freund. Du hast mit uns gerungen, gebetet, entschieden und gewirkt. Für alles Gute, das wir von Dir empfangen durften, sage ich Dir herzlichen Dank.« Das ist nicht der Ton einer verurteilenden Amtskirche, sondern des verstehenden Umgangs zwischen erwachsenen Menschen.

Bei den positiven Erfahrungen ist auch das Verhalten des Generalvikars der Erzdiözese München-Freising zu erwähnen. Er rief spontan bei mir an, nachdem irgendjemand die Aufrechterhaltung der Missio canonica meiner Frau bei bloß standesamtlicher Trauung beanstandet hatte. Er konnte meine Entgegnung gut verstehen, daß ich selber wohl der ungeeignetste Adressat sei, der anzurufen wäre, um das Laisierungsverfahren zu beschleunigen und die kirchliche Trauung zu ermöglichen, die wir immer gewollt hatten. Die Frage, ob er meiner Frau nun die Missio entziehen würde, beantwortete er so, daß er in ein laufendes Verfahren nicht eingreifen werde.

Ganz besonders froh waren wir, daß wir in den Jahren der kirchenrechtlich bedenklichen Situation in der Pfarrei St. Ursula wohnten, in der uns Pfarrer Richard Lipold seelsorgerlich betreute. Bei ihm erlebten wir ganz praktisch, daß die Barmherzigkeit höher steht als das Recht. Ihm ist es auch zu verdanken, daß wir bei der Hochzeit einen Gottesdienst feiern konnten, in dem einerseits der kirchenrechtlichen Situation Rechnung getragen wurde und andererseits dem Wunsch aller, daß unser Leben an den wichtigsten Punkten immer auch mit Gott zu tun habe.

Meine jüngste Begegnung mit der »Amtskirche« erfolgte bei meinem Wiedereintritt in den kirchlichen Dienst der Erzdiözese München und Freising. Die Verantwortlichen sagten mir, daß im Falle meiner Bewerbung die Laisierung beim Auswahlverfahren keine Rolle spielen werde. Und über inoffizielle Kanäle hörte ich, daß man sich freue, wenn man einem ehemaligen Priester wieder ein adäquates Arbeitsfeld innerhalb der Kirche anbieten könne.

Die schmerzhaften und traurigen Erfahrungen kamen für mich nicht von der »Amtskirche«, sondern aus dem klerikalen Freundeskreis und von besonders »frommen« Laien. Verschwiegen werden soll aber auch nicht die Trauer über den Verlust von Tätigkeiten, die mir im Priesterberuf Freude gemacht haben. Besonders traurig war für mich die Erfahrung in einem Gottesdienst am Ostermontag, als ein Freund, den ich sehr schätze, die Predigt hielt. Er war verheiratet wie ich, hatte Familie wie ich und war Theologe wie ich. Nur: Er durfte predigen, und ich nicht mehr.

Eine andere unangenehme Erfahrung: Nach unserer Hochzeit wohnten wir in einem kirchlichen Haus, in das ich noch als Priester eingezogen war. Es waren lauter Privatwohnungen, keine Dienstwohnungen. Als eine städtische Initiative zur Öffnung und Begrünung der Hinterhöfe bei uns vorstellig wurde, gehörten wir zur Minderheit, die sich für die Öffnung des Hofes und für seine Begrünung aussprachen. Die Mehrheit der dreizehn Parteien wollte den schützenden Zaun erhalten. Eine selbsternannte Sprecherin der Mehrheit versuchte uns mit dem erpresserischen Hinweis auf ihren Kurs zu »zwingen«, sie müßte sonst dafür sorgen, daß wir als bloß standesamtlich Verheiratete gezwungen würden, die kirchliche Wohnung aufzugeben.

Am schmerzlichsten hat mich getroffen, wie ehemals gute Freunde auf Abstand gingen. Wenn ich davon rede, will ich aber nicht versäumen zu erwähnen, daß gerade die besten Freunde auch heute noch Kleriker sind, die sich herzlich mitfreuen, daß es uns gut geht. Doch es gibt auch die anderen. Einer konnte es mit seiner theologischen Eheauffassung nicht vereinbaren, uns fast drei Jahre lang nur standesamtlich verheiratet zu sehen. Er meinte, wir hätten mit der Heirat bis zur Laisierung warten müssen. Oder der Mitbruder, der sich genierte, den Gottesdienst bei unserer Hochzeit mitzufeiern, und es deshalb beim postalischen Glückwunsch beließ. Ein anderer, der mir sagte, ich dürfe auf eine Mitarbeit bei einer theologischen Veröffentlichung keinen Anspruch anmelden; im übrigen vermisse er bei mir eine dankbare Bescheidenheit, die einem Laisierten doch wohl anstünde. Am krassesten war für mich das Verhalten eines Verlags, der einen mir zuvor zugesagten Auftrag wieder rückgängig machte mit der Begründung, er könne wirtschaftlichen Schaden nehmen, wenn Käufer meine Laisierung erfahren würden. Dazu fällt mir nur das Wort »päpstlicher als der Papst« ein, weil ich zu dem Zeitpunkt bereits wieder im kirchlichen Dienst arbeitete.

Ausklammern möchte ich hier die Erfahrungen, die ich mit meiner Familie und den Verwandten in diesem Prozeß gemacht habe. Meine 85jährige Patentante reagierte auf meine Mitteilung, daß ich heiraten werde, mit der erstaunlichen Weisheit des Alters: »Weißt du, Hubert, wir sind alle Menschen! Ist die Frau wenigstens nett?«

Blick zurück im Zorn?

Nein! Mein Blick zurück geschieht nicht im Zorn, weder auf die Kirche, noch auf meine eigene Geschichte. Die Zeit des Priesterseins kann ich als wesentlichen Teil meines Lebens gut akzeptieren, vielleicht deshalb, weil ich Glück gehabt habe und nicht auf der Schattenseite gelandet bin, wohin es wahrlich manch einen aus dem Kreis der Betroffenen verschlagen hat. Auch daran sollten – frei nach Brecht – diejenigen denken, die im Lichte stehen! Glück habe ich beim beruflichen Wechsel gehabt: in der freien Wirtschaft wie auch jetzt in der kirchlichen Erwachsenenbildung. Die Jahre »draußen« waren rückblickend für mich besonders wertvoll, weil sie mir gezeigt haben, daß man als Theologe auch etwas anderes machen kann, und weil ich einige Jahre Gelegenheit hatte, die Trauer anderswo als im Umfeld von Theologie und Kirche abtrauern zu können. Glück hatte ich auch im Hinblick auf die Laisierung, auf die ich »nur« knapp drei Jahre zu warten brauchte. Dadurch konnten wir kirchlich heiraten, und meine Frau durfte im Schuldienst verbleiben. Glück erlebe ich vor allem in meiner Familie, in der Beziehung zu meiner Frau und den beiden Söhnen. Und weil ich glücklich bin, entdecke ich bei mir heute einen stärkeren Zug zu Gebet und Frömmigkeit als damals, als ich dies *ex officio* tun mußte.

HORST HERRMANN

1940 Geburt in Schruns, 1959–1963 Studium der Theologie und der Rechtswissenschaften in Tübingen und München, 1964 Priesterweihe durch Bischof Carl Joseph Leiprecht in Stuttgart, 1964–1965 Kaplan in Ravensburg und Stuttgart, 1968 Promotion in Katholischer Theologie an der Universität Bonn, 1968–1969 Weiterstudium in Rom, 1970 Habilitation im Fach Kirchenrecht an der Universität Bonn, 1971–1981 o. Professor für Kirchenrecht an der Universität Münster, 1975 Entzug der kirchlichen Lehrerlaubnis, seit 1981 o. Professor für Soziologie an der Universität Münster. – 1977 Mitglied des Deutschen PEN-Zentrums, 1981 Austritt aus der Katholischen Kirche. – 1981 Heirat mit Dr. Barbara Freitag, zwei Kinder: Sebastian und Fabian.

Veröffentlichungen: Ehe und Recht. Versuch einer kritischen Darstellung, Freiburg/Basel/Wien 1972; Ein unmoralisches Verhältnis. Bemerkungen eines Betroffenen zur Lage von Staat und Kirche in der Bundesrepublik Deutschland, Düsseldorf 1974; Die sieben Todsünden der Kirche (Mit einem Nachwort von Heinrich Böll), München 1976; Savonarola. Der Ketzer von San Marco, München 1977; Ketzer in Deutschland, Köln 1978; Martin Luther, München 1983; Papst Wojtyla. Der heilige Narr, Reinbek 1983.

Rede eines wiedergeborenen Weltkindes
an einem früheren Thema entlang

Als wir Kinder waren, gab es große Probleme mit den Milchzähnen. Ich meine nicht den Vorgang des Zahnens, sondern die Not, die unter Schmerzen erworbenen ersten Zähne wieder abgeben zu müssen. Nicht immer haben wir schon in diesem frühen Stadium der Individualität begriffen, was wir inzwischen wissen: Zähne, die nichts mehr taugen, müssen gezogen werden. Das Kind kann zwar immer wieder an dem sich lockernden Beißerchen wackeln, doch früher oder später kommt der Moment der Entscheidung: Raus damit! Und Ruhe! Und aufs nächste Problem warten ...

Was ich gar nicht leiden kann: Literatur von und über Renegaten. Was da menschlich so verständlich erscheint, das Sich-Bestätigen, die Neuinterpretation von Treue zu sich und zum Leben, die auffällig unnormale Mitteilung, alles sei unauffällig normal, jetzt, nachdem das Priesteramt abgelegt worden ist; all das ist mir über. Das würgt mich im Hals.

Nicht weniger die unaufhörlich von neuem bei den alten Argumenten einsetzende Diskussion über Bedingungen des öffentlich eingeschärften und des heimlich nicht eben scharf eingehaltenen Zölibats.

Tut mir leid: Das sind für mich Spielereien, spätpubertäre Witzchen, peinlicher Klamauk. Weder dieser Papst noch ein anderer, den wir erleben werden, kann das Priesteramt seiner Kirche, die nicht mehr die meine ist, von Grund auf erneuern. Und wollen tun Päpste es schon gar nicht.

Also weg damit, endlich weg damit, weg mit den Selbstbemitleidungen der ehemaligen Kirchenmänner, die auf die sogenannten Weltleute schon sehr komisch wirken. Wann wird auch der letzte von den einst sorgsam auf das geistliche Amt Hingehätschelten einsehen, daß solche Weichlichkeit allein zum früheren Amt gehört und im anderen Beruf oder Familienstand nichts mehr, gar nichts mehr zu suchen hat?

Nun hört doch auf mit den Klagen! Es gibt kein Zurück mehr für euch, außer in euren Träumen.

Und noch was, zum Nachdenken: Um die amtliche Ehelosigkeit geht's doch gar nicht, auch nicht um das Amt. Es handelt sich längst um mehr: um die Kirche, um den Glauben, um die Religion, um Gott.

Ihr wißt dies gut genug, wenn ihr ehrlich gegen euch selbst seid.

So, nun ist's gesagt, ist die Basis gelegt. Unter dieser Voraussetzung rede ich weiter.

Halt, ich muß doch noch einen Nachtrag unterbringen. Das Priesterherz will es so.

Zum einen weiß ich, daß niemand aus seiner Biographie aussteigen kann. Wer da Jahre und Jahrzehnte verleugnet, macht sich krank. Aber es gibt auch einen Trost: Lieber einen Knick in der Biographie als einen im Rückgrat.

Andererseits steht in meinem Arbeitszimmer ein inzwischen ziemlich berühmt gewordenes kleines Sofa. Auf ihm haben sehr viele Priester und ihre Frauen gesessen (bringen sie ihre Partnerinnen nicht mit, aus welchem Grund auch immer, habe ich keine Zeit für sie, weil sie noch keine Partner sind). Das Sofa könnte viele Geschichten erzählen. Wenn einer wie ich zehn Jahre lang Professor des Kirchenrechts (fünf Jahre mit *missio*, fünf ohne) gewesen ist, kommt schon etwas zusammen. Wohin sollen denn auch zwei gehen, die sich im Gestrüpp der klerikalen Paragraphen gefangen und verirrt haben? Sie müssen, da kein Zivilanwalt sich um sie kümmert, zum Kirchenrechtler. Aber wo gibt es noch Kirchenrechtler, die nicht ihren Brotberuf in der Kirche haben?

Oft habe ich daran gedacht, ein eigenes Büro für kirchenrechtliche Beratung aufzumachen (übrigens auch für Eheprozesse). Aber das war mir dann doch zu klerikal. Doch auch so weiß ich, wovon ich rede. Die Not ist mir nicht fremd. Und doch bleibt die Devise: Je radikaler der Zahn gezogen wird, desto befreiter ist das andere Leben möglich.

Diese Auffassung, Nuancierungen im Einzelfall hin oder her, hat sich so oft bestätigt, daß ich starrköpfig an ihr festhalte und viele Versuche, es doch noch anders zu halten und Kompromisse einzugehen, für berufstypische Ausflüchte erachte. Vertane Zeit.

Ausnahme, die diese Regel bestätigt: Wer nur vorübergehend schwankt, wer nicht entschieden genug sich für den Menschen seiner Lebenswahl einsetzt, wer dauernd verbirgt und argumentiert, wer erstmals in seinem Mannesleben einer Frau begegnet, der muß warten lernen. Der sollte nicht auf Anhieb eine so einschneidende Entscheidung treffen.

Schluß jetzt. Ich möchte nun, weil mich mein Freund Georg Denzler darum gebeten hat, etwas »vom Weg zum Priestertum und später zur Ehe« erzählen. Erzählen? Ja, aber ohne in die »narrative Theologie« derer zu verfallen, die sich immer wieder marktgängige Theorien ausdenken, vom Erzählen selbst aber nichts wissen. Weil sie vielleicht keine eigenen Kinder haben, denen sie erzählen könnten.

Eine Skizze für Memoiren soll das jedoch auch nicht abgeben, wohl aber die eine oder andere Merkwürdigkeit aus dem Leben eines Priestersohnes. Daß andere die gleichen Geschichten erlebt haben könnten, spricht weniger gegen die Originalität der Erzählung als für ein System.

Ich erzähle zwei Geschichten. Die eine vom Anfang des Weges, die andere vom Ende. Zwischen beiden liegt der Lebensabschnitt, der zur Vita gehört und der ein für allemal vergangen ist (siehe oben).

Die erste Geschichte: Rottweil am Neckar und Tuttlingen an der Donau sind durch eine Bahnstrecke verbunden. Die Entfernung zwischen den beiden Städten beträgt 28 Tarifkilometer. Damals, im Jahr 1957, kostete die Fahrt hin und zurück für Schüler etwa drei Deutsche Mark.

In Rottweil stand das Bischöfliche Knabenkonvikt, in dem ich vier Jahre bis zum Abitur verbracht habe. In Tuttlingen wohnte meine Mutter. Ihr 50. Geburtstag fiel auf einen Sonntag. Wer die Nachmittage eines Internatssonntags kennt (ich nehme an, daß das viele Leser sind), verzeiht den Gemeinplatz: Langeweile, Langeweile, Einsamkeit. Und wer vom Leben einer berufstätigen Frau und alleinstehenden Mutter weiß, kennt deren Sonntagnachmittage: Einsamkeit, Einsamkeit, Langeweile.

Für Mutter und Sohn lag es nahe, den runden Geburtstag gemeinsam zu feiern. Ich hatte Zeit, hatte Geld für die Fahrkarte, hatte ein Geschenk. Die Mutter wäre zu überraschen gewesen. Rechnen konnte sie nicht mit einem Besuch. Ein Zögling durfte nur in den Schulferien nach Hause fahren.

Ausnahmen gab es schon. Ich faßte mir ein Herz, denn die Ausnahme erforderte eine persönliche Erlaubnis des Herrn Direktors. Nachdem ich an seine Tür geklopft hatte (er wohnte im Séparée), nachdem ich mehrmals geklingelt hatte, erschien er, erstaunte, ordnete seine Hose, seine Kollarweste, fingerte an seinem Priesterkragen herum, rückte die Zigarre in den gewandteren Mundwinkel. Ich fragte, argumentierte, legte Gründe vor und nach. Er brauchte für seine Ablehnung, die er mir, schon im Wegdrehen, zuwarf, nur einen einzigen Grund: »Wer die Mutter mehr liebt als mich, ist meiner unwert«.

Dieses Bibelwort las der Priesterschüler an jenem Sonntagnachmittag immer wieder unter Tränen nach. Daß meine Mutter an ihrem 50. Geburtstag auch geweint hatte, wußte ich damals noch nicht. Daß die Tränen der Ohnmächtigen stärker als jede Doktrin gegen die Väter der Religion zeugen, wußte der Sohn damals auch noch nicht.

Die zweite Geschichte: Der Prozeß, den ich in den siebziger Jahren in Sachen Entzug der Lehrerlaubnis gegen den Bischof von Münster zu führen hatte, brachte es mit sich, daß auch gelehrte Themen hin und her gewälzt werden mußten. Die Deutsche Bischofskonferenz hatte ihre Experten gegen mich abgestellt, und deren Gutachten brachten diesen einen dogmatischen und finanziellen Gewinn. Nicht nur ein Vergelt's Gott.

Aber es gab auch mündliche Verhandlungen, Vernehmungen, Anhörungen des Klägers und des Beklagten. Die Männerrunde – fünf Kollegen, Theologieprofessoren, ein paar Bischöfe, ein Kardinal, ein angehender Ketzer – traf sich immer wieder und schürfte.

Mir selbst wurde seinerzeit das eine und das andere Dogma vorgehalten, das mich auf den göttlichen Stifter der Kirche Roms zurückführen ließ – und das ich frech angeknabbert haben sollte. Die Luft war schwanger von Zitationen der Väter, der Konzilien, der Theologen, auch der Evangelisten, ja selbst des Heiligen Geistes.

Als ich selbst, fast schon eingeschüchtert von so viel Autorität, es wagte, in einer Detailfrage erstmals die, wie ich meinte, verbindliche Aussage Jesu einzuführen, schnitt mir der Chefideologe das Wort ab: »Sie können sich doch nicht, wenn es Ihnen paßt, auf das liebe Jesulein berufen!«

Da wußte ich endgültig, wo sie ihn begraben hatten.

Das war die zweite Geschichte. Der Rest aber war Routine. Ich bin ein paar Jahre später aus der Kirche ausgetreten. Freilich erst, nachdem ich die deutsche Amtskirche noch fünf Jahre lang damit verärgert hatte, die Katholisch-Theologische Fakultät eben nicht freiwillig zu verlassen. Als Kirchenrechtler wußte ich schon, wie das anzustellen war. Schließlich war ich über mein Buch »Ein unmoralisches Verhältnis. Bemerkungen eines Betroffenen zum Verhältnis von Staat und Kirche in der Bundesrepublik« gestolpert. Und eben dieses Verhältnis bringt es mit sich, daß ein bundesrepublikanischer Universitätsprofessor gegen seinen Willen nicht an einen anderen Fachbereich versetzt werden kann. Schade, daß die Bischöfe dies nicht wußten. Sie mußten deshalb ohnmächtig mitansehen, daß der Entzug der *missio canonica* nicht die staats- und hochschulrechtlichen Folgen hatte, die sie sich erträumt hatten. Ein Priester, der aufmuckte und nicht schon den ersten Wink, geschweige denn den letzten befolgte, das war ihnen noch nicht untergekommen, das kannten sie nicht. Woher auch?

Erst als ich genug hatte von denen, die von mir schon längst genug hatten, bin ich gegangen. Freiwillig. Und alle Beteiligten, Bischöfe und Minister, haben aufgeatmet.

Ich auch. Ich hatte über dreißig Jahre mit Bewußtsein in einem durch und durch patriarchal strukturierten Milieu zugebracht, das sich euphemistisch nach der Mutter Kirche nennt, um Vatergewalt durch Mutterliebe zu verhüllen. Im Laufe dieser Jahre habe ich viele Kirchenväter kennengelernt. Zwar bin ich nie im landläufigen Sinn von diesen verführt worden, doch haben sie mich von innen her belästigt. Lange Jahre hindurch bin ich ein Verführter geblieben, der dazu abgerichtet sein sollte, andere zu verführen. Die Belästigung, zu der sie mich im

Hinblick auf andere Menschen verführt haben, bestand darin, mein Denken, Fühlen und Handeln derart in Besitz zu nehmen, daß ich alles für wahr hielt, was sie für mich im voraus definiert hatten, um es mich glauben zu heißen.

Solches Fürwahrhalten habe ich in den beiden Geschichten aufgezeigt: Die Liebe eines Menschen darf nicht dem gehören, was oder wen er lieben will. Nicht der Mutter, nicht dem Partner, nicht dem Buch seiner Wahl, nicht dem eigenen Denken und Forschen. Die Liebe, die die Vaterkirche meint, ist und bleibt vorprogrammiert, damit sie die »wahre« sei: Liebe zum verordneten Fühlen und Denken, Liebe zu den diesem Denken vorgeordneten Vätern, Liebe zu einem Vatergott, den die Systemwahrer nach ihrem eigenen Bilde geschaffen haben.

Daß diese Liebe zu den Vätern jedoch, an der humanen freien Liebe vorbei, nichts anderes als die Gewalt der Väter deckt, daß diese Verhüllung von Generation zu Generation tradiert werden soll, daß sie als ausschließliche, d. h. ausschließende Wahrheit gedeutet wird, bleibt Verführung von Menschen durch Menschen. In solcher Wahrheits-Liebe schläft das Verhängnis der Welt.

Ich wundere mich, daß ich dies habe lernen dürfen und daß ich ein so miserables Resultat klerikaler Erziehungskunst geworden bin. Ich danke, wenn ich daran denke, daß ich meine Liebe durch die Jahre im Väter-Milieu hindurch in das Land kindlicher Fröhlichkeit habe retten dürfen. Mich wundert, daß ich so fröhlich bin.

Nun aber Schluß mit den Hymnen auf die Freiheit. Sonst gerate ich in eben den Verdacht, den ich anfangs ablehnend umschrieben habe.

Schließlich soll ich noch etwas über den Zustand »danach« sagen. Nochmals: Ich muß nicht die Zähne zusammenbeißen und krampfhaft »Paradies« murmeln, wenn ich die jetzige Situation schildere. Ich habe es nicht nötig, die Vergangenheit schlecht zu machen. Schwarz-weiß-Malerei ist eine Lieblingsbeschäftigung allein von unzufriedenen und unehrlichen Renegaten.

Nüchternheit ist gefragt. So gemessen ich die tempi passati

nehme, so klar nehme ich die Gegenwart und Zukunft an. Klarheit schließt aber Schönheit nicht aus. Im Gegenteil.

Schön, daß gegen die früheren Freunde neue getauscht werden konnten. Nach meiner Heirat, beileibe nicht nach meinem Ende als Theologieprofessor, haben sich die Guten zurückgezogen. Vielleicht war ihnen der Bruch des Zölibatsversprechens fünf Jahre nach dem Bruch mit der offiziellen Theologie doch zuviel. Aber zu untersuchen, warum der Verzicht auf Ehelosigkeit einen schwereren »Treuebruch« darstellt als der Verzicht auf Orthodoxie, ist nicht mein Problem.

Jedenfalls haben Bessere die Lücke, welche die Guten mir gönnten, schnell wieder geschlossen. Ich nenne eine Gruppe, die Schriftsteller (PEN-Club), und einen einzelnen, Heinrich Böll. Ich kann den Tag, da er sich erstmals um mich gekümmert hat, genau angeben. Denn als sich 1975 die Medien wochenlang um meinen »Fall« sorgten, war er bereits tätig geworden. Am Tag der Entscheidung, als der Bischof die Unterwerfung von mir forderte, hatte plötzlich das Telefon geläutet. Böll hatte sich gemeldet und mir, von dessen Lage er nur aus der Zeitung wußte, in einem zweistündigen Gespräch »von Katholik zu Katholik« den Rücken gestärkt. Aufgewiegelt, wie die Kirchenpresse mutmaßte, hat er mich nicht. Wir haben später noch verschiedene gemeinsame Projekte geplant und durchgeführt.

Schön finde ich die Ruhe, die mich umgibt. Keine Auseinandersetzungen mehr um die Bagatellen eines als »schönster Beruf der Welt« ausgegebenen Priesterlebens, kein *furor theologicus* mehr, keine *invidia clericalis*.

Als ich ging, meinte ein Bischof, jetzt endlich trete Ruhe in seiner Kirche ein. Den Wunsch konnte ich ihm erfüllen. Ich habe seinerzeit, kurz vor meiner Heirat mit einer Frau, die den hinter mir liegenden Scheinproblemen nur fassungslos begegnen konnte und für die mein früherer Beruf eine quantité négligeable bedeutet, in einem Interview mit dem »Spiegel« gesagt, künftig würde ich meine kirchenkritische Tätigkeit auf das Lesen der Heiligen Schrift beschränken.

Schön also die Ruhe, das unbeteiligte Betrachten von Problemen, die für mich keine mehr sind und für meine Frau noch nie welche waren, die ganz und gar unmissionarische Teilnahme am Geschick anderer Menschen, die in fröhlicher Gottlosigkeit ihr Leben leben, die Sicht auf eine Welt, die ihre Fragen zunehmend säkular zu lösen lernt.

Nur hin und wieder so etwas wie ruhige Schadenfreude. Wenn ein Kardinal aus Köln oder München ins Fettnäpfchen tritt. Was mich früher zu einem neuen Pamphlet getrieben hätte, läßt mich jetzt ziemlich kalt. Die Kardinäle machen halt ihren Job, der Papst den seinen, dazu fällt mir nichts Mitteilenswertes mehr ein. Unsereins macht eben still den seinen.

Schön auch, daß ich in meiner jetzigen Disziplin so viel gelernt habe und lerne. Anfangs war das schon ein wenig vertrackt: Das Konkordat mit Preußen von 1929, nach dessen Wortlaut ich 1981 die Theologie gegen die Soziologie eingetauscht hatte, setzt einen Hochschullehrer einfach »um«. Aber es fragt nicht danach, was dieser an seinem neuen Platz tut. In meinem Fall hieß dies: Ich war von einem Tag zum anderen Inhaber eines Lehrstuhls für Soziologie, ohne vorher auch nur eine einzige Stunde Soziologie gehört zu haben.

Gelernt habe ich vor allem von den Studenten, die den Neuen ohne viel Federlesens angenommen haben. Und umgekehrt: Was mein früherer Fakultätskollege Karl Rahner prophezeit hatte, ist eingetreten: Nehmt dem Herrmann doch die *missio* nicht! Der geht zu den Laien und kann am neuen Platz wesentlich mehr Leute verderben als bei den Theologen!

Nun, recht so, just da liegt der Unterschied. Die Kirche hat mir die Lehrerlaubnis für Theologie mit der Begründung genommen, ich sei eine Gefahr für die mir anvertrauten Studenten (die freilich zum Thema nie befragt worden waren). Und jetzt habe ich überfüllte Seminare und Vorlesungen vor mir und Jahr für Jahr unverhältnismäßig viel Examenskandidaten (für das Lehramt, für das Diplom, für Magister und Promotion) zu betreuen. Inzwischen sind Hunderte an mir vorbeigezogen, haben bei mir ihre Arbeiten und ihre Prüfungen gemacht. Und niemand kann mir, wg. »Gefährdung der Jugend«, die Lehrerlaubnis entziehen.

Übrigens fragen Kollegen und Studierende immer wieder, wie sich's unter Menschen gehört, nach meiner Familie. Aber kein Mensch hat sich je für meine Herkunft interessiert. Hätte es einer getan, wäre mir das allerdings auch nicht peinlich gewesen. Wie gesagt, Klarheit ist schön.

Damit jetzt nicht der Eindruck entsteht, ein früherer Aufwiegler habe sich mit seiner Ruhe abgefunden und mache inzwischen in Friede, Freude, Eierkuchen, sage ich doch noch was über das, was mich aufregt: Daß eine Gesellschaft wie die gegenwärtige im wesentlichen teilnahmslos ist, nehme ich nicht schmerzfrei hin. Mögen die beamteten Theologen ruhig schweigen, von denen zur Zeit so gut wie nichts zu hören ist (oder kennt jemand eine konservative Theologie von Rang?). Zu viel liegt im argen, als daß ich mich beruhigen könnte. Meine Themen an der Universität, in Hunderten von Diskussionen durchgesprochen, beschäftigen sich immer wieder mit den schlimmen Zuständen unserer Kultur. Ich nenne nur ein Stichwort: Sexismus. Und eine Widerstandsbewegung: Feminismus.

Hier lasse ich wenig Gelegenheiten zum Kampf aus. Kritiker ist ein Mensch nicht nur von Fall zu Fall. Kritiker ist er entweder immer oder gar nicht. Kritisches Bewußtsein und kritisches Handeln sind keine Phasenphänomene, keine Normalitäten der Jugend und Perversionen im Alter. Der Widerstand gegen die Inhumanitäten der Gesellschaft hört nie auf. Forsche ich nach Unmenschlichkeiten, die es aufzuzeigen und zu bekämpfen gilt, begegnen mir (naheliegend, wenn es um Patriarchat geht) hin und wieder auch die Kirche und der Klerus. Aber es handelt sich dabei eben nur um Kleingruppen, wie der Soziologe heute sagt, nicht mehr, wie der Theologe einmal glaubte, um den Nabel und das Heil der Welt.

FRIEDBERT ERBACHER

1942 Geburt in Kleinheubach, 1962–1964 Studium der Philosophie und Theologie in Würzburg, 1964–1968 Studium der Theologie in Münster, 1968–1969 Erzieher im Knabenseminar Kilianeum in Würzburg, 1969–1970 Studium der Theologie in Würzburg, 1970 Priesterweihe durch Bischof Josef Stangl in Würzburg, 1970–1973 Kaplan in Stockstadt, Röttingen, Sailauf, Mömbris und Gerolzhofen, 1971 Aufenthalt im Zentrum von Graf Dürckheim in Todtmoos-Rütte, 1975–1981 Ausbildung in Gestalttherapie am Fritz Perls Institut in Düsseldorf, 1975–1983 Lehrauftrag an der Fachhochschule in Würzburg, seit 1975 (mit meiner Frau) Gestalttherapie und Malen in freier Praxis, seit 1982 in der Fortbildung in Gestalttherapie tätig. – 1973 Laisierung; Heirat mit Waltraud Pfeiffer, ein Kind: Clemens.

Auf dem Weg

Wenn ich auf meinen Lebensweg zurückblicke, fällt mir auf, daß er sehr geprägt ist durch die Wechselbewegung zwischen der Sehnsucht nach Geborgenheit, einer befriedigenden Symbiose und dem Streben, mich aus Einengung und Abhängigkeit zu befreien. Äußerliche Anzeichen dafür sind u. a. 20 Wohnungswechsel mit 14 Ortswechseln seit meinem elften Lebensjahr bis heute. Viele meiner Befreiungsversuche vollzogen sich in Abgrenzung und Protest vor allem gegen institutionelle Verhärtungen, fraglos übernommene Traditionen und unlegitimierte Autorität. Auf meinem Weg betraf das besonders die Institution Kirche; es hätten aber auch andere Institutionen wie Schule, Verwaltung, psychiatrische Klinik, Industriebetriebe oder ähnliches sein können. Immer geht es allein um die Gefahr der Entfremdung oder um die Befreiung aus Fremdsteuerung.

Der Weg bis zur Priesterweihe

Ich bin 1942 in einem kleinen Dorf geboren. Ungefähr zweieinhalb Jahre später wurde mein Vater noch als Soldat eingezogen und kam bald in russische Gefangenschaft. Mit fünfeinhalb Jahren sah ich ihn zum erstenmal richtig und bewußt. Für meine beiden älteren Geschwister war der Vater früher schon mehr präsent gewesen. Doch mir blieb dieser Mann, der mein Vater war, fremd. So suchte ich nach einer Vatergestalt, um die Symbiose mit der Mutter zu mildern, und fand sie im kirchlichen Raum. Die anderen Männer in meiner Umgebung waren in Gefangenschaft bzw. gefallen oder, weil viel beschäftigt, ebenfalls nicht erreichbar. Unser Pfarrer war die imponierende Männergestalt meiner Kindheit. Sein Jähzorn und seine unberechenbare Impulsivität flößten mir Angst ein, während das Geheimnisvolle seines sakralen Tuns und seine Macht mich anzogen. Er prägte auch meinen Wunsch, Priester zu werden, und förderte meinen Übertritt in ein entsprechendes Internat. Ich folgte ihm – auf »Abenteuer« aus, ohne zu wissen, was mich erwartete – und besuchte fünf Jahre das Internat der Benediktiner von Münsterschwarzach. Meine Mutter trauerte lange und intensiv über diese Trennung von mir. Als sie Versuche machte, mich wieder nach Hause zu holen, herrschte der Pfarrer sie grob an und hielt sie davon ab. Meinem Vater fehlte die Zeit, sich um meinen Werdegang zu kümmern.

Als Internatszögling fühlte ich mich immer in einer Sonderrolle: Das Internat war nicht mein Zuhause – wir wurden nicht kindgemäß erzogen, sondern durch das Reglement wie angehende Mönche gehalten – »zuhause« war ich nur in der Ferienzeit, und selbst dann wie ein Fremder, weil die Normalität des Alltags mit den Kindern im Dorf fehlte. Das Etikett »Der will ja mal Pfarrer werden« oder »Der ist ja sonst im Internat« zwang mich dort immer wieder in einen Sonderstatus. Die letzten vier Jahre des Gymnasiums wohnte ich zwar wieder bei den Eltern – um mich aus der Abhängigkeit vom Kloster zu befreien –, aber die Entfremdung von der Familie und der sozialen Umgebung im Dorf blieb bestehen.

Die ersten vier Semester meines Theologiestudiums verbrachte ich im Würzburger Priesterseminar. Ich erinnere mich noch gut an die Einführung des Spirituals für uns Anfänger, der mit väterlich sonorer Stimme von sexuellen Erfahrungen sprach, die er einteilte in solche, die nur gebeichtet werden müßten, andere, die ihm persönlich gesagt werden sollten, und Verfehlungen, weswegen man das Haus wieder verlassen müsse. Er erging sich dabei in vielen Details. Ich saß da, ganz verwirrt, und war peinlich berührt. Durch seine Schilderung erfuhr ich noch von Möglichkeiten, auf die ich von alleine nie gekommen wäre. Erst nach einem Jahr und vielen Gesprächen mit Studienkollegen war ich in der Lage, ihm direkt zu sagen, mit welchem Ungeschick und welcher Taktlosigkeit er uns damals behandelt hatte, zumal er nur isolierte Fakten und keine Menschen beschrieben hatte. Bei den oben erwähnten Belehrungen in seiner Einführung berief er sich auf Verlautbarungen der deutschen Bischofskonferenz. Das entfernte mich noch mehr von ihm, weil nicht seine eigene Überzeugung sichtbar wurde, sondern nur die Institution mit ihrer unpersönlichen Autorität.

In mühsamen Gesprächen mit dem Regens und dem Bischof erkämpfte ich mir vier »freie« Jahre, um mein Studium in Theologie an der Universität Münster außerhalb des Priesterseminars mit dem Diplom abzuschließen. Zu dieser Zeit besprach ich mit Prof. Heinen meine Träume und persönlichen Fragen. Er vertrat in seinen moraltheologischen Vorlesungen einen für damalige Verhältnisse fortschrittlichen psychologischen und anthropologischen Ansatz. Er hörte mir zu und fühlte sich in mich ein. Der bedeutende und vielbeschäftigte Professor schenkte mir, dem kleinen Studenten, viel Zeit. Diese Erfahrungen legten den Grundstein für meine jetzige Arbeit, sie führten aber auch dazu, daß ich mich trotz mancher Bedenken zum Priester weihen ließ. Wie mein Vorbild und väterlicher Freund Prof. Heinen wollte auch ich im kirchlichen Bereich arbeiten. Seine Art, Menschen zu begegnen, erlebte ich als wirkliche Seelsorge. Menschen, die außerhalb des kirchlichen Sektors therapeutisch tätig waren, erlebte ich damals nicht. Mein Horizont blieb auf die kirchliche Seelsorge eingeengt. In dieser Zeit wuchs mein Interesse an Tiefenpsychologie und humanistisch-hermeneutischen Ansätzen. In Fächern wie Dogmatik und Exegese beschränkte sich mein Interesse auf das Notwendigste.

Prof. Heinen machte mir durchaus Mut, mich nicht ausschließlich an äußeren Geboten und Verboten zu orientieren, sondern meinem Inneren und meinem Gespür zu folgen. Dadurch half er mir, von übernommenen Bildern von Gott, Welt und Kirche loszukommen.

Jetzt erst begann ich meine Aufmerksamkeit für Frauen näher zu entdecken. Es dauerte auch nicht lange, bis ich eine Freundin fand. Einige Jahre später trennte ich mich wieder von ihr, weil ich Priester werden wollte. In der Folge bekam ich Blinddarmentzündung und mußte mich einer Operation unterziehen. Bei meiner Hinwendung zu Frauen befand ich mich in einer »Zwickmühle« zwischen Sehnsucht nach Zärtlichkeit oder Geborgenheit und Angst vor einengender Nähe. Ich fühlte mich einfach noch nicht in der Lage, in der engen Verbundenheit mit einem Menschen trotzdem meinen Freiraum zu wahren.

Vor meiner Priesterweihe sollte ich nach dem Willen des Bischofs sozusagen eine Probezeit von einem Jahr als Erzieher im bischöflichen Konvikt tätig sein und ein weiteres Jahr praktischer Ausbildung im Priesterseminar verbringen.

Die Zeit als Erzieher war sehr wichtig, da ich dabei meine ersten beruflichen Erfahrungen sammeln konnte. Angefüllt mit Theorien und abstrakten Idealen, war ich zunächst nicht in der Lage, mein Wissen im Umgang mit den Schülern umzusetzen. Ich erlebte die Grenzen meiner erzieherischen Kompetenz – Krisen, die zwar schlimm, letztlich aber fruchtbar waren. Die Schüler formten mich am Anfang mehr als ich sie; nur allmählich veränderte sich dieses Verhältnis. Obwohl ich autoritäres Verhalten ablehnte, geriet ich selbst oft hinein. Dies alles half mir zu einer richtigeren Einschätzung meiner selbst und zu einem ausgewogeneren Selbstbewußtsein.

Das anschließende Jahr im Priesterseminar führte mir den krassen Unterschied zur wirklichen Lage in der Gemeinde und zum Leben im Seminar vor Augen. Auch im Priesterseminar hatten die Impulse der Studentenbewegung inzwischen ihre Spuren hinterlassen. Es ging liberaler zu, jedoch das Versorgtsein im Seminar enthob uns vieler Entscheidungen und der Konfrontation mit Gegebenheiten des alltäglichen Lebens. Die einjährige Berufserfahrung half mir da schon eher, meine Reaktionen in Belastungssituationen einzuschätzen.

Die Zeit als Priester

Im Sommer 1970 erhielt ich die Priesterweihe durch Bischof Josef Stangl. Der Amtskirche gegenüber hatte ich eine kritische Einstellung. Vor allem fehlte mir die konkrete Erfahrung mit der Arbeit in einer Pfarrei. In der »Sturm- und Drang-Periode« als Kaplan neigte ich zur Überforderung und unterschätzte, wieviel Zuwendung und Sorgfalt ich auch für mich selbst benötigte. Im Vergleich mit meinen Kollegen besaß ich wahrscheinlich schon mehr Erfahrung meiner selbst, trotzdem war es für mich zu wenig.

Anfänglich wurde ich zur »Aushilfe« in verschiedene Pfarreien geschickt, zunächst für sechs Wochen nach Stockstadt am Main. Dann kam ich für ein Vierteljahr als Pfarrverweser nach Röttingen an der Tauber, einem winzigen Städtchen. Diese selbständige Tätigkeit gefiel mir sogleich recht gut, vor allem auch deshalb, weil die Pfarrarbeit sich in überschaubaren Grenzen hielt und mir mehr Zeit und Ruhe blieb. Anschließend wurde ich als Aushilfe nach Sailauf im Spessart versetzt, wiederum für ein Vierteljahr.

Da ich nun immer noch keine feste Stelle hatte, nutzte ich die Gelegenheit zur psychologischen Weiterbildung für meine Seelsorgearbeit im Zentrum von Graf Dürckheim in Todtmoos-Rütte. Die kirchliche Behörde stellte mich dafür großzügigerweise ein Vierteljahr lang frei. In diesem Zentrum fand ich Anleitung zur Arbeit und zum Umgang mit anderen Menschen und mit mir selbst in einer Weise, wie ich sie schon lange gesucht hatte. Dort lernte ich auch meine Frau kennen. Im Anschluß daran kehrte ich in den Pfarrdienst zurück, zunächst für ein Vierteljahr als Kaplan in Mömbris im Kahlgrund und dann für eineinhalb Jahre in Gerolzhofen, einer Kleinstadt von ca. 6000 Einwohnern mit einem Krankenhaus und einem Altenheim.

Gleich zu Beginn mußte ich die gesamte Pfarrarbeit für einige Wochen allein verantworten, weil der Pfarrer krank war. Ich hatte 16 Stunden Religionsunterricht in der Woche zu geben, am Nachmittag stand manchmal eine Beerdigung an, am Abend Jugend- oder Verbandsarbeit; gelegentlich wurde ich nachts noch zu Sterbenden ins Krankenhaus gerufen. Als Anfänger war ich damit völlig überfordert und hatte fast keine Zeit für mich.

Gerolzhofen war die letzte Station meiner Kaplanstätigkeit. Nach einem halben Jahr konnte ich mir dort in dem Maße, wie ich Sicherheit und Berufserfahrung gewann, mehr Freiräume schaffen, indem ich aus dem Pfarrhaus in eine eigene Wohnung umzog. Einem Theologiestudenten höheren Semesters mit pädagogischer Erfahrung übertrug ich zehn meiner Religionswochenstunden, für die ich ihn auch bezahlte. Mir war die Entlastung das Wichtigste. Durch die örtlichen Umstände bedingt, konnte ich es auch einrichten, an zwei Tagen in der Woche keine Messe feiern zu müssen. Vereinbarte Dienstzeiten strikt und pünktlich einzuhalten, war für mich jedoch selbstverständlich.

Meine Kollegen waren ähnlich überfordert. Ich hörte sie oft jammern, doch selten hatte jemand den Mut, Abhilfe zu schaffen. »Das kann man halt nicht ändern«, hieß es und fügte sich »aufopferungsvoll«. Möglicherweise ist es auch Teil eines Männerkultes, sich mit Überarbeitung zu brüsten? Abstriche zu machen, würde als Schwäche ausgelegt werden. Den Pfarrer meiner Gemeinde verständigte ich bezüglich meiner »Dienst-Reformen«. Es wäre ihm zwar lieber gewesen, wenn ich erst die Erlaubnis der bischöflichen Behörde eingeholt hätte, aber er redete mir nicht rein. Das war sehr wohltuend. Nachträglich erfuhr ich, daß meine Umstellungen ihm einige »Magenschmerzen« bereitet hatten.

Ich war an vielem interessiert und neugierig auf alles, was mir als unverheiratetem Priester zunächst nicht zugänglich schien. Zum Beispiel konnte ich durch die Vermittlung einer Hebamme im Krankenhaus eine Geburt miterleben. Als die Haushälterin des Pfarrers davon erfuhr, reagierte sie mit Entrüstung. Ich allerdings möchte diese Erfahrung nicht missen.

Liturgische Texte formulierte ich oft so weitgehend um, daß sie lebensnah wurden und von der Gemeinde mitvollzogen werden konnten. Ich wollte nichts unbesehen übernehmen. Liturgische Aufgaben bemühte ich mich entsprechend den Bedürfnissen der Gemeinde würdevoll und einfach zu vollziehen. Deshalb fand ich relativ schnell guten Zugang zu den Menschen in der Gemeinde.

Bei meinen Meßfeiern im Altenheim kamen nach einiger Zeit auch evangelische Christen zur Kommunion. Mir war das recht. Bei meinem Nachfolger, einem älteren pensionierten Pfarrer, stand die Haushälterin neben dem Altar und kontrollierte, damit keine evangelischen Hausbewohner mehr an der Kommunion teilnähmen. Die älteren Leute waren ganz verstört und fassungslos, von der »Mahl-Gemeinschaft« des übrigen Hauses ausgeschlossen zu sein. Ich sehe darin ein drastisches Beispiel für ein Amtsverständnis, in dem es der Kirche nicht um Menschen und deren Erleben geht, sondern um dogmatische Rechthaberei. Ich fühlte mich jedoch damals nicht in der Lage, mit dem älteren Kollegen darüber zu reden. Er hätte sicher nicht verstanden, daß es mir um den Menschen geht und nicht um die Lehre von der Transsubstantiation, und er hätte vermutlich die gesamte kirchliche Tradition in die Waagschale geworfen.

Auch als Kaplan versah ich meinen Dienst wie jeder gewöhnliche Arbeitnehmer. Während des Urlaubs wollte ich am liebsten keine Kirche von innen sehen. Mit dem Abstand des Urlaubes von der Kirche im wahrsten Sinne des Wortes konnte ich anschließend viel besser predigen und mit größerer Sammlung die Messe feiern. Auf meine »Unkorrektheit« im Urlaub angesprochen, gab ich zur Antwort, Gott sei kein Buchhalter, der eine Strichliste führe. Frömmigkeit und Pflichterfüllung dürfen für mein Verständnis nicht gleichgesetzt werden. Wie in jeder zwischenmenschlichen Beziehung bewirken Starre und Gleichförmigkeit den Tod des religiösen Lebens. Mit meinen persönlichen Ansichten habe ich allerdings in der Gemeinde nicht missioniert, sondern immer versucht, zu respektieren, zu erklären und Angst zu nehmen. Diese Haltung korrespondierte mit meinem Gottesbild eines nicht tyrannischen, sondern gütigen, verzeihenden und großzügigen Vaters.

Bei Krankenbesuchen nahm ich mir sehr viel Zeit. Ich suchte das Gespräch und den Kontakt mit den Kranken. Das sakramentale Handeln allein wäre mir zu funktionalistisch gewesen. Mit meinem Pfarrer stritt ich viel über theologische Fragen. Ich suchte Orientierung und Bestätigung. Da ich sie bei ihm nicht fand und er sich mit der Amtskirche identifizierte, erfuhr er manche Enttäuschung und Attacke, die eigentlich der Institution galten.

Das Beichte-Abnehmen war mir sehr unangenehm. Da es die Beichtenden nicht anders gelernt hatten, wurde ich nirgendwo mit soviel »Lügen« und Belanglosigkeiten überhäuft wie gerade dort. Böse konnte ich diesen Menschen nicht sein, sie hielten sich an den ihnen beigebrachten Beichtspiegel mit seinen formelhaften, unpersönlichen Bekenntnissen. Ich erinnere mich nur an zwei oder drei Beichtsituationen, bei denen jemand wirklich erlebte Schuld bekannte. Einmal berichtete eine

Frau in der Beichte, daß sie – obwohl finanziell gut gestellt – in einem Kaufhaus gestohlen habe. Ihre persönliche Betroffenheit ließ mich zurückfragen: »Gönnen Sie sich nichts in Ihrem Leben?« Sie schaute erstaunt auf, fühlte sich erkannt und fing an zu weinen. Sie hatte den Zusammenhang begriffen. Hier ereignete sich »Los-sprechung«; sie löste sich von einer Fixierung. Daß die Absolutionsformel anschließend noch gesprochen wurde, war für mich zweitrangig. Hier geschah Bekenntnis, Umkehr und Betroffenheit, letzteres allerdings auf beiden Seiten. Die übliche Beichtpraxis ist so entwürdigend, weil in der Regel aus Gewohnheit, Zwang oder Angst und nicht aus einem wirklichen Bedürfnis angelernte Bekenntnisse aufgesagt werden. Meiner Erfahrung nach ist der Mensch nur wenige Male in seinem Leben bereit und fähig, ein wirkliches Bekenntnis und Eingeständnis von Schuld abzulegen. Das erfordert einen persönlichen Reifeprozeß, den man nicht jedes Jahr herbeizwingen kann.

Ich spürte sehr wohl, daß die Menschen mich mit meiner Einstellung zum Leben und zu Gott verstanden und brauchten. Nur merkte ich auch, daß ich mich im Alleingang verausgabte und immer mehr die Freude und Begeisterung am Leben verlor. Ich mußte mein Leben ändern. Je mehr ich beruflich Erfolge hatte und aus der Gemeinde Bestätigung bekam, desto mutiger wurde ich auch im privaten Bereich. Ich erlaubte auch mir selbst, was ich anderen »zugestand«. Meine jetzige Frau wohnte während meiner damaligen Kaplanszeit in Würzburg. Sie war Sozialarbeiterin mit einer musischen und psychotherapeutischen Zusatzausbildung und hatte an der Fachhochschule für Sozialwesen in Würzburg einen Lehrauftrag für Selbsterfahrungskurse. In der übrigen Zeit arbeitete sie freiberuflich. Fast jede Woche besuchte ich sie an meinem freien Tag. Wir wurden dort nie von jemanden »erwischt«. Als wir aber zusammen in Urlaub fuhren, wurde unser Zusammensein von Schweden aus dem Bischof gemeldet. Nach dem Urlaub zitierte er mich zu sich. Er äußerte als erstes die Sorge, ich hätte mir nur für den Urlaub eine Frau »geangelt«. Als er erfuhr, daß diese Frau meine Freundin sei, zeigte er sich etwas beruhigter. Vielleicht dachte er, daß sich dieses »Problem« nach einer »Sturm-

und-Drang-Zeit« wieder lösen würde. Das war im Herbst 1972. Ich versuchte ihm klar zu machen, daß ich durch die Beziehung zu einer Frau, die ich ernst nehme, aus der Einseitigkeit meiner Männerwelt herausfinde. Aus meiner positiven Einstellung zum Leben folgte auch eine positive Einstellung zur Sexualität. Mir waren Fälle von Pfarrern bekannt, deren Grundeinstellung zu Sexualität und Lebensfreude sie krank gemacht hatte. Solche Erörterungen machten wenig Eindruck auf den Bischof; genausowenig aber konnte er mich einschüchtern.

Meine Frau ist nicht katholisch, sie war unter anderem deshalb von dem »Hochwürden«, der ich war, nie so gebannt, wie dies bei katholischen »Priesterfrauen« mit viel Schuldgefühlen verbunden öfter zu beobachten ist. Wir gelangten bald zu einer realen Beziehung, wobei sie mich aber nie bedrängte, den Priesterberuf aufzugeben. So hätten sich unsere Wege nur getrennt.

Der Bischof äußerte zwar Sorge, übte aber wegen meiner Freundin keinen Druck auf mich aus. Ich hatte bei Prof. Pongratz, Psychologieprofessor an der Universität Würzburg, im Herbst 1972 mit kirchlicher Erlaubnis eine Lehranalyse begonnen. Dort und mit einem befreundeten älteren Priester in Würzburg besprach ich meine damalige Situation. Die Heimlichtuerei und das Doppelleben wurden mir auf die Dauer unerträglich, obwohl es von Seiten des Bischofs zunächst geduldet war. Nach einigen Gesprächen fragte ich den Bischof ganz direkt, ob er meine Freundschaft zu einer Frau akzeptieren könne. Ich fände diese Beziehung nicht nur für mich persönlich, sondern auch für die Seelsorgearbeit gerade mit Frauen wichtig. Durch seine eindeutige Absage an eine derartige Beziehung half er mir recht schnell, selbst zu einer klaren Entscheidung zu kommen. Noch in demselben Gespräch erklärte ich ihm, aus dem Priesteramt ausscheiden zu wollen. Das geschah kurz vor Weihnachten 1972. Wir vereinbarten mit dem Pfarrer meine Verabschiedung von der Gemeinde Ende März 1973. Ohne jegliche amtliche Einschränkung arbeitete ich bis zu diesem Termin weiter. Als der Bischof von mir erfuhr, daß ich anschließend eine psychologische und psychotherapeutische Ausbildung machen wollte, erbot er sich, mir zwei Jahre lang monatlich 500,- DM als Überbrückungsgeld zu zahlen, was ich korrekt und anerkennenswert fand. Von der Gemeinde verabschiedete ich mich undramatisch mit der Begründung, daß ich zum Studium freigestellt würde. Alles weitere ließ ich unausgesprochen. Vieles war auch damals trotz der äußeren Entscheidung bei mir noch offen. Nur einige wenige Menschen aus der Gemeinde kannten meine spätere Frau, einige wußten oder ahnten vielleicht etwas von meiner Freundschaft.

Grundsätzliche Überlegungen zu meiner Laisierung, zu meiner Ehe und zur Amtskirche

Mir war nie danach, bei der Gemeinde öffentlich um Verständnis für meine Situation zu werben. Ich wollte in der Gemeindearbeit nicht alt werden und hatte von Anfang an nach Spezialaufgaben im kirchlichen Dienst Ausschau gehalten. Für mich war die Vorstellung bedrohlich, als 30jähriger schon zu wissen, wie mein Alltag als 60jähriger aussehen würde; was der Fall wäre, wenn ich in der Gemeindearbeit bliebe. Allerdings könnte ich mir heute auch Gemeindearbeit lebendiger vorstellen, wenn sie mit mehr Eigenverantwortung und Gestaltungsmöglichkeiten verbunden wäre. Spezialaufgaben, zum Beispiel Krankenhausseelsorge oder Erwachsenenbildung, hätten mich damals sicher noch etwas länger »bei der Stange« gehalten. Ich wäre, da ich ehrgeizig war, zu ködern gewesen. Wenn ich schon die Einschränkung durch den Zölibat auf mich nehmen sollte, wollte ich wenigstens eine lebendige und geistig erfüllende Tätigkeit ausüben. Doch im kirchlichen Rahmen hätte ich noch Jahre warten müssen, bis sich zu solchen Aufgaben die Gelegenheit geboten hätte. Bis dorthin wäre ich vermutlich krank geworden, hätte eine »Gewalttat« begangen oder stellvertretend einen Unfall gehabt. Ich konnte den Plan, *mein* Leben zu leben, nicht auf unbestimmte Zeit verschieben. So stark war meine Frömmigkeit nicht, daß ich diese gewaltige Frustration mit Fröhlichkeit und Gelassenheit bewältigt hätte.

Die Möglichkeit, für die Priesterehe zu kämpfen, schien mir nicht sinnvoll, denn dazu fehlten in der Kirche gesprächsbereite und für dieses Thema offene Bischöfe. Weil dies so war, suchte ich außerhalb der Kirche ein mir entsprechendes Betätigungsfeld, vor allem Aufgaben, bei denen ich nicht dauernd nach Vorschriften schielen mußte. Neben der Zölibatsforderung gab es noch viele berufliche Gesichtspunkte, aus denen ich die Konsequenzen meines Ausscheidens zog. Das Grundsätzliche einer mitmenschlichen Haltung bei der priesterlichen Tätigkeit läßt sich auch außerhalb der Amtskirche verwirklichen. Zwar fehlen dann die sichtbare Bestätigung als Priester und andere äußere Amtszeichen. Es verführt aber auch weniger zur Eitelkeit.

Die Würde des Menschen ist seine Selbstbestimmung. Ich glaube nicht, daß es eine besondere Berufung zum katholischen Priester gibt. In jedem Menschen ist dieser göttliche Bereich vorhanden. Wer auf diesem Gebiet wirklich einen Ruf spürt, braucht nicht äußerliches Getue, sondern wirkt aus einer inneren Autorität heraus, und zwar überall dort, wo er mit Menschen zu tun hat, ohne einen Auftrag durch den Bischof. Seine natürliche Autorität wird ihn genügend ausweisen. – Die persönliche Ehre muß durch die institutionelle Festschreibung des Priesterstandes nicht persönlich verteidigt werden. Diese institutionelle Festschreibung enthält das Risiko der Formalisierung und Entfremdung von menschlicher Qualität.

Im Blick auf die Amtskirche steht bei mir nicht die Zölibatsproblematik, sondern die Autoritätsproblematik an erster Stelle: Bestimmt die Kirche, bestimme ich oder bestimmt Gott, wie ich mein Leben als Priester und Mensch gestalten darf? Wenn nun die Kirche die Priesterehe erlauben würde, ohne ihr autoritäres System zu ändern, bedeutete dies für das Ehe- und Familienleben der verheirateten Priester einen ungeheuren Druck. Womöglich wäre das schlimmer, weil noch mehr Menschen darunter zu leiden hätten. Konkret hieße das: Wie reagiere ich auf den Autoritätsdruck innerhalb der Amtskirche? Stelle ich mich ihm entgegen oder gebe ich ihn weiter? Kann ich so grenzenlos verfügbar sein, wie es gefordert ist? Wieviel Mut habe ich, zu dem zu stehen, wovon ich persönlich überzeugt bin? Sich nicht auf Dauer zu verleugnen, hat zur Folge, daß nach außenhin Grenzen der angeblich unbegrenzten Verfügbarkeit deutlich werden. Jenseits einer absoluten Wahrheit findet der einzelne Mensch seine Wahrheit »dialogisch« in der Begegnung mit Mitmenschen und seinem eigenen Inneren. Genau das ist die Überwindung des Autoritätsproblems. Niemand kann einem anderen von außen sagen, daß dies oder jenes falsch oder richtig für ihn sei. Wie soll er um das Lebensganze eines anderen Menschen wissen? Manches Unglück, manche Krankheit hatte gute Folgen. Die Überbehütung durch das Reglement der Kirche verhindert, daß die Menschen Kontakt zu ihren inneren Maßstäben gewinnen. »Der Umweg ist der direkteste Weg zum Ziel.«

Die Ehe eines ehemaligen Priesters ist sicher insofern gefährdet, als Teile der Verwandtschaft und näheren Bekanntschaft diesen Schritt argwöhnisch und nicht unterstützend begleiten. Dann kann es sein, daß bei einer ganz normalen Ehekrise die Reaktion kommt: »Siehst du, das konnte doch nicht gut gehen!« Die Frau bekommt oft die Schuld. Die Verwandtschaft etc. bleibt auf das Bild des Priesters fixiert. Sobald jedoch einseitige Schuldzuweisungen in einer Ehekrise unterstützt werden, wird meistens die Realität der ehelichen Situation verfehlt.

Die Tatsache, daß fast alle Beziehungskonstellationen von Priester und Frau in aller Heimlichkeit geschehen müssen, verhindert eine offene und reale Auseinandersetzung mit den Möglichkeiten und Grenzen (auch im erotischen Bereich). Schwierigkeiten in der Beziehung werden nach außen projiziert, d. h., man wiegt sich in der Illusion, die Beziehung wäre im Fall der Legalität ohne Konflikte.

Ein zölibatär lebender Mensch hat gelernt, vieles mit sich allein auszumachen. Gemeinschaft erlebt er mit vielen Verordnungen und Einschränkungen von oben. Das ungezwungene »Wir«, eine wichtige Grundlage der Ehe, muß er deshalb erst mühsam lernen.

Die erwähnten Gefahren sind kein Grund, vor der Ehe mit einem Priester zu warnen. Schließlich bringt jeder Mensch sein »Päckchen« mit in die Ehe und hat die Aufgabe, daran zu wachsen. Wenn ich bedenke, daß dies ein Wachstum hin zu mehr Freiheit und Natürlichkeit bedeutet, dann kann ich nur vielen Mut machen, diesen Schritt zu wagen. Jede Ehe, in der der Mann eine exponierte Stellung in unserer Gesellschaft innehat, ist wegen der Überforderung im Beruf gefährdet. Soll man deshalb die Ehe vermeiden? Das denke ich nicht. Die »männliche« Sicht von der Dominanz des Beruflichen ist hinterfragbar.

Vielleicht erscheint der Lebensstil, den ich vertrete, willkürlich und egoistisch. Das Gegenteil habe ich erfahren; denn Menschen, die in der Lage sind, sich nach ihrer inneren und nicht einer von außen gesetzten Ordnung zu richten, gewinnen Selbstvertrauen. Sie entwickeln gleichzeitig ein Gespür dafür, die innere Ordnung anderer zu respektieren und ihnen nicht zur Last zu fallen. Wer dieses Vertrauen auf das eigene Selbst ausstrahlt, kann wirklich anderen Vertrauen in das Leben vermitteln. Ich habe den Eindruck, daß in der Praxis der Amtskirche dieses Vertrauen, wonach diese selbstregulierenden Kräfte in jedem Menschen wohnen, nicht vorherrscht. Vielmehr scheint sich zumindest unterschwellig die Ansicht durchzusetzen, die Gläubigen müßten in einer für Erwachsene unwürdigen Weise gegängelt und behütet werden. Noch nie konnten Formalismus und Reglementierung das Böse aus der Welt schaffen. Weder Mißtrauen noch Entmündigung fördern die Kräfte zum Guten, sondern nur liebevolle Annahme und Vertrauen in die freie und selbstverantwortliche Gestaltung. Auch nicht ein Mehr an Reglementierung durch die Kirche kann den geforderten moralischen Lebensstil garantieren.

Das Eheversprechen hat für mich eine größere Verbindlichkeit als das Zölibatsversprechen, weil dieses sich auf eine Institution bezieht, jenes aber einem konkreten Menschen gegeben wird. Die Amtskirche richtet an mich in der Person des Bischofs Forderungen, die meine Lebensgestaltung und Person bis ins Innerste treffen, ohne in einer gleichrangigen und wechselseitigen Auseinandersetzung mit mir zu stehen. Der Bischof ist unangreifbar, denn er vertritt nach Auffassung der Institution den Willen Gottes. Die Beziehung definiert sich also durch Gehorsam oder Ungehorsam. Demgegenüber ist ein lebenslanges Eheversprechen ein Versprechen auf der Basis von Gleichberechtigung und lebendiger Auseinandersetzung. Auf Grund dieser Unterscheidung konnte ich mein Zölibatsversprechen ohne Schuldgefühle rückgängig machen. Nach Gründen einer eventuellen Ungültigkeit meines Weiheversprechens zu forschen, halte ich allerdings – ähnlich den Eheannullierungsverfahren – in beiden Fällen für absurd und unwürdig.

Jeder Mensch hat das Recht auf Irrtum und die Chance, in lebendiger Auseinandersetzung daran zu lernen. Eine Ehe vollzieht sich durch das Miteinanderleben. Wenn ich in ein Kloster eintrete, verschreibe ich mich einer Gemeinschaft, deren Ziele ich bejahe. Wo ist das lebendige Gegenüber beim Zölibatsversprechen? Wo ist die Gemeinschaft, mit der das Versprechen realisiert wird?

Meine jetzige Situation oder: was »danach« kam

Nach meinem Abschied aus dem Priesteramt Ende März 1973 zog ich nach Würzburg und studierte klinische Psychologie bei Prof. Pongratz. Im Sommer verlobte ich mich. Ich war froh, der kirchlichen Enge entronnen zu sein. Im Herbst 1973 heirateten wir in der Heimat meiner Frau im kleinen Kreis von Verwandten und Bekannten, denn von großen Feiern hatte ich nach Priesterweihe und Primiz genug. Um Weihnachten herum kam, durch den Bischof übersandt, die Zölibatsdispens aus Rom. Diese Dispens hatte ich beantragt, um auch nach außen meinen veränderten Status zu dokumentieren, ohne mich aber irgendeinem Ungültigkeitsverfahren zu unterziehen. Meine Frau und ich erfuhren wegen meiner »Abtrünnigkeit« nie nennenswerte Anfeindungen oder Schwierigkeiten.

Wir waren bemüht, finanziell unabhängig zu sein. Deshalb lebten wir gerade am Anfang sehr einfach, so wie es unseren Mitteln entsprach. Zwei Jahre lang blieb meine berufliche Situation sehr ungewiß. Es war keine leichte Zeit. Ich fühlte mich alten Bekannten gegenüber manchmal unsicher und unterlegen, auch wenn sie es nicht in dem Maße bemerkten. Allerdings wollte ich unter keinen Umständen wieder in einen kirchlichen Dienst, zum Beispiel bei der Caritas oder als Religionslehrer. Die finanziellen Probleme erschienen demgegenüber zweitrangig. Was damals in mir vorging, verdeutlicht ein Traum aus dieser Zeit. Ich träumte von einem arm- und beinamputierten Mann mittleren Alters und dachte, als ich ihn sah, das sei ein aussichtsloser Fall. Dann fiel mir ein, daß er noch eine Stimme hatte und sich damit artikulieren konnte. Der Traum spiegelte meine Realität: Berufslos, von früherer Tätigkeit abgeschnitten, lernte ich, statt zu agieren, auf mein Inneres zu horchen und ihm eine Stimme zu geben.

»Wer bin ich?« ist auch die Frage, die die meisten Menschen bewegt, mit denen ich heute arbeite. Bei dieser Arbeit handelt es sich um Selbsterfahrungskurse, die meine Frau und ich durchführen. Der Beruf ist nicht die einzige Quelle der Identität. Das habe ich durch die Zeit meiner Berufslosigkeit begriffen.

Der folgende Traum verdeutlicht, daß ich nicht mit Überschwang und Illusion in die Ehe ging. Unmittelbar vor der Hochzeit träumte ich von einer Hochzeitstafel, die sich auf einer Wiese befand. Gleich daneben stand eine noch dampfende Fuhre Mist mit einem Pferdegespann davor. Der viele Mist, so dachte ich, wird fruchtbar, wenn er auf dem Feld als Dung untergegraben wird. So weit der Traum. Das »Ehegespann« war gefordert, seinen »Mist« fruchtbar zu machen!

Träume haben mich seit meinem 23. Lebensjahr intensiv begleitet, haben mich angeregt und mir geholfen, Orientierung zu finden. Auch in meiner psychologischen Arbeit spielen Träume eine wichtige Rolle. Ab 1975 begann ich mit einer systematischen Ausbildung in Gestalttherapie, nachdem ich zuvor schon etliche andere Verfahren kennengelernt hatte. Eine dieser psychotherapeutischen Methoden wollte ich umfassender und systematischer erarbeiten. Das war die Gestalttherapie. Die Methode ist jedoch nicht das Entscheidende. Die unmittelbare Begegnung von Mensch zu Mensch bleibt immer das Wesentliche. Die Anlässe, weshalb die Menschen zu uns kommen, sind Krisen oder Krankheiten. Unsere Arbeit ermutigt zu Selbstbestimmung und sucht, Entfremdung zu vermindern. Das ist befriedigend und erfüllt uns.

Im Herbst 1975 führten wir, meine Frau und ich, unseren ersten Selbsterfahrungswochenkurs auf Burg Rothenfels durch und behielten diese Form der Arbeit neben Einzelgesprächen bis heute bei. Im gleichen Jahr erhielt ich einen Lehrauftrag an der Fachhochschule für Sozialwesen in Würzburg im Bereich

Methoden. Zuerst kannten uns nur wenige Leute aus dem Raum Würzburg. Heute kommen Teilnehmer zu unseren Kursen aus Hamburg, Berlin, München, Westfalen und aus Österreich. Die Kursteilnehmer entwickeln untereinander und zu uns eine lebendige Verbindung. Selten verlieren wir einen Teilnehmer total aus den Augen, weil Bekannte oder Freunde aus der Umgebung früherer Teilnehmer zu diesen Kursen kommen und von jenen »alten« Teilnehmern erzählen. Oft werden auch innerhalb dieser Kurse neue Freundschaften geschlossen. Infolge solcher Verbindungen entsteht noch nach dem Kurs viel gegenseitige Ermutigung zu einem persönlichen Weg.

1979 wurde unser Sohn Clemens geboren. Unsere Arbeit war bis dahin soweit gediehen, daß wir für ein Kind offen waren. Unser Sohn lehrte uns und lehrt uns heute noch, feste Planungen immer wieder aufzugeben und uns dem unmittelbaren Geschehen mit ihm zuzuwenden. Er hält damit unseren kindlichen Bereich wach. Da wir beide nicht mehr die Jüngsten sind, blieb es bei dem einen Kind. Meine Frau war nämlich bei der Geburt von Clemens 39 Jahre.

Im Februar 1982 kauften wir in Wallmersbach, einem Dörfchen bei Uffenheim in Mittelfranken, ein schönes altes ehemaliges evangelisches Pfarrhaus und bauten dort eine alte Scheune zur Tagungsmöglichkeit für unsere Kurse um, die wir dort seit 1984 durchführen. Der Kontakt mit den Dorfbewohnern erwies sich anfangs als schwierig, da wir als Exoten angesehen wurden. Als aber die Nachbarn sahen, daß wir den Garten bestellten, die Scheune umbauten und selbst mit Hand anlegten, wandelte sich das Mißtrauen langsam in Anerkennung und Sympathie. Die Kursteilnehmer fanden bei den Bauern im Dorf Unterkunft, obwohl Wallmersbach vorher kaum an Fremdenverkehr gewöhnt war. Unsere Arbeit wird heute von den Nachbarn immer besser verstanden, weil auch sie ein wenig Anteil daran nehmen können. Als uns zum Beispiel im Januar 1987 ein ZDF-Team für die Kontakte-Sendung »Lob der Faulheit« besuchte, bezogen wir das ganze Dorf in die Gestaltung dieses Themas ein.

Mein Vater pries das Einfache, Greifbare, Konkrete. Mir erschien dies lange Zeit zu banal, so daß ich es ablehnte, wie ich meinen Vater selbst ablehnte. Aus Furcht vor der Dominanz der Mutter, dem Weiblichen, – ich fühlte mich selbst als Mann zu unsicher – lockte mich die Sphäre der Kirche, die für mich das »Übermännliche« repräsentierte. Diese Sphäre bildete für mich das Gegengewicht; ich wuchs an der Auseinandersetzung mit ihr. Aus solchen Erfahrungen erwuchs mir Mut, mich wieder auf eine Frau im konkreten Leben einzulassen. Auch mein jetziger Beruf entspricht dieser konkreten Hinwendung, Begegnung und Auseinandersetzung mit Menschen.

Die handfeste Arbeit des Ausbaus unserer Scheune ergänzte diese Erfahrungen. Das gelungene Hand-Werk war für mich der Beweis, daß ich, wie mein Vater, im Greifbaren leistungsfähig bin. Selten habe ich darin seine Anerkennung gefunden. Nun ist er seit fast 20 Jahren tot. Dafür zollten mir die Bauern im Dorf, wie auch andere »Ersatzväter« in meinem Leben, Anerkennung, die ich dankbar annahm.

Meine Hinwendung zum sinn- und sinnenhaft Erfahrenen wandelte auch meine Gotteserfahrung mit der Entdeckung vom »Gott des Augenblicks«. Ich erlebe diesen Gott von Situation zu Situation, lebendig, partnerschaftlich. Der »Gott des Augenblicks« ist *mit* mir, nicht über mir. Er teilt nicht in gut oder böse; er ermutigt, Erfahrungen zu machen und aus Erfahrungen zu lernen; er läßt mich wachsen und selbständig sein, so wie er Geborgenheit schenkt. Die »katholischen Gottheiten« dagegen sind nach meiner Sicht häufig in Kirchen eingepfercht, etwas sperrig und unbeholfen, oftmals nur auf den Sonntagsgottesdienst festgelegt.

Zurückblickend kann ich sagen, daß mir alle Menschen, die mir auf meinem Weg begegnet sind, geholfen haben, gleichgültig, ob sie mich ermutigten oder ob sie mich abstießen. Es bedeutete immer eine Hilfe, auf *meinen* Weg zu kommen, wenn auch bisweilen schmerzhaft. Deshalb finde ich Schuldzuweisungen unnötig. Aus enttäuschenden Begegnungen lernte ich um so deutlicher, in Zukunft wacher mit mir umzugehen. Ganz abgesehen davon, geht meine Lebensgeschichte weit hinaus über das, was ich selbst planen und konstruieren kann.

Manchmal denke ich an die ehemaligen Studienkollegen im Priesterseminar, insbesondere an die Kollegen meines Weihejahrgangs. Nach meiner Laisierung entstand Abstand, auch durch mich bedingt. Heute möchte ich gerne wissen, was jeder aus seinem Leben gemacht hat und was daraus geschehen ist. Manchmal kommt es mir so vor, als stünden Welten zwischen uns. Dies macht mich dann immer auch ein wenig traurig.

HEINER LUEG

1944 Geburt in Haan/Rheinland; 1964–1970 Studium der Philosophie und Theologie in Bonn, Tübingen und Köln; 1970 Priesterweihe durch Erzbischof Joseph Höffner in Köln, 1970–1979 Kaplan in Remscheid, Solingen und Kreisjugendseelsorger für den Erftkreis, seit 1979 wissenschaftliche Politikberatung, heute Leiter einer Abteilung für Innenpolitik. – 1979 Heirat mit Anne Dördelmann, drei Kinder: Mareike, Lukas und Gereon.

Was ich der Kirchenzeitung sagen würde

Im innerkirchlichen Bereich spricht man über verheiratete Priester nicht gerne. Das Thema wird, ebenso wie die betroffenen Personen, ausgegrenzt und totgeschwiegen. Die Kirchenleitungen wollen glauben machen, daß es hier weder Probleme noch Handlungsbedarf gibt; sie wollen offenkundig erst recht verhindern, daß ein Problembewußtsein entsteht. Würde das »Betriebssystem Zölibat« unter einen breit angelegten, vor allem von den Gemeinden getragenen Diskussionsdruck geraten, so wäre es für kirchliche Entscheidungsträger schwierig, sich gegenüber solchem Druck argumentativ zu behaupten.

Das folgende Interview mit einer Kirchenzeitung (KiZ) ist fiktiv. Kein Kirchenblatt könnte sich heute den Abdruck erlauben. Aber ich bin sicher, daß diese Diskussion eines Tages geführt werden wird – auch in der Kirche.

KiZ   Sie sind 1970 geweiht worden und waren dann neun Jahre lang Priester...

Lueg   Ich war nicht Priester, ich bin Priester. Nach der kirchlichen Lehre kann man das Priester-sein nicht ablegen; es kann auch nicht annulliert werden.

KiZ   Warum ist Ihnen diese Feststellung wichtig?

Lueg   Das hat etwas mit meinem Selbstverständnis zu tun. Als ich heiratete, da bin ich nicht »aus dem Amt geschieden«, wie man gemeinhin sagt. Sprachlich genau muß es heißen: Ich bin damals aus dem Amt geschieden *worden*. Ich hätte gerne als Priester, als verheirateter Priester, weitergearbeitet. Die Verantwortung dafür, daß das nicht möglich war, liegt, denke ich, nicht bei mir.

KiZ   Stellen Sie hier nicht die Zusammenhänge auf den Kopf? Schließlich wußten Sie doch, auf was Sie sich einließen, als Sie zum Priester geweiht wurden.

Lueg Das ist richtig. Aber man muß auch fragen, ob eine solche Entscheidung für die Ehelosigkeit auf Dauer tragfähig bleiben kann.

KiZ Wenn Sie so fragen, dann können Sie natürlich auch jede Ehescheidung rechtfertigen.

Lueg Nein, das ist nicht richtig. Allerdings hört man das Argument sehr oft. Man kann das Versprechen der lebenslangen Treue zum Ehepartner absolut nicht vergleichen mit der Übernahme der Zölibatsverpflichtung. Erstens gibt es bei der Priesterweihe bzw. bei der Diakonatsweihe kein Gelübde der Ehelosigkeit wie zum Beispiel beim Ordensgelöbnis. Ein so unverdächtiger Zeuge wie Pius XII. hat dies ausdrücklich betont. Ich denke, die Kirche weiß sehr gut, warum sie so und nicht anders verfährt. Zweitens ist es etwas anderes, ob ich mich für einen konkreten Menschen entscheide oder für eine Disziplin. Die Entscheidung für oder gegen den Zölibat kann jedenfalls nicht gleichgesetzt werden mit einer Entscheidung für oder gegen Christus. Drittens, und das halte ich vor allem für entscheidend: Die Ehe ist ein Sakrament, der Zölibat hingegen nur eine Disziplin der Kirche. Beides hat nichts miteinander zu tun und darf deshalb auch nicht miteinander verglichen werden. Der Papst könnte den Pflichtzölibat der Priester morgen mit einem einzigen Federstrich abschaffen; die Unauflöslichkeit der Ehe hingegen ist selbst seiner Verfügungsgewalt entzogen. Der Vergleich zwischen Treue in der Ehe und Treue zur zölibatären Lebensform ist populär, aber unstatthaft; hier wird versucht, den Zölibat zum »Quasi-Sakrament« zu machen.

KiZ Was war denn der eigentliche Beweggrund dafür, daß Sie aus dem Amt scheiden wollten?

Lueg Ich wollte nicht aus dem Amt scheiden, ich wollte nur die Frau heiraten, die ich liebe.

KiZ Sie waren 34 Jahre alt, als Sie heirateten. Würden Sie zustimmen, daß Sie einfach ein »Spätentwickler« sind?

Lueg Nein. Richtig ist aber, daß mein Entschluß zu heiraten mit meiner persönlichen Entwicklung oder besser mit der Entwicklung meiner persönlichen Erfahrung zu tun hat.

Sehen Sie, ich habe den Zölibat für mich immer verstanden als ein Glaubwürdigkeits-Zeugnis. Der Priester als Verkünder des Glaubens steht doch vor der fundamentalen Schwierigkeit, für das, was er verkündet, keinen Beweis antreten zu können. Er kann das Blaue vom Himmel reden, er braucht für nichts seinen Kopf hinzuhalten. Ich denke aber, daß ein Zeichen des offensiven Bekenntnisses fundamental zum Glauben dazugehört. In den ersten Jahrhunderten der Kirche, während der Christenverfolgungen, haben die Christen für ihren Glauben im Wortsinn den Kopf hingehalten. Diese »Chance« haben wir heute nicht mehr. Ich verstehe den Zölibat als den Verzicht auf etwas sehr Wichtiges und damit als eine mögliche Form, für seinen Glauben und seine Verkündigung einzustehen; zu zeigen, daß man nicht nur etwas daherredet, sondern dafür auch etwas in die Waagschale wirft.

KiZ Und dann war Ihnen der Glaube eines Tages einen solch hohen Einsatz nicht mehr wert?

Lueg Der Glaube ist mir auch heute noch einen hohen Einsatz wert; die Frage war nur, ob es *dieser* Einsatz sein mußte. Als Priester lebt man die Ehelosigkeit nicht für sich selbst, sozusagen als Weg der persönlichen Heiligung. Diesen Aspekt gibt es zwar auch, er ist aber hier nicht primär. Die Ehelosigkeit des Priesters ist zunächst einmal ein Zeichen auf diejenigen hin, für die man Priester sein darf. Und da habe ich für mich die Erfahrung gemacht, daß meine Lebensform für viele offensichtlich gar kein Zeichen mehr ist. Einmal abgesehen von den älteren Gemeindemitgliedern, zu deren traditionell geprägtem Priesterbild die Ehelosigkeit ohne Zweifel konstitutiv dazugehört, war nach meiner Erfahrung diese Lebensform für die Menschen, mit denen ich überwiegend zu tun hatte, gar kein Zeugnis, sondern eher ein Verdachtsmoment, mit mir könne irgendetwas nicht stimmen. Die Menschen fragen heute nach ganz anderen Zeichen der Glaubwürdigkeit. Das kann zum Beispiel ein bescheidener Lebensstil sein oder etwa die sorgsam entwickelte Tugend, Zeit für andere zu haben. Diese zunehmende Erfahrung, daß meine Lebensform eigentlich »just for fun« war, auf jeden Fall kaum ein Zeichen für andere, das auch tatsächlich Wirkung gehabt hätte, entzog meiner inneren Motivation zur Ehelosigkeit den Boden. So entstand im Laufe der Zeit eine Prädisposition, diese Lebensform aufzugeben. Als ich dann meine Frau kennenlernte, war der Entscheidungsprozeß innerhalb relativ kurzer Zeit vollzogen.

KiZ In dem, was Sie schildern, kommt mit keiner Silbe Ihr Verhältnis zu Gott, also Ihr persönliches Verhältnis zum Glauben, vor. Sollte man nicht annehmen dürfen, daß ein Priester solche Schwierigkeiten in der Kraft des Glaubens meistert?

Lueg Ich habe so meine Zweifel, ob die zölibatäre Lebensform überhaupt etwas mit dem Glauben zu tun hat. Sehen Sie, man kann es sich als Priester, wenn man will, verdammt bequem machen. Nichts und niemand zwingt den Priester, sich über die Grundfunktion der Sakramentenspendung hinaus zu engagieren. Priester-sein verschafft soziale Reputation aus sich selbst heraus, ohne daß eine nennenswerte Leistung erbracht werden müßte. Ein Priester braucht sich in seinem Beruf nicht durchzusetzen, er ist immer schon kraft seines Amtes durchgesetzt.

Mit diesem Hinweis will ich deutlich machen, daß mit dem Beruf des Priesters eine Gefahr verbunden ist: Wer Priester wird, kann davon ausgehen, daß er in aller Regel eine Position einnimmt, die nach wie vor mit einem hohen Maß an Anerkennung verbunden ist – zumindest innerhalb des sozialen Systems Kirche. Die einzige entscheidende Leistung, die erbracht werden muß, ist die Übernahme der Zölibatsverpflichtung, die sich aber auch – und das empfinde ich als Problem – als negatives Auswahlkriterium erweisen kann. Selbst dem bequemen, dem faulen Priester verbleibt immer noch ein erhebliches Maß an Respekt und stabilem Selbstwertgefühl, womit sich halbwegs komfortabel leben läßt, sofern die Bereitschaft zur Ehelosigkeit gegeben ist.

KiZ Was Sie da sagen, erweckt den fatalen Eindruck, als wollten Sie Ihren eigenen Lebensweg rechtfertigen, indem Sie Ihre ehemaligen Kollegen schlecht machen.

Lueg Dazu habe ich keine Veranlassung, und derartiges habe ich auch gar nicht gesagt. Ich behaupte nicht: alle Priester sind dumm oder faul. Aber meine These ist: Der Beruf des Priesters ist für denjenigen, der dumm oder faul oder auch eheunfähig ist, eine elegante Möglichkeit, trotz persönlicher Defizite zu sozialer Reputation zu gelangen. Noch einmal: Ich behaupte nicht, daß es überhaupt dumme oder faule oder eheunfähige Priester gibt. Aber man kann doch die theoretische Möglichkeit nicht von der Hand weisen, daß jemand ehelos bleibt und Priester wird, weil er mit dieser Berufswahl erheblichen Schwierigkeiten entgeht. Deshalb sagte ich eben, daß ich meine Zweifel habe, ob die zölibatäre Lebensform unbedingt etwas mit dem Glauben zu tun hat. Man muß den Zölibat als Eignungsvoraussetzung für den Beruf des Priesters entzaubern.

KiZ Werden Sie doch, bitte, konkreter. Wie war das denn bei Ihnen?

Lueg Also, ich habe mich früher schon gefragt, ob ich unbewußt vielleicht nur deshalb Priester geworden war, weil ich damit erheblichen Herausforderungen aus dem Weg gehen konnte. Ich denke, eine solche Frage kann man nicht einfach verbieten. Wer hier aufheult, signalisiert unter Umständen nur eigene Betroffenheit, derer er sich selbst offensichtlich nur nicht bewußt ist. Ich halte diese Fragestellung für heilsam.

KiZ Wie haben Sie denn diese Frage für sich selbst beantwortet?

Lueg Ich habe keine Antwort auf diese Frage; sie läßt sich auch nur schwer mit hinreichender Sicherheit beantworten. Wer hier im Brustton der Überzeugung von sich behauptet, er sei von dieser Fragestellung nicht betroffen, von dem nehme ich eher an, daß er die Frage und den damit verbundenen Zweifel einfach nicht an sich herankommen lassen will. Bei mir hat die Beschäftigung mit dieser Frage ein weiteres Stück Prädisposition auf Ehe hin bewirkt.

KiZ Wollen Sie mit dem, was Sie ausführen, nicht letztlich doch die Tatsache verschleiern, daß Sie »von der Fahne gegangen« sind, wie man das früher nannte?

Lueg Wahrscheinlich ist Ihnen gar nicht bewußt, was Sie da gerade formuliert haben. Dafür, daß ein Priester heiratet und aus dem Amt scheiden muß, verwenden Sie eine Begrifflichkeit, die aus dem Wortschatz des Militärs stammt. Ich denke, daß Sie damit sehr präzise aufgedeckt haben, warum die Kirche so kompromißlos und diskussionslos am Zölibat festhält: Die unterschiedslose Zölibatsverpflichtung der Priester schafft so etwas wie einen einheitlichen Corps-Geist. Bei allen individuellen Voraussetzungen, die die einzelnen Priester in ihr Amt einbringen, ist die für alle gleiche Lebensform das äußere prägende Merkmal, das die Amtsträger der Kirche miteinander verbindet und das sie zusammenhält.

Der Pflichtzölibat macht aus dem Ordo eine Kaste. Dieses Verständnis mag dem Alten Testament noch entsprechen, dem Neuen Testament ist es jedenfalls fremd.

KiZ Waren Sie damals, als Sie sich weihen ließen, wirklich überzeugt, auch ehelos leben zu können?

Lueg Ja.

KiZ Seit wann hatten Sie den Wunsch, Priester zu werden?

Lueg Eigentlich erst relativ spät, etwa ein halbes Jahr vor dem Abitur. Da ich zunächst »nur« die Realschule besuchte, kam ich als Jugendlicher gar nicht auf die Idee, eine Lebensperspektive als Priester zu überdenken. Als ich dann aufs Gymnasium wechselte, war es mein Berufswunsch, Lehrer zu werden. Die sterile, beamtenmäßige Art vieler Lehrer des Gymnasiums brachte mich zu der Einsicht: So willst du nicht werden! Ich wollte einen Beruf, in dem ich es mit Menschen in möglichst allen Lebensbezügen zu tun bekam. Deshalb habe ich mich entschlossen, Priester zu werden.

KiZ   Welcher Stellenwert hatte die Zölibatsverpflichtung bei Ihrem damaligen Entschluß?

Lueg   Ich stand zunächst mal ganz konkret vor der Aufgabe, mit meiner damaligen Freundin »Schluß« zu machen. Im übrigen ging ich mit der Überlegung ins Theologiestudium, daß diese Entscheidung für den Zölibat nicht in einem punktuellen Beschluß fallen kann, sondern im Laufe der Vorbereitung auf diesen Beruf heranreifen muß.

KiZ   Würden Sie sagen, daß dieser Entscheidungsprozeß bei Ihnen falsch gelaufen ist?

Lueg   Das mag sein. Ich habe über die Frage nachgedacht. Ich kann allerdings keinen Fehler finden.

KiZ   Waren Sie glücklich als Priester?

Lueg   Ja, sehr.

KiZ   Aber offensichtlich nicht so sehr, daß Sie dafür die Liebe zu einer Frau ausgeschlagen hätten.

Lueg   Ich habe mich sehr ernsthaft gefragt, ob diese Alternative – hier das Amt, dort die Frau – überhaupt legitim ist. Ich behaupte zwar nicht, daß Gott mir diese Frau über den Weg geschickt hat; derartige Mystifikationen halte ich für zu oberflächlich. Aber ich kann eine solche Möglichkeit natürlich auch nicht ausschließen. Niemand kann das, auch kein Bischof und kein Papst. Deshalb ist meines Erachtens die Alternative Amt *oder* Frau nicht legitim. Es kann nur heißen: Amt *und* Frau.

Das freilich ist eine Alternative, für die es in der Kirche gegenwärtig keinen Spielraum gibt. Ich hatte eine menschliche Bindung erfahren, die in der Entscheidung meines Gewissens mehr zählen mußte als eine kirchliche Disziplin, welche zwar dem Amt angemessen sein mag, aber vom Wesen der Sache her nicht notwendig gefordert ist. Ich denke, daß es unmenschlich und dem Geist der Botschaft Jesu widersprechend gewesen wäre, wenn ich in dieser Situation meine und meiner Frau Gefühle

»geopfert« hätte. Wenn ich das Neue Testament recht verstehe, dann gibt es dort solche Opfer nicht.

KiZ   Wollen Sie damit sagen, daß hier eigentlich die Schuld nicht bei Ihnen liegt, sondern bei der Kirche?

Lueg Ich habe überhaupt nicht von Schuld gesprochen, und ich traue mir ein solches Urteil auch nicht zu. Ich meine jedoch, daß mein Problem, das ja zugleich auch ein Problem von Zig-tausenden von Priestern ist (man sagt, daß heute 20% aller Priester aus dem Amt entlassen sind), eigentlich kein Problem sein müßte.

Sehen Sie, der Pflichtzölibat wurde für die Gesamtkirche erst im Jahr 1139 eingeführt und blieb auch danach umstritten. Das heißt doch: Die Kirche hat fast 1200 Jahre lang, also den längeren Teil ihrer Geschichte, ohne generelle Zölibatsverpflichtung auskommen können. Und ich bin davon überzeugt, daß sie eines Tages auch wieder ohne diese Verpflichtung ihrer Priester auskommen wird. Diese historische Kontingenz sollte auf jeden Fall all jene nachdenklich machen, die die Zölibatsverpflichtung als etwas Unabänderliches darstellen. Ich habe gesagt, daß ich hier nicht von Schuld sprechen möchte; ich schiebe, was meine Person anbelangt, auch der Kirche keinen »Schwarzen Peter« zu. Aber ich denke, daß diejenigen, die in der Kirche Verantwortung tragen, auch Verantwortung haben für das, was die Zölibatsverpflichtung der Priester bei Menschen anrichtet.

KiZ   Was sollte der Zölibat »anrichten«? In dieser Formulierung versteckt sich wiederum ein Vorwurf. Was meinen Sie damit?

Lueg Ich meine damit, daß die Kirche, indem sie das priesterliche Amt nur um den Preis der Ehelosigkeit vergibt, etwas tut, was durch das Neue Testament so nicht gedeckt ist. Es ist unbestritten, daß sowohl zur Ehelosigkeit als auch zum Priestertum eine jeweils eigene Berufung notwendig ist. Kann die Kirche eigentlich legitim voraussetzen, daß Gott mit der Berufung zum Priester zugleich auch die Berufung zur Ehelosigkeit gibt? Anders gefragt: Ist es nicht denkbar, daß jemand zum Prie-

227

ster berufen ist, nicht aber zum Zölibat? Wie geht die Kirche mit solchen Berufungen um? Sie landen meistens auf dem Müllplatz der Kirchengeschichte!

Aber weil gar nicht so selten die Berufung zum Priestertum stärker ist als die Einsicht in die nicht vorhandene Berufung zur Ehelosigkeit, wird der Zölibat allzuoft nur in Kauf genommen, mit der Konsequenz, daß er nicht gelebt werden kann.

KiZ Einmal unterstellt, Sie hätten recht, dann würde das bedeuten, daß man mit einem gewissen Prozentsatz an Priestern rechnen müßte, die...

Lueg Ihre Konjunktive zeigen mir, daß wir hier ein Thema berühren, bei dem aus Ihrer Sicht nicht sein kann, was nicht sein darf. Ich will ganz deutlich sagen, daß ich nicht von Prozentsätzen rede und auch keine absoluten Zahlen nennen kann. Ich verdächtige niemanden und unterstelle nichts. Aber ich habe inzwischen Erfahrungen gemacht, die mir niemand streitig machen kann.

Die Situation ist so, daß unter Priestern in aller Regel nicht darüber gesprochen wird, wie der einzelne seine Ehelosigkeit konkret lebt oder auch nicht lebt. Da gibt es einen riesigen Mantel des Schweigens. Ich hätte früher meine Hand dafür ins Feuer gelegt, daß der weitaus überwiegende Teil der Priester den Zölibat treu und redlich lebt. Beweise hatte ich für diese Annahme freilich nicht.

Seitdem ich nun verheiratet bin, sind meine Frau und ich so etwas wie eine »Anlaufstelle« für Priester und deren Frauen geworden – wohlgemerkt: Priester im Amt. Ich sehe meine Aufgabe darin, diesen Kollegen, die mit ihren Zölibatskonflikten zu uns kommen, als Gesprächspartner zur Verfügung zu stehen, denn kaum einer wagt es, sich einem Mitbruder im Amt zu offenbaren.

KiZ Nun gut, es bestreitet ja niemand, daß Priester Schwierigkeiten mit ihrer Ehelosigkeit haben können. Aber bauschen Sie hier nicht Einzelfälle auf?

Lueg Ich bausche nicht auf, sondern Sie versuchen, hier etwas herunterzuspielen. Sehen Sie, ich habe keine Zahlen ge-

228

nannt – niemand könnte das seriös tun. Ich sage nur, daß ich zahlreiche Fälle kennengelernt habe, in denen Priester mit der zölibatären Lebensform in Konflikt geraten und Kompromisse eingegangen sind. Und jeder einzelne dieser Fälle ist ein Fall zuviel, da braucht man gar nicht zu quantifizieren. Ich bin zu der Überzeugung gekommen, daß mit der verpflichtenden Koppelung von priesterlichem Amt und Ehelosigkeit die Kirche ein potemkinsches Dorf von kaum abschätzbarem Ausmaß installiert hat.

KiZ   Das ist eine durch nichts belegte Behauptung, die schon allein im Namen vieler, vieler Priester zurückgewiesen werden muß, die durch solche Ausführungen verunglimpft werden!

Lueg Ich hätte eins vorausschicken müssen, und ich will das auch sofort nachholen: Es gibt viele Priester, und das bestreite ich überhaupt nicht, die ihre Ehelosigkeit aus echter Berufung ohne Kompromisse leben. Dies festzustellen gebietet die Wahrhaftigkeit. Aber um dieser Wahrhaftigkeit willen sollte man auch nicht die Augen davor verschließen, daß die Zahl der Priester, die in einem Zölibatskonflikt leben, weil ihnen die Berufung zur Ehelosigkeit fehlt, erheblich größer ist, als es die abwiegelnden Formulierungen seitens der Kirche ahnen lassen.

Man muß freilich auch sehen, daß jene Priester, die ihren Zölibat in irgendwelchen Kompromißsituationen zu leben versuchen, das System letztlich stützen. Das meinte ich eben mit der Formulierung vom »potemkinschen Dorf«. Ich bin überzeugt davon: Wenn alle Priester, die ihren Zölibat nicht ohne Kompromisse leben können, morgen zu ihrem Bischof gehen und die Entlassung aus dem Dienst beantragen würden, dann wäre übermorgen das ganze Problem gelöst.

KiZ   Hilft es Ihnen, ehemalige Mitbrüder in solch übler Weise zu diffamieren?

Lueg Ich diffamiere niemanden, ich kenne nur genügend viele Priester, die von der Problematik betroffen sind, um so reden zu dürfen. Und mir selbst hilft dieses Thema in keiner Weise. Aber ich sehe hier für mich die Verpflichtung, so gut wie möglich zu helfen. Deshalb habe ich vor einigen Jahren mitgeholfen, einen Zusammenschluß der verheirateten Priester zu gründen. Für Priester, die in Zölibatskonflikten leben, gibt es ja in der Kirche kaum Ansprechpartner, die in solchen Situationen an- und ernstgenommen würden.

Worum es mir vor allem geht, das sind jene Priester, die an ihrer Lebensform zu zerbrechen drohen, weil sie für sich keinen Ausweg finden. Und wir sollten hier nicht nur über die Männer sprechen, sondern, bitte, zur Kenntnis nehmen, daß in jedem Einzelfall auch noch mindestens eine Frau und sogar Kinder betroffen sind. Hier gibt es ein unfaßbares Ausmaß an Leid, an demütigender Heimlichkeit, an Hilflosigkeit und auch an unpriesterlicher Rücksichtslosigkeit. Ich frage mich, wer hier eigentlich die größere Verantwortung trägt: diejenigen, die eine zölibatskonfliktbeladene Beziehung eingehen, oder diejenigen, die für die Beibehaltung des Pflichtzölibates verantwortlich sind.

KiZ Was wollen Sie eigentlich erreichen, wo sähen Sie denn eine Lösung?

Lueg Ich finde es gut, daß Sie nach einer »Lösung« fragen, denn damit gestehen Sie mir zu, daß es überhaupt ein Problem gibt. Was ich erreichen will? Ich wünschte, ich könnte überhaupt etwas erreichen; ich schätze die Chancen für Veränderungen als sehr gering ein. Konkret: Unter dem Ponfitikat von Johannes Paul II. wird sich nach meiner Einschätzung im Hinblick auf den Zölibat der Priester gar nichts ändern. Aber wenn ich die Lage in der Kirche richtig beurteile, wird im Laufe der Jahre der Druck von Seiten außereuropäischer Kirchen sehr massiv werden. Ich könnte mir vorstellen, daß unter einem nichteuropäischen Papst auch die verpflichtende Koppelung von Amt und Ehelosigkeit aufgehoben wird.

KiZ Würde eine Kirche, in der die »Ehelosigkeit um des

Himmelreiches willen« verschwunden sein wird, nicht eine sehr arm gewordene Kirche sein?

Lueg Ich halte diese Fragestellung für absurd. Erstens erweist sich die Armut der Kirche nicht am Pflichtzölibat. Zweitens kann man eine durch Kirchengesetz verordnete Ehelosigkeit doch nicht als Gewinn für die Kirche deklarieren. Drittens bin ich davon überzeugt, daß es dem zeichenhaften Wert der Ehelosigkeit nur zugute kommt, wenn sie tatsächlich völlig frei gewählt werden kann. Und viertens glaube ich nicht, daß diese Ehelosigkeit um des Himmelreiches willen aus der Kirche verschwinden wird.

KiZ Würde das Problem des Priestermangels gelöst werden können, wenn die Zölibatsverpflichtung abgeschafft würde?

Lueg Ich meine, daß dieses Problem mit unserer Fragestellung nichts zu tun haben darf. Man kann nicht argumentieren, angesichts des Priestermangels müsse die Zölibatsverpflichtung aufgehoben werden. Das würde dann im Umkehrschluß bedeuten, daß man diese Verpflichtung bei ausreichender Anzahl von Priesteramtskandidaten wieder einführen könnte.

KiZ Kehren wir noch einmal zu Ihrer persönlichen Lebensgeschichte zurück. Was haben Sie damals empfunden, als Sie aus dem Amt entlassen wurden?

Lueg Ich habe mir vorher nicht ausmalen können, wie das sein würde, wenn man als Priester aus dem Amt entlassen wird. Und nachdem ich den entscheidenden Schritt getan hatte, dauerte es noch Wochen, bis ich meine Situation voll begriff. Ich war von heute auf morgen aller bislang gewohnten Pflichten ledig. Es war wie ein Absturz, der nicht enden wollte. Alles, was gestern noch wichtig war, war heute bedeutungslos geworden. Was ich bis gestern getan, gearbeitet (ja auch: geschuftet) hatte, war heute auf einmal nichts mehr. Ich war zur kirchlichen Randgruppenexistenz geworden, nicht einmal fähig, als Pförtner in einem Altenheim der Caritas angestellt zu werden.

Ich merkte sehr bald, daß ich eine immense Trauerarbeit leisten mußte. Und weil dergleichen Zeit und vor allem Abstand braucht, konzentrierte ich mich vor allem auf die Sorgen, die ein Priester nicht kennt. Ich mußte so schnell wie möglich eine Arbeit finden. Da meine Frau auch bei einem kirchlichen Anstellungsträger arbeitete, verloren wir beide unsere wirtschaftliche Existenz. Wir durchforsteten die Stellenanzeigen überregionaler Blätter. Ich lernte es, Bewerbungen zu schreiben. Vierundsechzigmal habe ich – jedesmal befrachtet mit Hoffnungen – eine Bewerbung formuliert. Ich war bereit, jede Stelle zu nehmen. Ich wollte raus aus der Abhängigkeit von der Diözese, die mir noch drei Monate lang 75 Prozent der alten Bezüge überwies.

KiZ Hatten Sie denn keinen Anspruch auf Arbeitslosengeld?

Lueg Ich habe das beantragt. Damals bin ich aus allen Wolken gefallen, als ich erfuhr, daß ich in dieser Beziehung sozial überhaupt nicht abgesichert war. Man hat mir erklärt, daß zwischen dem Bistum und den Priestern kein Arbeitsvertrag besteht. Folglich gilt das »Gehalt«, das man bezieht, auch nicht als Arbeitsentgelt, sondern als sozialabgabenfreie Aufwandsentschädigung. Mich hat das damals innerlich sehr böse gemacht. Jeder arme Hund, der als Ungelernter seinen Arbeitsplatz verliert, ist sozial besser gestellt als ein Priester, der heiratet.

KiZ Hat Ihnen das Arbeitsamt eine Stelle vermitteln können?

Lueg Erst allmählich ging mir auf, wie abstrus meine Situation war. Gestern noch Inhaber eines krisenfesten Arbeitsplatzes war ich heute ein »Schwervermittelbarer«. Der Beamte des Arbeitsamtes, das ich aufsuchte, gab sich redlich Mühe mit mir, gestand mir aber schließlich, daß er meine Lage nicht recht begreife. Seiner Meinung nach sei ich ein Fall fürs Arbeitsgericht. Im übrigen, so stellte er resigniert fest, habe er für meinen Beruf auch keine Kennziffer; arbeitslose Priester seien bei der Bundesanstalt für Arbeit nicht vorgesehen.

KiZ Hat Ihnen Ihre Diözese bei der Arbeitssuche geholfen?

Lueg Ich habe gehört, daß sich einige Bistümer in dieser Hinsicht sehr viel Mühe geben; in meiner Heimatdiözese ist das anders. Erst allmählich lernte ich das perfekte System kennen, das zum Schutz des Zölibates und zur Bestrafung der Zölibatsbrecher besteht. Ich brauchte zum Beispiel ein Zeugnis über meinen Universitätsabschluß, den ich vor den Professoren der staatlichen Universität in ihrer Eigenschaft als Mitglieder der Erzbischöflichen Prüfungskommission erworben hatte. Ein Zeugnis der Universität, so wurde mir mitgeteilt, gebe es erst nach erfolgter Laisierung; das sei mit der Diözese so abgesprochen. Mit einer Laisierung aber, so wurde mir vom Generalvikariat mitgeteilt, sei in absehbarer Zeit nicht zu rechnen. Also mußte ich mich ohne Nachweis meines akademischen Studiums bewerben.

Fast zur Posse geriet mein Begehren, von der Diözese ein Zeugnis zur Vorlage bei Bewerbungen zu erhalten. Der zuständige Sachbearbeiter erklärte mir, er sei es nicht gewohnt, über Priester Beurteilungen anzufertigen. Nach etlichen Wochen erhielt ich dann einen zweiseitigen Besinnungsaufsatz, dessen aussagefähigster Satz lautete: »Herr Kaplan Lueg war sehr beliebt.« Es dauerte über ein Vierteljahr, bis ich endlich im Besitz eines verwendbaren Zeugnisses war.

KiZ Man sollte meinen, daß ein Priester, auch wenn er verheiratet ist, aufgrund seiner Ausbildung und seiner Erfahrung für die Kirche ein attraktiver Mitarbeiter sein müßte.

Lueg Im Laufe der Arbeitssuche habe ich mehrfach die Erfahrung machen müssen, daß ein ausgeschiedener Priester keine Chance hat, bei einem kirchlichen Anstellungsträger eine Beschäftigung zu finden. Ich mußte lernen, daß das, was ich in Studium und Beruf mir angeeignet hatte, formal künftig ohne Wert sein würde, da ich in keinem kirchenbezogenen Beruf eine Möglichkeit erhalten konnte. Was ich gelernt und bisher geleistet hatte, war hinsichtlich der Verwendbarkeit zunächst einmal auf Null geschrumpft. Mein Traum war es damals, in der

kirchlichen Erwachsenenbildung zu arbeiten; erst mühsam mußte ich lernen, daß ich für meine Kirche »nicht
mehr verwendungsfähig« war.

Ich will das an einem konkreten Beispiel erläutern:
Einige Monate nach meinem Ausscheiden erhielt ich die
erste Einladung zu einem persönlichen Vorstellungsgespräch; es handelte sich um ein kirchliches Bildungszen-
trum in einer anderen Diözese. Das Gespräch verlief
sehr positiv, die Vertreter des Anstellungsträgers sahen
in meiner Vergangenheit eher eine Qualifikation als
einen Nachteil. Mir wurde gesagt, die Stelle sei mir so
gut wie sicher, man müsse nur noch den Bischof informieren, der aber mit Sicherheit keine Einwände haben
werde. Drei Wochen später rief mich der Leiter der Ein-
richtung an, um mir mit – von mir als ehrlich empfunde-
nem – Bedauern die Absage mitzuteilen. An Absagen
war ich inzwischen gewöhnt, aber böse gemacht hat
mich der Hinweis, die Anstellung sei von meinem Hei-
matbistum hintertrieben worden.

KiZ   Wie haben Ihre Kollegen reagiert, als sie von Ihrem
Schritt erfuhren?

Lueg   Man muß zwischen der Haltung der sogenannten
»Amtskirche« und dem Verhalten der Mitbrüder im
Amt deutlich unterscheiden. Der Dechant meines letzten Einsatzortes schrieb damals dem Bischof einen
Brief, in dem es unter anderem hieß: »Bei unserem
gestrigen Konveniat haben wir uns über die Absicht des
Kreisjugendseelsorgers Heiner Lueg unterhalten, die
Laisierung zu beantragen, um eine Ehe eingehen zu
können. Wir alle waren durchaus betroffen davon, respektieren aber die Entscheidung des Mitbruders, weil
uns ein Urteil nicht zusteht. Noch mehr betroffen aber
waren wir von den Zukunftsaussichten, die die Kirche
unserem Mitbruder eröffnet bzw verwehrt... Deshalb
richten wir an Sie die ganz herzliche Bitte,... alles zu
tun, damit Herr Lueg seiner Qualifikation und vor allem
auch seiner Überzeugung entsprechend für kirchliche
Aufgaben erhalten bleibt. Niemand von uns hätte Be-

denken, mit Herrn Lueg weiterhin zusammenzuarbeiten, doch alle haben wir Bedenken, jemanden durch langwierige Verfahren beruflich und vor allem auch menschlich beiseite zu stellen.«

KiZ Hat der Brief etwas bewirkt?

Lueg Nein, nichts. Die Kirche gestattet sich in dieser Hinsicht keine Immunschwäche.

KiZ Wie haben Gemeindemitglieder auf Ihre Heirat reagiert?

Lueg Es gab Briefe, in denen uns viel Verständnis signalisiert wurde. Es gab auch Briefe, aus denen Hilflosigkeit, Unverständnis und Ablehnung sprachen. Auf solche Briefe konnten wir antworten. Es gab freilich auch böse Reaktionen, anonyme Anrufe und Beschimpfungen. Jahrzehntealte Freundschaften zerbrachen. Einer teilte mir schriftlich mit, daß er von mir künftig nur noch mit »Sie« angesprochen werden wolle. Eine Frau warf mir in einem wüsten Brief vor, ich hätte »das Linnen des Altares mit einem ganz anderen Tuch vertauscht«. Das erinnerte mich fatal an jene Dame, die mir einige Jahre zuvor ihre Ablehnung des verheirateten Priesters so erklärte: »Wenn ich mir vorstelle, daß der mir mit seinen Ehefingern den Leib des Herrn reicht...«. Mit dem Zölibat der Priester ist ein gutes Stück unbewältigter Sexualität verbunden.

KiZ Wie haben Sie einen neuen Beruf gefunden?

Lueg Ich habe Glück gehabt. Nach einem halben Jahr erhielt ich über eine Zeitungsanzeige eine Anstellung in der wissenschaftlichen Politikberatung. Ich bin heute Leiter einer Abteilung für Innenpolitik.

KiZ Sie haben also, trotz des Bruches in Ihrer Lebensgeschichte, beruflich noch Karriere machen können?

Lueg Ich betrachte meine berufliche Entwicklung nicht als Karriere, weil ich keinen Karrierebedarf habe. Aber auf eines bin ich schon stolz: Ich habe die Erfahrung gemacht, daß man mit dem Wissen, das man sich als Theologe erworben hat, in vielen Berufsfeldern ganz gut bestehen kann.

KiZ   Sind Sie zufrieden mit Ihrem heutigen Beruf?

Lueg Ich sagte schon, ich habe Glück gehabt; ich habe kein Recht, unzufrieden zu sein.

KiZ   Meinen Sie damit, es hätte auch alles ganz anders, schlimmer kommen können?

Lueg Zweifellos. Sehen Sie, die Priester, die etwa bis zum Jahre 1977 aus dem Amt scheiden mußten, hatten in aller Regel keine Schwierigkeiten, als Lehrer eine Anstellung zu finden. Angesichts drastisch zurückgehender Schülerzahlen und eines Überangebotes an Lehramtsbewerbern ist dieser Weg heute praktisch versperrt. Auch in anderen, verwandten Berufsfeldern gibt es so gut wie keine Möglichkeiten. Die Situation ist heute so, daß nicht wenige Priester, die gerne heiraten würden, diesen Schritt nicht wagen, weil sie befürchten müssen, wirtschaftlich zu scheitern.

KiZ   Spüren Sie so etwas wie Groll oder Verbitterung gegenüber der Kirche?

Lueg Nein, ich habe genug Kirchengeschichte studiert, um zu wissen, daß solche Gefühle nichts bewirken. Im übrigen wäre Traurigkeit schon eher am Platze.

KiZ   Heißt das, daß es Sie schmerzt, nicht mehr Priester sein zu können?

Lueg Auch das wäre ein unangemessenes Gefühl, denn es gibt ja nicht so etwas wie einen individuellen Anspruch auf das Priesteramt. Ich habe in dieser Hinsicht keinen Leidensdruck. Aber es gibt einen Punkt, wo es mir heute noch weh tut: Wenn ich mit der Familie im Gottesdienst bin und ich muß feststellen, daß die Liturgie lieblos, phantasielos und inkompetent gestaltet ist, dann kommt der Gedanke hoch: Du liebe Zeit, das hättest du anders und besser gemacht! Das ist kein Problem des Selbstwertgefühls, sondern ein Problem der Verantwortung gegenüber meinen Kindern.

KiZ   Wissen Ihre Kinder, daß Sie Priester waren?

Lueg Sind! – Selbstverständlich wissen sie es. Sie sind zwar noch zu jung, um die ganze Problematik, die mit dem Zölibat verbunden ist, zu erfassen. Aber meine Frau und ich sehen keinen Grund, den Kindern gegenüber in diesem Punkt Verstecken zu spielen.

KiZ Was würden Sie einem Ihrer Söhne raten, wenn er eines Tages den Wunsch äußern sollte, Priester zu werden?

Lueg Ich würde versuchen, ihm meine Erfahrungen zu vermitteln. Ich würde ihn drängen, seinen Berufswunsch kritisch zu prüfen. Und am Ende würde ich ihm Mut machen, diesen Weg zu gehen. Nicht weil ich ihn in meine Fußstapfen treten sehen möchte. Aber ich bin immer noch davon überzeugt, daß es ein lohnender Weg ist.

Georg Denzler

Die verbotene Lust
2000 Jahre christliche Sexualmoral
378 Seiten. Geb.

Georg Denzler, Ordinarius für Kirchengeschichte an der Universität Bamberg, unternimmt in diesem Buch einen Gang durch die Kirchengeschichte, um die Grundlinien der kirchlichen Ehe- und Sexualmoral im historischen Kontext zu präsentieren. Dabei kommt viel Erstaunliches zutage. Bei den bis heute als unverrückbar geltenden Normen und Gesetzen handelt es sich meist um rein kirchliche Setzungen, wie sie sich im Laufe von Jahrhunderten, manchmal sogar durch historische Zufälle, herausgebildet haben, ohne Grundlage in der Bibel zu besitzen. Gestützt auf ein reiches Quellenmaterial arbeitet der Autor die jeweils gültige Sexualmoral der Kirche heraus, indem er mannigfache Entwicklungen, Zusammenhänge wie Brüche aufzeigt. Im ersten Teil behandelt Denzler die Ehelehre der Kirche: Wesen und Zweck der Ehe, Formen der Eheschließung, Möglichkeiten der Ehescheidung und Methoden der Geburtenkontrolle.
Der zweite Teil umfaßt die Sexualität außerhalb der Ehe: den vor- und außerehelichen Geschlechtsverkehr und sogenannte Abnormitäten. Im dritten Teil werden Ursachen und Motive für die Diffamierung und Diskriminierung des weiblichen Geschlechts deutlich vor Augen gestellt. Demütige Magd oder stolze Herrscherin, sündige Eva oder heilige Maria, Jungfrau und Mutter, Hexe oder Priesterin – zwischen solchen Extremen bewegt sich die kirchliche Einschätzung der Frau. Am Schluß macht Denzler eine kritische Bilanz auf, in der er auf aktuelle Moralprobleme verweist, denen die Kirche mit ihren traditionellen Entscheidungen nicht gerecht wird. Gleichzeitig macht er auf Alternativen zur bisherigen Sexualmoral der Kirche aufmerksam.

PIPER